現代哲学のキーコンセプト
因 果 性

現代哲学のキーコンセプト

Causation
因果性

ダグラス・クタッチ
Douglas Kutach

相松慎也………訳
一ノ瀬正樹……解説

岩波書店

CAUSATION
by Douglas Kutach
Copyright © 2014 by Douglas Kutach

First published 2014 by Polity Press Ltd., Cambridge.
This Japanese edition published 2019
by Iwanami Shoten, Publishers, Tokyo
by arrangement with Polity Press Ltd., Cambridge.

目　　次

1　序　論——万物は因果的だ……………………………………… 1

1.1　単称因果と一般因果 ………………………………… 2

1.2　線形因果と非線形因果 ……………………………… 9

1.3　産出的因果と差異形成的因果 …………………… 12

1.4　影響ベース因果と類型ベース因果 ………………… 15

Q & A……(1) …………………………………………… 18

2　因果的活力 …………………………………………………… 21

2.1　因果の規則性説 ……………………………………… 25

2.2　ヒュームにおける因果性 …………………………… 30

2.3　総　　評 ……………………………………………… 36

2.4　利　　点 ……………………………………………… 37

2.5　問　題　点 …………………………………………… 38

Q & A……(2) …………………………………………… 39

文献案内 …………………………………………………… 43

2.6　練習問題 ……………………………………………… 43

3　プロセスとメカニズム …………………………………… 47

3.1　因果プロセス説 ……………………………………… 48

3.2　利　　点 ……………………………………………… 53

3.3　問　題　点 …………………………………………… 55

文献案内 …………………………………………………… 57

3.4　練習問題 ……………………………………………… 57

3.5　メカニズム …………………………………………… 59

3.6　メカニズムとレベル ………………………………… 61

3.7　底をつく ……………………………………………… 63

3.8　利点と問題点 ……………………………………………… 65

Q & A……(3) ………………………………………………… 66

文献案内 ……………………………………………………… 69

4　差異形成——違いをもたらすこと …………………… 71

4.1　反事実的依存性 ……………………………………… 73

4.2　利　　点 ……………………………………………… 81

4.3　問　題　点 …………………………………………… 85

4.4　練習問題 ……………………………………………… 92

4.5　要　　約 ……………………………………………… 93

Q & A……(4) ………………………………………………… 94

文献案内 ……………………………………………………… 95

5　決　定　性 ……………………………………………… 97

5.1　因果の決定性説の歴史 …………………………… 100

5.2　利　　点 …………………………………………… 105

5.3　問　題　点 ………………………………………… 106

Q & A……(5) ……………………………………………… 108

文献案内 …………………………………………………… 112

6　確率上昇 ………………………………………………… 113

6.1　因果の確率上昇説 ………………………………… 114

6.2　確　　率 …………………………………………… 115

6.3　確率関係 …………………………………………… 116

6.4　標準的理論 ………………………………………… 118

6.5　非対称性 …………………………………………… 119

6.6　擬似相関 …………………………………………… 120

6.7　シンプソンのパラドクス ………………………… 123

6.8　利　　点 …………………………………………… 125

6.9　問　題　点 ………………………………………… 126

目　次

　6.10　ライヘンバッハの共通原因原理……………………………128
　6.11　単称の出来事と確率の不明瞭な関係…………………………132
　6.12　連言的分岐……………………………………………………133
　Q & A……(6)…………………………………………………136
　文献案内………………………………………………………………138

7　操作と介入……………………………………………………139

　7.1　操作主義………………………………………………………139
　7.2　フォン・ウリクトの定式化…………………………………140
　7.3　メンジーズとプライスの定式化……………………………142
　7.4　問　題　点……………………………………………………143
　7.5　効果的な戦略…………………………………………………144
　7.6　介入主義………………………………………………………146
　7.7　因果モデル構築………………………………………………146
　Q & A……(7)…………………………………………………151
　7.8　経路固有因果…………………………………………………153
　7.9　単称因果………………………………………………………154
　7.10　利　　点……………………………………………………156
　7.11　問　題　点…………………………………………………157
　文献案内………………………………………………………………158

8　心的因果………………………………………………………159

　8.1　二元論 vs. 唯物論……………………………………………160
　8.2　還元的唯物論 vs. 非還元的唯物論…………………………166
　8.3　要　　約………………………………………………………171
　8.4　非還元的唯物論 vs. 還元的唯物論…………………………172
　8.5　要　　約………………………………………………………174
　Q & A……(8)——あとがきにかえて………………………174

原　　注………………………………………………………………179
訳　　注………………………………………………………………182

vii

参考文献‥‥‥‥‥‥‥‥‥‥‥‥‥‥‥‥‥‥‥‥‥‥‥‥‥‥191

日本語参考文献‥‥‥‥‥‥‥‥‥‥‥‥‥‥‥‥‥‥‥‥‥‥196

解説　因果関係は存在するのか‥‥‥‥‥‥‥‥一ノ瀬正樹‥‥‥199

訳者あとがき‥‥‥‥‥‥‥‥‥‥‥‥‥‥‥‥‥‥‥‥‥‥‥215

索　引‥‥‥‥‥‥‥‥‥‥‥‥‥‥‥‥‥‥‥‥‥‥‥‥‥217

1

序 論──万物は因果的だ

　因果性について講義するとき，私はまず最初に，それを研究する理由を3つ挙げることにしている．第1に，因果性はこの宇宙で最も大切な関係だからだ．かつて偉大な哲学者が語ったように，「それは私たちを取り囲み，私たちのうちに入り込む．銀河を1つに束ねているのだ」[1]．第2に，因果性以外の研究トピックもたいてい因果性に支えられているからだ．科学も，歴史学も，音楽も，ビジネスも，法学も，医学も，そして何より大切な……自転車の修理も．

　第3の理由については，哲学用語をいくつか持ち込まないと伝えづらいので，しばらく待ってほしい〔Q & A (8.1)〕．それまで自分なりに理由を考えてみるといい．各章を読むまえに，読み進める中で，読んだあとで，次のように自問してみよう．「因果性なんか研究して何の役に立つんだろう」「原因と結果のことで頭を悩ます哲学者たちから何を学べるんだろう」「私の世界観を一変させるような結論でもあるんだろうか」と．いいことを教えよう．私の場合，少しばかり時間をかけてこうした問いと格闘したおかげで，ある着想に至ってね．その結果，生活全般にわたって考え方が変わってしまったんだ．この本は因果性について考察するためのツールをいろいろと提供する．それを活用することで君の世界観にも変革が起こるといいんだが．もしそうなったら，どうか私をさがして知らせてほしい．ぜひ話を聞きたいんだ．ただでさえ，私たち人類には交流が不足しているんだから．

　「因果性とは何か，どのように定義すべきか」という問いに答えるのは少々骨が折れるだろう．しかし，誰でも「原因」や「結果」といった言葉ならふつうに使えるはずだ．そこで手始めに，「因果性」とは「原因と結果の関係（因果関係）」の単なる別名だと考えることにしよう．その中身はさておいてだ．まあやがて明らかになるが，「それが原因で～が生じる」とか「それが～の原因である」とかいった表現ですら，解釈には困難が伴う．しかし前向きに考えれ

1

ば，これは吉兆でもある．曖昧な物事を区別して明確化すること──それが優れた哲学の証しだが，因果性はまさにそのような明確化にうってつけの主題だというわけだ．

詳細に立ち入るまえに，哲学における因果性研究の範囲を教えておこう．哲学の課題は「最も広い意味での「事物」が，最も広い意味で「互いに結びついている」仕方」を理解することだとされている[†1]．この本の目標は，因果性をどうにか理解しようとする哲学者たちの奮闘について学んでもらうことであり，そこでは万物へと一般的にあてはめられる因果性が主題になる．つまり議論の焦点は，人類が因果性という概念を獲得した経緯にはなく，また科学者が原因を発見する方法にもなく，さらには，いろんな歴史上の人物が因果性についてどう考えたかということにもない．あくまで目標は，現代の概念世界の地理を把握してもらうことだ．そのため，これから立ち向かう問いは「因果性についてどのように考えるとうまくいくのか」「因果性の理解を目指す中でどんな困難が克服されてきたのか」「現代の因果理論にはどんな欠陥があるのか」などである．

この章ではまだ諸理論の紹介はしない．そのかわり，以下に挙げる4つの区別を強調しておきたい．私見ながら，これらの区別は本質を突いたものばかりであり，今後の情報を整理するのに役立つはずだ．

- 単称因果と一般因果
- 線形因果と非線形因果
- 産出的因果と差異形成的因果
- 影響ベース因果と類型ベース因果

では順番に見ていこう．

1.1　単称因果と一般因果

宇宙の歴史上で生じる1つ1つの出来事のことを「単称の出来事」と言う．単称の出来事は，それぞれ固有の時間と場所で生じるため，その時空間的な位

置(いつどこで生じたか)に言及することでどの出来事か示せる．また単称の出来事は，さまざまな性質や関係を例化する(実例として示す)ため，その性質や関係に言及することでどのような出来事か説明できる[2]．私たちが単称因果(単称の出来事間の因果関係)について議論するとき，ふつうはまず1つの単称の出来事を結果として指定する〔特定の交通事故〕．それから，その結果の部分的な原因とみなせる単称の出来事をすべて考慮に入れる〔特定の急ブレーキ・前方不注意など〕．哲学者が「原因」という言葉を使う場合，正確にはこの「部分的原因」のことを意味している．さて，**単称因果**とは，任意の1つの結果とその(部分的な)単称原因1つ1つとのあいだに成り立つ関係のことだ．単称因果に関する判断は，「c は e の1つの原因だった」「c が原因で e が生じた」など，過去時制で表現されることが多い．というのも，単称因果はふつう結果が起こってから過去にさかのぼって判断されるからだ．

　他方，同種の単称の出来事をとりまとめた出来事のタイプのことを「一般の出来事」と言う〔交通事故一般〕．出来事タイプは，その本性上，複数の時空間的な位置で例化されうる(実例をもちうる)．また出来事タイプは，その種類の出来事を構成する性質や関係に言及することで，どのような出来事か説明できる．一般因果(一般の出来事間の因果関係)に関する判断は，「C が原因で E が生じる」「C は E の原因になる」など，現在時制で表現されることが多い．さて，**一般因果**とは，ある出来事タイプ E と，E の原因になる(E を引き起こす)傾向にある任意の出来事タイプ C とのあいだに成り立つ関係のことだ．

　(今後，単称の出来事は小文字で，一般の出来事は大文字で表す．)

　単称因果と一般因果の違いを直観的にわかってもらうために，哀れな猟犬ホーボーの勇気をくれる物語に注目してみよう．ホーボーはオクラホマ州のムーアでゴミ捨て場の残飯を減らすボランティアをしていたのだが，不意に駐在の野犬捕獲人に見つかり追い詰められてしまう．私はたまたまこの男のことを個人的に知っているが，いやほんとに，犬であろうとなかろうと「こいつにだけは捕まりたくない」と思うような奴なんだ．しかし，幸運にもムーアは竜巻の通り道にあたっていた．ホーボーが観念したまさにその瞬間，竜巻がやってきてホーボーを空高く舞い上げ，近くのキッチン湖まで運んでくれた．ホーボーは湖に落ち，泳いで岸までたどりついたが，結局無傷だった．貴重な教訓を得

て，ホーボーは東へと旅立ち，それきり消息を絶った．

　この真実の物語が描く短い歴史の中で，ホーボーは竜巻に救われた．その竜巻はホーボーが生存できた主な原因だった．なぜなら，犬が野犬捕獲人に捕まった場合，長生きできないのが相場だからだ．もっと形式的に言おう．まず，注目する（つまり，結果の役割を果たす）出来事を〈ホーボーがさらに数年間は生存したこと〉と定める．次に，ホーボーの命拾いを含む短い歴史の中で起こったことを調べれば，〈竜巻がホーボーを連れ去ったこと〉こそホーボーが生存できた1つの原因だと断定できる．しかし，一般的には竜巻が原因で犬が長生きすることなどなく，むしろ命取りになる．そういうわけで，この物語の竜巻は確かに生存の単称原因だったが，竜巻というものは生存の一般原因ではない，と言える．

　それでは，この区別を吟味して少し哲学してみよう．

　1)　（太字の箇所で）単称因果と一般因果に与えた定義は，「原因」という言葉を含んでいる．だから，因果性を非因果的なものによって定義したわけではない．哲学用語で言うと，因果性の還元的定義を与えたわけではない．さしあたり単称因果と一般因果の相違点を伝えるために，両者の概念的な役割を区別しようとしただけであり，それぞれを細部に至るまで明確化しようとしたわけではない．

　2)　日常言語には，「ある部分的原因はほかの部分的原因よりも注目に値する」という言外の含みがある．そのせいで，因果判断（因果関係についての判断）を表現する言い回しの多くが，因果性をめぐる論争の焦点をぼやけさせかねない．

- 前景因と背景因の区別：「ラクダにワラをのせていったところ，最後にのせた1本のワラが原因でラクダの背骨が折れてしまった」．こう語るとき，私たちはその最後のワラを特に目立つもの，比喩的に言って「前景に立つ」ものと考えている．たとえその最後のワラ1本は，先にのせられていた数千のワラ1本1本と同じ重さだとしても．それらのワラは「背景にある」ものと考えられている．
- 近因と遠因の区別：近因は時空間的に近くにあり，遠因は時間または空

間において遠く離れたところにある．たとえば，「ユリウス・カエサル
が死んだ原因は暗殺者だった」とは言うが，「カエサルが死んだ原因は
彼が生まれたことだ」とは言わない．しかし，よく考えればわかるよう
に，カエサルの死へと突き進む因果連鎖は，まさにカエサルの誕生から
始まったのだ．

- 起動因と可能化因の区別：ふつう「火災の原因は雌牛がランプを蹴飛ば
  したことだ」とは言うが，「火災の原因は木造の建物が密集していたこ
  とだ」とは言わない．しかし事態を正確に描写するなら，「木造建築物
  の密集が原因で延焼が可能になり，そのせいで火災は都市の大部分へと
  拡大した．倒れたランプはその起動因（引き金）だった」と言うべきであ
  る．

以上3つのケースで，私たちは背景因・遠因・可能化因にそもそも「原因」と
いう身分を認めない傾向にある．たとえその理由を吟味して，客観的には，こ
れらも私たちが素直に「原因」と呼ぶ出来事と同じ身分をもつことがわかった
としてもだ．こういった場合，それらが真正の原因とみなされないのは，単に
実用性に欠けるからだろう．つまり，私たちがある種の部分的原因を「非原因
（原因でないもの）」とみなすのは，それが私たちにとってあまり重要でないと
か，私たちには操作しにくいとか，あるいは，とてもありふれているので注目
しても埒があかないとかいった事情によるわけだ．

　対照的に，哲学者が因果性について議論するときには，ふつう平等主義的
な[†2]意味での「因果性」を探究している（少なくとも，そのつもりでいる）．こ
の場合の平等主義とは，背景因も遠因も可能化因も分け隔てなく真正の原因と
みなすことだ．哲学者は，どの原因がより重要かを評価したり，ある1つの原
因が「ほかならぬ原因」と呼ぶに値するかどうかを確かめたりする仕事には関
わらない．

　しかし，言語の曖昧さと一般常識が邪魔するせいで，こういったことは見落
とされやすい．たとえば，「e の原因」という表現は「e の1つの原因」とも
「e の主な原因」とも解釈できる．もしこの2つの「原因」解釈がどう違うの
かわからなければ，ある人が宝くじの当選券を買うというシナリオを想像して

5

ほしい. ジェニファーが宝くじを買ったことは, 彼女が宝くじ取次店から当選金を受け取ったことの原因だろうか. この場合, 宝くじの購入は確かに当選の1つの原因だった. なぜなら, 当選するためには宝くじを買う必要があったからだ. しかし, 宝くじの購入は彼女が当選した主な原因ではなかった. なぜなら, 宝くじの購入は万に一つの当選チャンスを与えただけだからだ〔主な原因は抽選で彼女の番号が出たことだ〕. このように, e の単称原因を特定しようとして, 「e の主な原因はどの出来事か」という問いに答える場合と, 「e の原因に含まれるのはどの出来事か」という問いに答える場合では, 別の出来事にたどりつく可能性がある. 1番目の問いに答えるなら, ふつう〈e の生起に寄与した出来事の中で最も重要な出来事〉を挙げればいい. 2番目の問いに答えるなら, ふつう〈あらゆる出来事の中で, e の生起に何かしら寄与した出来事〉を挙げればいい. 哲学者はほぼ常に, 重要度で差別しない2番目の問いに対応する, 平等主義的な意味での「原因」に関心をもっている. それゆえ, 哲学者が「e の原因」と言ったら, 基本的には「e の(重要かどうかを問わず)1つの原因」を意味していると解釈しよう.

3) 私たちの言葉遣いは, 出来事間の論理的・定義的な結びつきを因果性と区別しない点でも誤解を招きやすい. たとえば, 「どうしてユリウス・カエサルは死んだのか」という問いに「彼は暗殺されたのだ」と答えれば, 確かに, 彼の死の原因となった出来事に関連する情報を伝えたことになる. しかし, 「カエサルが暗殺されたことが原因でカエサルは死んだ」と言うのは少々おかしい. というのも, 「暗殺された」は定義上「死んだ」を含意するからだ. この定義的な結びつきは出来事を表現する言葉の意味の問題であり, 陰謀者の行為とカエサルの死という出来事自体の因果的な結びつきとは関係ない. だから, 原因を突き止めようとしているときには定義的な結びつきを無視する必要がある[3].

こういった定義的な結びつきはめずらしいものではない. そもそも「原因」という言葉自体に含みがある. ある出来事 c を「e の1つの原因」と呼ぶとき, すでに e が生じたことは前提されている. 何事も, まだ生じていない出来事の原因にはなれないからだ. それゆえ, 原因とされる出来事 c のどういった特徴が結果とされる出来事 e を生じさせたのか調査しているときには, 「c は e の1

つの原因である」ということが定義上「e が生じる」ことを確実にする，という事実を無視しなくてはならない．そのためには，「～は e の原因である」という表現は c の〈因果的な役割を果たせる特徴〉を述べたものではない，と心に留めておけばいい[4]．

4) 単称因果と一般因果の区別は，別の言葉で表現されることもある．一例として，因果性の個々の実例は**トークン因果**と呼ばれ，一般的に成り立つ因果性は**タイプ因果**と呼ばれる．タイプとトークンの区別は，出来事だけでなく，いろんなものにあてはめられる．たとえば，アルファベット順で最初に来る印字は，「文字 A」とか単に「A」とか呼ばれる 1 つのタイプだ．下に，そのタイプのトークンが 5 つある．

A a A *a a*

「ここには 1 つの文字しかない」と言うとき，それが意味するのは「1 つの文字タイプだけが例化されている（実例をもっている）」ということだ．他方，「ここにはちょうど 5 つの文字がある」と言うとき，それが意味するのは「1 つの文字タイプの 5 つのトークンがある」ということだ．

タイプとトークンの区別を因果性にあてはめると，たとえば次のように言える．喫煙から肺ガンに向かって成り立つ一般的な関係はタイプ因果（タイプレベルの因果性）であり，喫煙が原因で肺ガンが生じた個々の実例はトークン因果である，と．

「トークン因果／タイプ因果の区別と，単称因果／一般因果の区別を使い分ける理由があったりするの？」——両者はほとんど同じ区別だが，以下の具体例を見ればニュアンスの違いがわかるだろう．現代人は，「ユニコーンなんてものはいまだかつて存在したことがなかった」と思っている[†3]．それでも，「もしユニコーンがぬかるみを歩いたとしたら，それが原因でぬかるみに蹄型の痕跡が生じただろう」と判断するのは理に適っているはずだ．この単なる可能性を正確に表現したければ，「ユニコーンがぬかるみを歩くことと蹄跡が存在することのあいだにはタイプ因果が成り立っている」と言えばよい．ただし，このタイプ因果は自分のトークンを 1 つももたない．なぜって，そもそも本物のユニコーンが存在したことなどなかったからだ．それにもかかわらず，ユニ

コーンが関わる出来事について·タ·イ·プ·レ·ベ·ルの因果関係を語れるのは，ユニコーンが一種の有蹄動物だからだ．有蹄動物はみな蹄跡の原因になるのだから，ユニコーンのように特殊な有蹄動物もぬかるみを歩けば蹄跡の原因となるにちがいない．これに対して，私たちが·一·般·的·に·成·り·立·つ因果性について語る場合，ふつう念頭にあるのは，同じタイプの単称因果が実際にいくつも生じてきたケースだ．それらの実例が示す因果のパターン——因果的規則性——にもとづいて一般因果は語られる．たとえば，これまでにたくさんの馬がぬかるみを歩き，そのたびにそれが原因で蹄跡が生じてきた．だから，そうした実例の規則性をもとに「（馬と蹄跡のあいだには）因果性が一般的に成り立つ」と言える．しかし，ユニコーンが原因で蹄跡が生じた実例など存在しないため，実例をもとに「因果性が一般的に成り立つ」とは言えない．それゆえ，「一般因果」は現実世界の中に対応する·ト·ー·ク·ンをもつタイプ因果のことであり，「タイプ因果」自体はそういったトークンをもたなくても成り立つ，と考えればよい．

　蛇足だが，近ごろ哲学者たちは**現実因果**と**潜在因果**という区別を使い始めた．私の知るかぎり，「現実因果」は「トークン因果」や「単称因果」と同じことを意味している．「潜在因果」は，現実に存在するもの同士の因果関係に加えて，ユニコーンなどに関わる因果関係も包括するための表現だと思われる[†4]．

　5)　最後に，因果性に関する哲学研究の大半は単称因果に専念している．どうも「単称因果を適切に説明できるようになれば，一般因果を補完的に説明するのは比較的簡単だろう」という通念があるようだ．この通念はたぶん次のような考え方に支えられている．ある単称の出来事がある結果の原因であるかどうかを（周囲の状況・関連する法則・その他の特徴に関する情報を用いて）判定する確かな規則が見つかれば，その同じ規則が一般原因も含む原因の完全な集合を自動的に特定してくれるはずだ，と．しかし，単称因果と一般因果の関係は予想以上にとらえがたいものかもしれない．というのも，今のところ単称因果から一般因果を導き出すための規則が提案されたこと自体ほとんどなく，提案された場合でも，それらの規則はあきれるほど大雑把な代物だったからだ[†5]．

　より重要な点として，専門家のあいだでは「一般因果について申し分なく説明するためには，その説明の中に単称因果の説明を組み込む必要がある」という見解の一致が見られる．なぜかと言うと，たとえば〈模型用の接着剤から生

じるガスの吸引は頭痛の原因になる〉といった一般的な関係が成立するために
は，まずもって〈個々のガス吸引は個々の頭痛の原因だった〉という，単称因果
に関する客観的な事実が十分に存在しなければならないからだ．ユニコーンと
違って，この場合の原因は虚構ではないのだから．

　まとめよう．この節で注目した区別は，複数の専門用語を使って語られた．
単称因果と一般因果，トークン因果とタイプ因果，現実因果と潜在因果．これ
らは基本的には同じ区別だ．また途中で注意したように，哲学者の念頭にある
単称因果は平等主義的な意味での単称因果である．

1.2　線形因果と非線形因果

　重さの計測に使うバネ秤のことを思い浮かべてほしい．その秤に1kgの重
りを付けると1cm下がった．続けて3kgの重りを付けるとさらに3cm下が
った．さて，今の秤の状態に対して因果的責任を負う（原因という身分を帰属
される）ものは何か[5]．もちろん，秤が4cm下がった原因は，秤に合計4kg
の重りを付けたことだ．それは間違いない．では，1kgの重りと3kgの重り
は同等の原因だと言えるだろうか．

　ある意味では同等だ．小さい方の重りがなければ，秤は4cmまで伸びなか
っただろう．同様に，大きい方の重りがなくても，秤は4cmまで伸びなかっ
ただろう．先の観察結果を得るには両方の重りが必要である．こういったケー
スの因果性を**共同因果**と言う．2つの重りが原因として共同したおかげで秤が
4cm伸びた，というわけだ．

　しかし，別の意味では同等でない．大きい方の重りは秤の伸び全体の3/4に
責任を負っている．つまり，小さい方の3倍引き下げているのだ．

　もし平等主義的な意味での原因を探しているなら，大きい重りを付けたこと
と小さい重りを付けたことは同等の原因である．しかし，結果（秤の伸び）を予
測したり説明したりすることが目的なら，量の違いによって原因の相対的な強
さを示せばいい．この場合，結果は原因の相対的な強さに比例しているからだ．
〔つまり，3kgの重りは1kgの重りの3倍強い原因であり，3倍の伸び（結果）をも
たらす．〕こういうとき，数学用語で「その結果は原因の線形関数である」と言

う．そのため，原因が（共同するなどして）強くなるとそれに比例して結果も大きくなる因果関係を「線形因果」と呼ぶ．

　以上の話に何か問題があるだろうか．私には思いつかない．しかし，線形な因果関係とは異なる非線形な因果関係というものも存在するため，今度はそちらを考察しよう．非線形因果の典型例は，何らかの閾値を超えることによって結果が生み出されるケースだ．

　次のように想定しよう．1 kg の重り 70 個をまとめて秤に付けると，秤は壊れてしまった．その秤は最大 50 kg までしか支えられないからだ．この場合，秤が壊れた原因は何だったのか．とりあえず，「全部の重り（をまとめて秤に付けたこと）が原因で秤は壊れた」と言えそうだ．では，ほかの原因についてはどうか．特に，個々の重りがそれぞれ破損の（部分的）原因だったのかどうか，確信をもって答えられるだろうか．

　一方で，「個々の重りはどれも大した違いをもたらさなかった」と言える．仮に 70 個のうち 1 つの重りが欠けていたとしても，秤はやはり壊れただろう．他方で，70 個の重りが一緒になって秤を壊したということ，および，すべての重りがちょうど同じ重さだということは確かだ．それゆえ，もし一部の重りが破損の責任を負っているとすれば，ほかすべての重りも破損の責任を負っているはずである．その場合，どの重りも破損の 1 つの原因だったということになる．

　さっきの線形ケースとは違い，ここには因果の平等主義を揺るがす問題がある．原因の同等性にもとづく 2 通りの推論があって，正反対の結論を導いてしまうのだ．一方の推論では，「一部の重りがなくても秤は壊れていたのだから，それらの重りは原因でなく，したがって，どの重りも原因ではなかった」となる．他方の推論では，「一部の重りは破損の原因だったにちがいないのだから，どの重りも原因だった」となる．なぜこうなるかというと，（平等主義的な意味での）「原因」という身分は，各出来事に「帰属する」か「帰属しない」かの 2 択だからだ．どの出来事も，ある結果の「1 つの原因である」か「1 つの原因でない」かのどちらかになる．哲学者が踏まえている因果の平等主義という枠組みの中では，1 つの重りを付けることを「1/70 の原因」とか「1/50 の原因」とかいった分数で示される原因とみなすわけにはいかないのだ．

1 序 論

　こういったケースに対する定番の応答として，「因果性の中には**過剰決定**を含むものがある」と主張される．先の秤に 100 kg の重りを 2 つ付けると，それが原因で秤は壊れる．これらの重りは 1 つだけでも確実に破損をもたらすし，また関連するすべての点で（特に重さが）同じなのだから，この例では両方の重りがそれぞれ破損の責任を負っている．このような場合，「この 2 つの原因が秤の破損を過剰に決定した」と言う．ここに問題はない．

　では，70 個の小さな重りが原因で秤が壊れたシナリオにも同じ議論が通用するかどうか，試してみよう．上で挙げた過剰決定の典型例が示すように，出来事は完全に余分だったとしても原因になれる．このことは，個々の重りのそれぞれに因果的責任を帰属させる根拠となる．まず，余分な出来事も原因になれるなら，たとえ「その原因が存在しなかったならば，その結果は生じなかっただろう」と言えなくても，因果関係は成立することになる〔よって，「ある重りがなくても秤が壊れる」ことは無視できる〕．そして，70 個の重り全体が原因で破損が生じたのは確かだから，各重りを秤に付けたことはそれぞれ同等に破損の部分的原因である．最後に，（哲学者っぽい口調で宣言しよう）「ある出来事 c は e の部分的原因である」と言うのは「c は e の 1 つの原因である」と言うのと同じことだ．それゆえ，どの重りも破損の 1 つの原因だった．

　個人的な意見を述べておこう．こんなふうにして原因の平等主義をあてはめていくことは，ここまでなら問題ない．しかしこの調子で行くと，あまりに多くの出来事が「原因」とみなされてしまい，「原因」と「原因でないもの」という大切な区別が潰れかねない．そうなると結局，平等主義にもとづく無数の原因のうち「どの原因がより重要か」を評価するための別の理論が必要になり，それによって「原因」と「原因でないもの」を改めて区別するはめになる．これでは，平等主義の枠組みが実質的な意味を失ってしまう．

　因果性に程度を認めず，すべての出来事を e の部分的原因または非原因に分類できる因果理論——それを探求の目標とする場合，私たちは（モデル化の作業を通して）自然の因果的な構造をいくつかの面で単純化することになる．哲学者としては，その単純化が過度な単純化にあたらないことを祈るばかりだ．

　いずれにせよ，平等主義的な単純化は導きの糸どころか誤りの元になるかもしれない……という点には，いつも用心しておいてほしい．それこそ，真夜中

11

にハッと目を覚まして，こう自問するぐらいでちょうどいい．「なんでみんな平等主義的な意味の単称因果にこだわっているんだろう．それが何の役に立つって言うんだ」．

1.3 産出的因果と差異形成的因果

議論というものは，抽象的になればなるほど収拾がつかなくなってくるから，ある程度の具体性を保つことが大切だ．そこで，ちょうど論じたばかりの非線形因果が絡む，ある社会的なシナリオを題材にしてみよう．この節では，その例を使って以下2つの論点を示したい．(1)私たちの関心をひく事例の多くでは，因果的責任を「責任の割合」に応じて複数の原因へと分配することができない．(2)私たちは「因果性」をかなり違った意味にとらえていることがあり，そのとらえ方の違いによって因果的責任に関する判断も左右されている．ここでは特に2つのとらえ方を紹介する．私たちは，「原因とは，何らかの仕方で結果を生み出す(産出する)ものだ」と考えることもあれば，「原因とは，結果が生じるか生じないか・どんな結果が生じるかという点に違いをもたらす(差異を形成する)ものだ」と考えることもある．この2つのとらえ方が両立するのかしないのか(あるいは，どうやって両立するのか)，今のところはっきりした答えは出ていない．

さて，昔々あるところに2つの島が並んでいた．一方の島にはポールが1人で住んでいて，小さな釣り船を所有していた．他方の島にはビビアンが1人で住んでいて，そこに多数自生するツル植物を繊維素材として採集していた．2人が協力しない場合，各自がぎりぎり生存できるだけの食糧は集められるが，しばしば空腹に苦しめられる．2人が協力する場合，食糧をふんだんに集められ，年中快適に暮らせるうえに，保険として余剰を蓄えることすらできる．このように想定しよう．

ビビアンは，長い時間をかけて植物製の大きな網を少数こしらえた．そこでポールに協力の交渉をもちかけたところ，彼は「君が捕った魚の半分をくれるなら，僕の船を貸してあげよう」と提案した．ビビアンはこの提案を受け入れ，深水域から大量の魚を捕った．魚をポールに譲るまえに，彼女は魚を同等に分

けることが本当に公平なのかと改めて考えてみた．再考の末，ビビアンはポールに「あなたが半分の魚を得るのは公平じゃない．あなたは何も働かず，私に船を貸しただけなんだから」と主張した．しかし，ポールは「でも僕の船がなければ，君はそんなにたくさんの魚を捕れなかっただろ．僕の船を使ったことこそが空腹か備蓄かの違いをもたらしたんだ」と指摘する．ビビアンも負けじと言い返す．「それはお互い様でしょ．私の網がなければ，こんなにたくさんの魚を捕まえることはできなかったんだから」と．

　ここで，協力によって生まれた余剰の公平な分配方法をめぐり，対立する2つの論証が提示される．まず，ビビアンは次のように論じる．「魚の請求権は労働によって獲得されるのだから，労働量に比例して余剰を分配するのが公平だ」と．これに対し，ポールは次のように反論する．「2人とも自由な主体なのだから，両者がある取引に同意したのなら，それを遵守することこそ公平だ．半分の魚を渡すことに君が同意するまで僕が一歩も引かず，結局，君がそれを受け入れたなら，僕が半分の魚を得るのが公平というものだ．みんなの同意が得られたのなら，それ以上議論すべきことなど何もない」と．

　私が協力による余剰の問題を知ったのは，政治哲学の勉強をしていたときだ．ビビアンの論証はジョン・ロック(1632-1704)の流れをくんでいる．ロックによれば，人が私的所有権をもつのは，対象に自分の労働を混ぜ合わせたときである[6]．ポールの論証は，「みなが自由に同意したことを守るのが公平だ」と言う点で，古典的自由主義の流れをくんでいる．

　のちに気づいたのだが，公平性(その他の倫理的問題)に関する論争と因果性に関する論争は，いくつかの重要な特徴を共有している．特筆すべき共通点は，ビビアンおよびポールの活動と総漁獲量とのあいだに成り立っている，非線形な因果関係だ．

　しかしまずは，努力と成果のあいだに線形な関係が成り立つケースについて考えてみよう．たとえば，ビビアンとポールが協力せずに各自で漁を行い，かつ，漁の条件が互いに等しい場合，「魚の公平な分配とは(おおよそ)各自の労働量や漁獲量の割合に比例した分配である」と言えるだろう．ここでは，ポールがビビアンの2倍働き，2倍の量の魚を捕ったとしよう．この場合，彼は2人が得た総漁獲量の2/3をもらうべきだ．因果性に関しても同様で，バネ秤に

1kg の重りと 2kg の重りを一緒に付けた場合，2kg の重りは秤の伸び全体の 2/3 に責任を負っている．また，この関係を「どんな違いをもたらしたか」という差異形成の観点から述べることもできる．もしポールがまったく漁をしなかったとしても，2人は協力していないのだから，ビビアンは変わらず同じ量の魚（実際の総漁獲量の 1/3）を捕ったはずだ．それゆえ，ポールの実際の漁業活動は，それがなければ実際の総漁獲量の 2/3 が失われていた（それだけ違いをもたらした）のだから，実際の総漁獲量の 2/3 に責任を負っている．このように，努力と成果のあいだに線形な関係が成り立っている場合，「努力の量」に注目しても「成果にもたらした違い」に注目しても結論は同じになる．

では次に，もとのシナリオにあった努力と成果の非線形な関係について考えてみよう．もしポールが船を貸さなかったなら，彼もビビアンもわずかな魚しか捕れなかっただろう．各自 1kg としよう．実際には，2人が協力したおかげで総量 100kg の魚を捕れたとする．まず，ビビアン 1人の漁獲量は 1kg だったのだから，ポールが船を貸したおかげで増えた余剰の魚は 99kg だ．同様に，ポール 1人の漁獲量は 1kg だったのだから，ビビアンが網を作ったおかげで増えた余剰の魚も 99kg だ．それゆえ，どちらも総漁獲量の 99% に違いをもたらした．ここで協力による余剰の問題が生じる．つまり，2人がともに 99% の魚を受け取ることは不可能なのだ．

このような状況に直面したとき，1つの答えは，2人とも同じく総漁獲量の 99% に違いをもたらしたということを認め，報酬を等しく分けることである．これがポールの交渉上の立場だ．もう 1つの答えは，漁に費やした時間と労力など，ほかの要因も考慮に入れることである．ポールは漁に従事しなかったのだから，交渉の首尾がどうあれ等しい分け前には値しない．ビビアンはそう論じたわけだ．

ビビアンとポールの論争からわかるように，「結果にどれだけの違いをもたらしたか」に注目することと「どれだけの労力・努力が費やされたか」に注目することは異なる．ビビアンの見解だと，彼女はより多く努力しより多くの生産（産出）活動に従事したのだから，漁獲量に対してより多くの責任を負っている．ポールの見解だと，彼は同等の違いをもたらしたのだから，漁獲量に対して同等の責任を負っている．

この区別は因果理論の分類にも使える．ある立場では，因果性は産出的だという点が強調される．原因は結果を生じさせる．原因は結果を引き起こす．原因は結果を生み出す．原因は世界を変える．別の立場では，因果性は影響を及ぼすという点が強調される．原因は違いをもたらすもの（差異を形成するもの）だ．原因がなければ，結果は生じなかっただろう．因果性は世界への介入や原因の操作によって認識される．

　因果性を「産出」としてとらえる立場（因果の産出説）と「差異形成」としてとらえる立場（因果の差異形成説）の区別は，今後，諸理論を整理するための重要な指針となる．それはさておき，ここで1つ指摘しておきたいことがある．私たちは，社会の富を公平に分配する方法をめぐって，しばしば難しい意思決定を迫られる．その理由の1つは，そうした富が非線形因果を通して私たちにもたらされるからだ．「各原因が結果に寄与した量にもとづいて，よい結果には相応の褒賞を，悪い結果には相応の懲罰を分配するべきだ」という単純な発想は，「ほとんどの場合，因果的責任を分配する客観的な方法など存在しない」という問題に直面する．たいていの結果は複雑に絡み合った因果関係から生じるため，その結果にとって特定の原因がほかの原因よりもどの程度重要なのか，簡単に教えてくれるような公式を求めても無駄である．多くの社会問題には非線形性がつきものだが，それは問題の背後に非線形な因果関係が隠れているためだ．それゆえ，こうした社会問題に頭を悩ませてみるのも，因果性について考えるいい訓練になる．

1.4　影響ベース因果と類型ベース因果

　この節で取り上げるのは，因果性の哲学研究でおそらく最も軽視されてきた区別だ．その区別は，マイケル・ダメットの論文「過去を変える」（Dummett 1964）に登場する．この論文でダメットは「過去に影響を及ぼすことはできない」とする定番の論証を批判している．その論証とは「人は過去を変えることはできない．なぜなら，もしある物事が起こったのなら，それは起こったのであって，起こらなかったことにすることはできないからだ」というものである．ダメットによれば，この定番の論証は「人は未来に影響を及ぼすことはできな

い．なぜなら，物事は最終的にただ1つの仕方で起こるからだ〔＝もし未来が最終的に S になるなら何をしても S になるし，もし未来が最終的に S にならないなら何をしても S にならないから〕」という誤った論証と同じ形式をとっている．後者の論証に対しては「最終的に単一の確定した未来が生じるという理由だけで，私たちが未来に影響を及ぼせるということを否定すべきでない」と広く考えられており，ダメットもこれに同意する．しかし，彼はそこから類推して「過去に影響を及ぼせるという可能性も否定すべきでない」という異端の結論を導き出す．ダメットに言わせると，「私たちは過去に影響を及ぼせない．なぜなら，それはすでに起こったのだから」という定番の論証は，「私たちは未来に影響を及ぼせない．なぜなら，それは最終的に起こるのだから」という論証と同じくらい説得力がない．

　過去に影響を及ぼせるか——これは魅力的なトピックであり，解明すべき謎の宝庫だ．しかし，紙幅が足りないのでその問題はさておき，ここではダメットの論文から1つのアイデアを紹介したい．そのアイデアはとても説得力があるものの，ごく手短にしか論じられていない．冒頭近くから引用する．

　　たとえ私たちが行為者ではなく単なる傍観者だったとしても，この〔いつも未来に向かい，決して過去には向かわないという因果の〕非対称性は，やはり私たちの前に姿を現すように思える．いや確かに，原因という概念は意図的行為という概念と固く結びついている．まず，「ある出来事が原因で別の出来事が続けて／同時に生じる」と言えるなら，当然のことながら，前者の出来事を引き起こす方法がわかる場合(特に，その出来事が人間の意志にもとづく行為である場合)，「後者の出来事を生じさせるために〔それを意図して〕，前者の出来事を引き起こす」と言うことも意味をなさねばならない．それどころか，おそらく根本的な経緯の問題として，〈ある物事が原因であること〉と〈ある結果を引き起こすためにその物事を利用できること〉が結びついているからこそ，私たちは因果法則というものを信じるようになる．言い換えれば，自分の意志にもとづく行為が原因で何かが生じる事例に出会うからこそ，私たちは因果関係に関する信念を抱くようになる．しかし，そう思うにもかかわらず，たとえ私たちが行為者で

はなく単なる傍観者——いわば「知的な木」のようなもの——だったとしても，私たちは今とは異なる形であれ何らかの原因概念をもてるのではないか，と考えたくなる．そしてその場合ですら，時間の向きに関する原因の非対称性が姿を現すように思えるのだ．（Dummett 1964: 338）

　このダメットの見解をこの本の関心に合わせて活用したい．因果性の常識的（だが問題含み）なとらえ方は，より精確な 2 つのとらえ方に切り分けることができる．一方に，因果性の**影響ベース**なとらえ方（因果の影響ベース説）がある．これは，因果性には影響・行為者性（意図的に行為する者の能力）・操作・介入などの要素が組み込まれている，とする立場だ．他方に，因果性の**類型ベース**なとらえ方（因果の類型ベース説）がある．これは，因果性には時空間的なタペストリー——宇宙の歴史を通してこれまでに生じた・これから生じる万物からなるもの——に見いだされるパターン（類型）だけが含まれている，とする立場だ．比喩の「知的な木」は，理想化すれば〈万物の過去・現在・未来の歴史に及ぶ，あらゆる素粒子の配列全体について完全な情報をもつもの〉ということになるが，その情報を「宇宙のこの部分は別のあの部分に影響を及ぼしている」というふうに整理することはない．

　この知的な木は自分の知識を規則性にもとづいて整理することならできる．たとえば，「2 つの岩石が衝突するとき，その全運動量は常に保存される」ということに気づくかもしれない．また，この知的な木は宇宙を統計的関係にもとづいて分析することもできる．たとえば，「この流域は平均すると 10 年に 1 回氾濫し，4 月の雨量が極端に多いケースに限れば 10 年に 7 回氾濫する」ということに気づくかもしれない．しかし，この木は「1745 年 4 月にたくさん雨が降ったことが，その年の氾濫を生じさせた気象上の出来事だ」と解釈することはない．また，この木は「もし 1745 年 4 月にその流域であまり雨が降らなかったら……」と架空の歴史を想像し，そこから推論して「1745 年 4 月に降り続いた現実の雨こそが，その流域で現実に氾濫が生じるという違いをもたらした」と結論することもない．

　現代の論者のほとんどは，自分の理論が因果の影響ベース説なのか，それとも類型（パターン）ベース説なのか，明言していない．それはさっきも言ったよ

うに，この区別が軽視されているせいだ．しかし，これから議論が進むにつれて，影響／類型の区別は産出／差異形成の区別と交差しているということがわかってくるだろう．のちに，行為者性と操作にもとづく因果理論や，因果モデル構築と介入に関する研究を紹介するとき，この区別が明示される（第 7 章）．それまでは，私たちの出会うさまざまな理論的アプローチが因果性を影響ベースでとらえているのか，それとも単に類型ベースでとらえているのか，自分なりに考えてみるといい．

Q（1.1）　causation と causality の違いは？
A（1.1）　わからない．私の知るかぎりでは同じだ．とりあえず，君がこのトピックについて何か執筆する予定なら，読み手は causation と causality に確固とした区別があるなんて思いもよらない，と考えておいたほうがいい．〔翻訳上も区別せず「因果（性）」と訳す．〕

Q（1.2）　影響／類型（パターン）の区別と差異形成／産出の区別の違いがわからない．この 2 つの区別が「交差している」と言っていたけど，それってどういう意味？
A（1.2）　私が言いたかったのは，単に「それらの区別は，因果理論の集まりを同じ基準で分類するものではない」ということだ．図 1.1 を見てほしい．
　まだこれらの理論（説）について何も語っていないから，このように分類する理由を検討する段階ではない．それでも，「先の 2 つの区別は同じ区別を言い換えただけのものではない」ということは伝わるだろう．
　因果の影響ベース説と類型ベース説を区別する 1 つの方法は，「検討中の理論はどんな概念を含んでいるか」調べてみることだ．想像してみよう．君の前には世界の全歴史を詳細に記した図表がある．その図表は，あらゆる時間のあらゆる事物の位置を教えてくれる．そこで自問してほしいのだが，そのような図表さえあれば，検討中の理論が意味をなすのに十分な概念上の資源を手にしていると言えるだろうか．言えるのなら，それは類型ベース説だ．

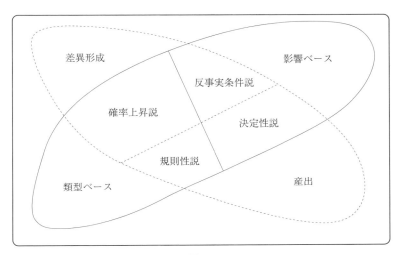

図 1.1

言えないなら，それは影響ベース説だ．影響ベース説では，その図表に情報を追加する必要がある．たとえば，「法則は何か」とか「この歴史タペストリーの一部に仮想的な変更を加えたら，ほかの部分にどんな影響が及ぶだろうか」とかいったことに関する情報だ．

差異形成説と産出説を区別する1つの方法は，「検討中の理論は，現実の宇宙の歴史で生じることを考察するように要求するだけで，歴史が進展しえたほかの可能性まで考察することは求めないか」調べてみることだ．産出説は現実だけに注目して，〈ある時点のある原因の集まりが，別の時点で起こることを生み出す仕方〉に関する規則を求める．他方，差異形成説では，2つ以上の可能な原因の集まり同士を比較することになる．

図 1.1 を描くときに，私はわざと余白を残して，こうした区別にあてはまらない因果性のとらえ方もありうると言えるようにしておいた．しかしそれ以上に大事な注意点は，この図が基本的な整理をするための略図にすぎないことだ．いくつかの重要な重複領域を単純化して無視しているので，このような概念世界の区分に納得しない人がいても不思議ではない．

2

因果的活力

　哲学が扱ういくつかの主題は，あきれるほど広大なものだ．「そんな主題に本気で挑むなんてどうかしている」と思われかねないほどに．そんな主題の1つが「実在」である．哲学者は，実在に関する理論を探求する分野のことを**形而上学**と呼んでいる．形而上学(理論)の仕事は，存在するものの一般的な種類のリストを作り(実体・関係・感覚・事実・空間など)，それらがどんなふうに組み合わさって万物の包括的な基礎を作り上げているのか説明することだ．つまり，形而上学理論は実在の全体像を描くのであって，具体的な詳細については，それが私たち人間にとってどんなに大切でも，ほとんど無視する．だから，「海の近くに住んだほうが健康的かな」とか「どこに行けば金塊を見つけられるのか」とか，そんなことを知ろうとして形而上学の本を読んじゃいけない．でも，もし君が「時間は客観的に実在するものなのか，それとも，私たちが自分の経験を整理するために使っている主観的な道具にすぎないのか」なんてことに興味があるなら，形而上学の本から何か価値あることを学べるかもしれない．

　哲学者たちが数千年も検討してきた仮説の1つに，「実在は，空間を占め，かつ時間経過の中で存続する無数のものから成り立っている」というアイデアがある．簡単に言えば，実在は海・土・エッフェル塔・雪崩・虫・笑い声・人々といったものを含んでいる，ということだ．確かにこういった存在者たちは，空間のどこかに存在し，時間経過の中でいくらか存続するものだと言える．

　多くの哲学者はこのアイデアをもっと具体的かつ大胆に展開し，「宇宙の万物は，わずかな種類の物質から成り立っている」と主張するに至っている．たとえば，はるか昔の古代ギリシアで，謎めいた人物レウキッポス(前5世紀)と，少し年下の同時代人デモクリトス——別名「笑う哲学者」——(前460-370ごろ)は，いくつかの既存の仮説を調整して，「実在は，根本的には，からっぽの

空間(空虚)を飛び跳ねる無数の原子から成り立っている」と主張した．この**原子論**と呼ばれる学説によれば，日常生活の中で出会うすべての対象(魚・サファイア・影など)は，究極的にはミクロな物質の集まりにすぎない．私たちが身近に目にする雑多なものは，どれもこれも原子のさまざまな配列へと還元できるというのだ．

　今日では，古代の原子論者が提出した仮説を全面的に受け入れる者などいない．しかし，似たような学説なら現在の哲学業界でも人気がある．それは唯物論と物理主義である．**唯物論**は，「根本的な実在は物質だけから成り立っている」とする立場だ．また，**物理主義**は，「根本的な実在は物理的なもの(空間・時間・粒子・力・電磁場・超弦など，物理学の授業で習うようなもの)だけから成り立っている」とする立場だ．唯物論と物理主義はほぼ同じ学説である．どちらも，幽霊・天使・悪魔・涅槃・天国・神々・呪い・魔術の存在を否定する．

　ここで，唯物論や物理主義が真であるかどうか吟味する余裕はない．それはとんでもなく大きな問題だ！ ……ではなぜこの2つの学説に言及したのかと言うと，これらは，根本的な実在に関する，必要最小限ながらも十分に現実的なモデルを提示しているからだ．因果性をめぐる論争点の1つに，「因果性は，この世界で生じるさまざまな出来事を結びつけている，実在の根本的な構成要素なのか」というものがある．唯物論や物理主義を活用すれば，この論争で何が問題になっているのか明確にすることができる．

　因果性が実在の根本的な構成要素なのかどうか検討するには，2種類の根本的な世界のあり方を比較するのが手っ取り早い．哲学者はよく「可能世界」(単に「世界」とも呼ばれる)の話をするが，この言葉が意味するのは，惑星のことではなくて，宇宙がたどる可能性のある一組の歴史である．これは個人的な見解だが，可能世界のことを考えるなら，次のように解釈しておくのが最も便利だ．「可能世界とは，根本的な実在がとりうる整合的なあり方である．言い換えれば，〈根本的に存在するもの〉と〈その根本的な存在者たちが寄り集まって1つの全体をなしている仕方〉を矛盾のない形で詳しく記述したものである」と．

　具体例で考えたほうがわかりやすいだろう．とある可能世界——*F* と呼ぼう

22

2 因果的活力

——は，あるパターンの電磁場や素粒子で完全に満たされた時空間から成り立っている．想像してほしい．世界 F には，〈それらすべてのミクロ物理的なものたちは各時点でこんなふうに配列されている〉という一組の歴史が含まれている．加えて，F には根本的な力学法則も含まれている．根本的な力学法則とは，〈ある時点の宇宙全体の状態と別の時点の宇宙全体の状態との関係〉を定める根本的な法則（基本法則）のことだ．ことによると，この法則はある関数関係を述べたものかもしれない．つまり，「もし F がある時点で状態 C にあるなら，その1時間後，F は確実に状態 $f(C)$ にある」というように[1]．このような法則は「決定論的法則」と呼ばれる．あるいはそうでなくて，その法則は根本的な不確実性を組み込んだものかもしれない[2]．つまり，「もし F がある時点で状態 C にあるなら，その1時間後，F は確率 p_1 で状態 C_1 にあり，確率 p_2 で状態 C_2 にあり……」というように．以上をまとめると，F は，根本的に言って，さまざまな物理的性質の実例が各時点・各場所で生じる歴史的なパターンと，それらすべての状態を何らかの規則に従って結びつけている力学法則とを含む，1つの時空間にほかならない．

　F は物理的なものだけで成り立っているため，この可能世界では物理主義が真となる．お望みなら，F とは異なる可能世界を定義してもいい．世界 M は，F にあるものをすべて備え，さらに魔術師とその呪文を支配する基本法則とを含んでいる．この M は物理主義が偽となる可能世界の一例だ．

　さらなる比較のために，もう1つ別の可能世界 H を考えてみよう．それは F から基本法則をすべて取り除いた世界である．世界 H は，F の歴史とまったく同じパターンのミクロ物理的なものたちで満ちた時空間から成り立っているが，ある時点の出来事と別の時点の出来事の関係を定める基本法則は備えていない．H において，物事は互いに関係なく，ただ起こるだけなのだ．

　この章で取り組む因果性の根本問題は，「この現実世界は H と F のどちらに似ているか」だ．F の支持者は次のように考える．何らかの基本法則ないし根本的な因果の結びつきが存在しており，それが現実の（過去・現在・未来にわたる）歴史上の出来事すべてをつないで一組の宇宙を作り上げている．言い換えれば，〈あるものが別のものを生じさせる〉ということを可能にする何かが根本的に存在し，作用している．

23

H の支持者ならこう考える．現実世界は，根本的に言って，さまざまな時間と場所で起こる無数の物事にすぎない．私たちが語る「因果性」「法則」「確率（チャンス）」は，とどのつまり私たちの認知を助ける概念装置ないし便利な虚構でしかない．それが認知の役に立つのは，現実の出来事の歴史的なパターンがたまたま〈非常に単純な記述〉と一致しているおかげである．この〈非常に単純な記述〉こそ，私たちがしばしば「法則」と呼ぶものだ．しかし，ここが哲学的に肝心なところだが，そのような自然についての記述は，ほかのあらゆる記述と同じで，自然の道行き自体を支配しているわけではない．

今日では，哲学者デイヴィド・ヒューム（1711-1776）の功績に敬意を払い，H の支持者を「ヒューム主義者」，F の支持者を「反ヒューム主義者」と呼ぶことになっている．ヒューム自身がどこまでヒューム主義者だったかということは哲学史上の興味深い問題だが，ここでは脇に置いておこう．

反ヒューム主義者の考えでは，現実世界は F に似ている．法則は自然のうちにあり，そこで確かに作用している．法則は，宇宙の現在の状態を入力として受け取り，それにもとづいて未来を生み出すか，少なくとも未来の道行きを限定する．基本法則が決定論的である場合，その法則は，宇宙の現在の状態にもとづいて，1つに確定した未来を生じさせる．他方，基本法則が不確実性を含む場合，その法則は，宇宙の現在の状態にもとづいて，未来がとりうる各状態の生起確率を定める．そのうえで，どの可能的な未来が現実の未来になるかは単なる偶然の問題だ．

ヒューム主義者はこれに同意せず，「法則とは，私たちがパターンに対して後づけで帰属させる規則のようなものだ」と主張する．自然法則が何かをするわけではない．宇宙の状態がたまたま何らかの方程式と一致し続けるということはあるかもしれないが，それ以上のことはない．ヒューム主義者に言わせれば，現実世界はカーペット上の複雑な色のパターンみたいなものだ．このカーペットは，さまざまな場所にさまざまな色を有している．たとえば，ある場所には黒い繊維があり，そのとなりには赤い繊維がある，という具合に．このとき，黒い繊維が自分のとなりを赤くさせたわけではない．そのカーペットは，ただそのようにあるだけなのだ．想像してほしい．そのカーペットの向きを変えて，格子状の繊維が縦横に並んで見えるようにする．すると，私たちは非常

に単純な関数を発見する．その関数は，1つの行の色配列に関する完全な記述を入力されると，その1つ上の行の色配列に関する完全な記述を出力する．ここでチーム H のメンバーは，カーペットの複雑なパターンがそんな単純な規則と一致するなんて驚きだ，ということは認める．しかし（と，チーム H のメンバーは続ける），それらの色がたまたまある方程式を満たしているという事実は，「ある行の色が別の行の色を生じさせた」などと考える根拠にはならない．規則が何かをするわけではない．法則が何かをするわけではない．方程式が何かをするわけではない．これらはすべて，単なる記述にすぎないのだから．

　まとめよう．因果性の形而上学的な身分をめぐる論争の中心問題はこれだ．根本的な実在は，単なる歴史上の出来事パターン以上のもの——ある種の因果的活力——を含んでいるのか，つまり，根本的に言って原因は結果を生じさせるものなのか．この「因果的活力」という表現には何ら専門的な意味などない．これは単に，〈宇宙の歴史に登場する現実の出来事以外で因果関係に含まれるもの〉を指すための，遊び心あふれる言葉にすぎない[3]．とにかく，因果的活力は原因の一側面であり，結果が生じる手助けをするものだ．

　哲学的な大問題——

　　c が原因で e が生じるとき，e を生じさせるような何かが根本的な実在のうちにあるか．

これは要するに「因果的活力は存在するか」という問いなのだ．

　以上で，因果的活力をめぐる基本的な論争の紹介は終わった．ただしそれは，本題を明確化するのに都合のいい枠組みに則った紹介だった．今度は，この論争に対する伝統的なアプローチに目を向けてみよう．そこでは，因果性を根本的でないものとして扱う，ある古典的な理論が引っ張り出されることになる．

2.1　因果の規則性説

　この節で説明する因果の規則性説は，「因果的活力などというものは存在しない」という前提に立つ，ヒューム主義の系譜につらなる因果理論だ．現代の

哲学者にとって因果の規則性説は引き立て役のようなもので，自説の優位性を示すための比較対象として持ち出されることが多い．そのため，今でも規則性説を支持しているという人はほとんどいないが，幾人かの著名な歴史上の人物，たとえば物理学者エルンスト・マッハ (1838-1916) は規則性説の基本的な考え方を支持している．

> 自然の中には原因も結果もない．自然はただ個体として存在する．自然は単にあるだけなのだ．「A が B と常に結びついている事例の反復」「同様の条件下における同様の結果」「原因と結果の結びつきの本質」……どう呼ぶにせよ，こういったものは，事実を心の中で再現するために私たちがめぐらす，抽象的な思考の中にしか存在しない．(Mach 1883: 483)

　因果の規則性説の主な目的は，「因果性は根本的な実在の構成要素でないにもかかわらず，人々が因果性の存在を信じてもいいのは，自然のうちにあるど・の構造のおかげなのか」を明らかにすることだ．規則性説の支持者によれば，「原因と結果の関係」を語ることは，宇宙の中で出来事がたまたま配列される仕方を整理するための，便利な虚構として役に立っている．しかし，そのように語っているからといって，出来事同士を結びつける根本的な「セメント」のようなものが指し示されているわけではない．
　スタシス・シロス (Psillos 2009: 131) が定式化した規則性説の基本形を見てみよう．

> 「単称の出来事 c が原因で単称の出来事 e が生じる」とは，以下 3 つの条件が満たされることにほかならない．
> 1)　c は e と時空間的に近接している．
> 2)　c は e に先行して生じる．
> 3)　C タイプの出来事は常に E タイプの出来事を伴って生じる．

　条件 1 の眼目は，C と E の適切な実例をペアにすることだ．たとえば，〈ヘンリーがトースターのボタンを押す〉という出来事 c_h が生じたあと，〈彼のパ

ンがトーストになる〉という出来事 e_h が生じる．その 10 時間後，世界の裏側で〈カティアがトースターのボタンを押す〉という出来事 c_k が生じたあと，〈彼女のパンがトーストになる〉という出来事 e_k が生じる．これらが規則性説にとって真正の因果性の事例だとすると，〈トースターのボタンを押す〉という出来事 C は，常に〈トーストができあがる〉という出来事 E を伴って生じる．しかし，「c_h が原因で e_k が生じた」とは言いたくなかろう．ヘンリーがカティアのパンをトーストにしたわけじゃないんだから．条件 1 はこのようなペアを除外するためにある．

　条件 2 は，結果が自分の原因の原因になることを禁じるためにある．次のように想定しよう．（時空間的に近接する）C と E のペアが複数あり，それらは常に伴って生じ，かつ，各 C が生じたあとで対応する E が生じる．ここでもし条件 2 がなければ，各 C が原因で各 E が生じるというだけでなく，時間を逆行して各 E が原因で各 C が生じるということにもなってしまう．結果が自分の原因の原因になる可能性を排除する最も簡単な方法は，単に「原因は結果に先行しなければならない」と規定することだ．これがベストな解決策なのか，少なくとも許容できる解決策なのか，という問いは一考に値するが．

　しかし，規則性説の核心は条件 3 にある．これは，「因果性は出来事同士を根本的に結びつける」という命題に取って代わるものとして提案されている．規則性説の成否は，この条件 3 が因果的活力の十分な代役を務められるかという点にかかっているのだ．

　もし君に哲学的な素養があれば，真っ先に「「十分な」というのはどんな目的にとって？」という疑問を抱いたことだろう．言い換えれば，「因果理論は何を達成しなければならないのか」と．残念ながら，この問いに対する哲学者たちの答えは一致しておらず，深刻な悩みの種になっている．さしあたり，私自身の異端な回答で読者を混乱させるよりは，現代哲学者の標準見解を示しておくほうが生産的だろう．それは以下のようにまとめられる．私たちは前理論的に（理論に先行して）いくつかの因果判断を「真だ」とほぼ確信している．因果理論は，(1)それらの因果判断と合致すべきであり，かつ，(2)それらの因果判断が真だと言える理由を示し，さらに，(3)もっと疑わしい因果判断の真偽を判定できなければならない．

私たちはしばしばこの種の知的活動に従事している．たとえば算数の「足し算」を定義する際には，すでに正しいとわかっている答えや，数え上げて確かめられる答えと合致するような仕方で定義する．〔「定義」が因果理論，「正しいとわかっている，もしくは確認できる答え」が確信された前理論的な因果判断に対応する．〕もしある定義を実装されたコンピュータが「432＋51＝10,758」などという計算をしたら，当然「そのコンピュータが出した答えは間違っている」と考えるべきであり，「そのコンピュータはこれまで見過ごされてきた算数の驚嘆すべき真実を発見した」などと思ってはいけない．（しかし，もっと難解な問題に関わる足し算の定義についてなら，私たちはもっと寛容な態度をとるし，そうするべきだ．たとえば，無限数を足すことはできるのだろうか．できるとすれば，その足し算の規則は何か．たぶんこれは数学者や科学者の目的に応じて解決すべき問題だろう．ことによると，無限数の足し算を定義する方法は複数存在し，どの定義も有用だが互いに競合しており，「これがベストだ」と言えるものなどない……なんてこともありうるのだから．）

　では上記の標準見解を出発点としよう．すると，以下に挙げる 3 つのケースで，因果の規則性説はほぼ疑う余地のない因果判断と合致しないように思える．

1)　科学はしばしば統計的証拠にもとづいて因果関係を特定する．そうした証拠のほとんどは，出来事タイプ間の確率的な結びつきを示しており，決定論的な結びつきを示すわけではない．たとえば，幼少期に鉛に暴露されると，（脳損傷を被った結果）20 年後に法を犯して有罪判決を受ける確率が高まるが，そうなると決まったわけではない．ところが規則性説によれば，因果性が成立するためには，すべての C に E が後続しなければならない．それゆえ，C に E が後続しないこともあるような不確実に思える因果性も「因果関係」と認める私たちの実践に規則性説がどう合致するのか，控えめに言ってもよくわからない．

2)　規則性説の定義は，個々の c と e をそれぞれのタイプ C と E に関連づけることによって与えられている．しかし，個々の出来事は多種多様な出来事タイプにあてはめることができる．たとえば，c と e を極めて狭く解釈し，まさにその特定の c と e を実現している無数のミクロな詳

細を備えたタイプ C_n および E_n とみなす場合，そんな C_n と E_n は歴史全体を通しても 1 回ずつしか生じないだろう（たとえば，君の体を構成する諸原子が 2 つの異なる時点でまったく同じ配列になることなど，まず起こりそうにない）．その帰結として，規則性説は「近接する（狭く解釈された）出来事のペアは，ほぼすべてが原因と結果の関係にある」という間違った判断を下すことになる〔なぜなら，そのペアが 1 回しか生じないなら反例がありえず，それだけで「常に」伴っていると言えてしまうからだ〕．また逆に，c と e を極めて広く解釈し，それらが占める空間の大きさと互いの位置関係以外には何の詳細も備えていないタイプ C_b および E_b とみなす場合，やはり規則性説はそれだけで「因果関係がある」と判断することになる．というのも，t_1 と t_2 を任意の時点とすると，「t_1 で何かが起こったら，t_2 で何かが起こる」などということは，当然，例外のない規則性として認められるからだ．因果の規則性説が念頭に置いているのは，〈スイッチを押すこと〉とか〈ドラムを叩くこと〉とかいった中間サイズの出来事タイプである．つまり，ミクロレベルではさまざまな仕方で実現されうるが，それでも宇宙のごく一部にしかあてはまらないような出来事タイプだ．問題は次の点である．規則性説では，出来事を過度に狭く解釈したり過度に広く解釈したりすると，何でもかんでも因果性だということになってしまう．そのため規則性説は，受け入れる出来事タイプを両極端な解釈のあいだの許容範囲内に限定しなければならないのだが，その方法がはっきりしないのである．

3）　規則性説はきめの粗い理論であり，2 つの出来事が因果関係にあるのか，それとも単に共通原因の結果として共に生じているだけなのか区別できない〔6.6 節参照〕．たとえば，低気圧の前線が近づくと，気圧計の数値が下がり，それから暴風雨が生じる．不確実性の問題は無視して，気圧計の低下と暴風雨はいつも同じように連れ立って生じるとしよう．このとき，規則性説を採用すると「気圧計の低下が原因で暴風雨が生じる」などと言うはめになりかねない．もしそんなことがありうると思うなら，気圧計の針をむりやり下げることで天候を操れるかどうか試してみるといい[†1]．

以上 3 つの問題を抱えているせいもあって，今では規則性説に人気はない．しかし，そもそもどうして規則性説に魅力があったのだろうか．思うに，その魅力の大半は「単称の因果関係は客観的に検証することも実験的に観察することもできない」という懸念に由来している．実際，デイヴィド・ヒュームはそのような懸念を抱いていた．そこで今度はヒュームの議論を検討してみよう．ただし心に留めておいてほしいのだが，彼自身は「規則性説」を支持していなかった可能性がある．

2.2 ヒュームにおける因果性

デイヴィド・ヒュームは，因果性をめぐる現代の哲学論争にとって，たぶん最も重要な歴史上の人物だ．ヒュームはスコットランドのエジンバラで育った．彼の最も有名な本は，26 歳の時に書き上げられ 1739 年に出版された『人間本性論』(Hume 1739) と，1748 年に出版された『人間知性研究』(Hume 1748) である[4]．後者は『人間本性論』第 1 巻で扱われた問題の多くを再論している．ヒュームは「経験主義」と「懐疑主義」という 2 つの有名な哲学的立場で知られる．どちらの立場も彼の因果理論に大きな影響を及ぼしている．

第 1 に，経験主義とはおおよそ「世界に関する知識は経験に由来する」と考える哲学の立場だ．ヒュームによれば，知識になりうる「探究の対象」は 2 つのグループに分類できる．すなわち，「観念の関係」と「事実」である．観念の関係とは，定義的ないし同語反復的な命題のことだ．真なる観念の関係には，数学の恒等式や「緑は色である」といった概念上の真理が含まれる．これに対して，事実に関する命題は現実世界のあり方にもとづいて初めて真となる．たとえば，「生物が永遠に生き続けることはない」や「ある種の病気は伝染する」は共に真だが，単に定義からして真だというわけではない．これらの言明は，そこに含まれる言葉の意味と，現実世界における生物のあり方の両方にもとづいて真となる[5]．

より専門的な哲学的定義によれば，**経験主義**は「事実に関する知識は経験を通さなければ獲得できない」とする立場だ．経験ぬきに知られる真理はすべて

30

観念の関係，つまり単なる定義上の真理であり，現実世界のあり方を教えてくれる実質的な真理ではない．

第2に，懐疑主義とはおおよそ「私たちは世界について確信がもてない」ということを強調する哲学の立場だ．また，現代哲学者の専門的定義によれば，**懐疑主義**は「私たちは事実について何も知らない」とする立場である．懐疑主義はもっと限定的な形をとることもある．「私たちはある特定種類の事実を知ることができない」と．たとえば，ある懐疑主義者は「自分の思考が存在すること」や「時間が経過すること」や「自分が時間経過の中で存続していること」なら確信しているが，「外界（心の外側にある世界）の存在」については懐疑的──「物質的な対象が空間的に配列されている」ということは知りえないと考える──かもしれない．

限定的な懐疑主義と言えば，因果性に対するヒュームの懐疑論もそうだ．いわく，「各 C が原因で各 E が生じる」という判断に有利な証拠をどれだけ集めても，私たちは「観察された C の実例が E の実例を生じさせる」のか，それとも「各 C に各 E がただ後続しているだけで，両者のあいだに形而上学的で謎めいた結びつきなど存在しない」のか，決して知りえない．ヒュームの考えでは，因果的活力などというものは原理的に発見できないのだ．

ヒュームは経験主義と懐疑主義に則り，私たちが手にしている「因果性の存在を支持する証拠」を吟味した．彼の議論を大雑把に要約するとこうなる．因果的活力は（常識的に理解された）因果性にとって必要だが，原理的に発見できないため，私たちは「原因と結果の関係は，私たち人類とは独立に，自然のうちに客観的に存在する」と信じる根拠をもたない，と．しかし，ヒュームは因果性の研究史を象徴するほどの人物なので，もう少し詳しく彼の議論を見ていくことにしよう．

まず押さえるべきこととして，ヒュームの議論は彼自身の心理学理論にもとづいている．彼は現代の専門家が言うところの**連合主義**を提唱した．連合主義とは「私たちが抱く観念は，原子的な（それ以上分割できない単純な）思考内容であるか，あるいは，原子的な思考内容の組み合わせである」という学説だ．ヒュームによれば，観念は内部構造（知覚されない諸部分の配列と関係）をもたない．たとえば，彼は「パイナップルを実際に味わったことがなければ，その

味がどんなものか知りえない」と指摘する (T 1.1.1.9). ヒュームの考えでは，パイナップルの味は内部構造のない，それゆえ実際に知覚するまでその内容を知りようのない心理的な印象なのだ. 私たちは，一切れのパイナップルを口にすると，その味の印象を得る. こうして多種多様な音・触感・色などを経験したあとでは，そうした印象のいくつかを思い出せるようになるし，また思い出した印象を少数の単純な心理的原理によって心の中で並べ替えることもできるようになる[6]. たとえば，〈かつて目にした城を思い出す〉ことは，〈心のはたらきにより，その城のもとの視覚的な印象がより淡い状態で，すなわち観念としてよみがえる〉ことにほかならない. すると次のような疑問が浮かぶ. 「ではどうして人々はケンタウロスのような神話的生物の観念を抱けるのか. 誰もケンタウロスなど見たことがないというのに」. 答えは簡単である. 人間と馬がどういうものか知覚経験を通して知っていれば，心の中で再現した人間の上半身のイメージと馬の首から下のイメージを組み合わせることができるからだ.〔このように，ケンタウロスは諸観念の知覚された部分の組み合わせにすぎない.〕

　いったいヒュームは，因果的活力——彼の言葉では「必然的結合」——の問題に連合主義をどう活用したのだろうか. 『人間知性研究』の第7章を見てみよう.

　　自分の周りにある外的対象〔五感で知覚できるもの〕を観察し，原因の作用について考察してみても，単独事例のうちには力能（パワー）ないし必然的結合と呼べるものなど何も発見することができない. 言い換えれば，原因と結果を結びつけ，結果を原因の確実な帰結にするような性質など何も発見できない. 私たちが実際に見いだすのは，原因に続いて結果が起こったということだけだ. 1番目のビリヤードボールの衝突に続いて，2番目のビリヤードボールの運動が生じる. 外的感覚に現れるのはこれだけである. またこうした対象の継起によって，心が何らかの感情ないし内的印象を抱くということもない. したがって，原因と結果の個別的な単独事例のうちには，力能ないし必然的結合の観念を与えるようなものは何も存在しない.

　　　　　　　　　　　　　　　　　　　　　　　　　　　　　　　　　　(EHU 7.6)

すべての出来事がまったくバラバラで独立しているように見える．ある出来事に続いて別の出来事が起こる．だが，その2つの出来事を結びつけるものなど何も観察できない．それらは，連続しているようには見えるが，結合しているようには見えない．そして，自分の外的感覚にも内的感情にも現れたことのないものについて，私たちは観念を抱くことなどできない．以上から必然的に導き出される結論は，「私たちは結合ないし力能の観念をまったく抱いておらず，したがって「結合」や「力能」といった言葉は，それが哲学的論究で使われようと日常生活で使われようと，まったく何の意味もない」であるように思える．（EHU 7.26）

つまりこういうことだ．確かに，あるビリヤードボールが別のビリヤードボールに衝突するのは見えるし，そのあと，それらのボールが離れていくのも見えるが，「その2つの出来事を結びつけるもの」は知覚できない．したがって，たとえ何らかの因果的活力——原因のうちにあって結果を生じさせる何か——が作用しているとしても，私たちはその因果的活力を感覚器官によって観察することができない．私たちの誰一人として「必然的結合」なるものを経験していないのだから，私たちが必然的結合の概念ないし観念をもっていることなどありえない．16世紀のエスキモーはパイナップルの風味を知らなかった．私たちにとって必然的結合とはせいぜいそのようなものなのだ．

　しかし，上の論証を提示したあと，ヒュームは理に適った異論があると言い，そちらを受け入れるべきだと主張する．いわく，私たちはCとEの規則的な継起を観察することで〈あるCを観察すると，あるEの生起を予想する〉という習慣を身につける．この習慣から必然的結合の観念が獲得される．

　衝撃（たとえば，2つのビリヤードボールの衝突）によって運動が伝達されるのを初めて見た人は，「一方の出来事〔衝撃〕と他方の出来事〔運動〕が結合している」と断定することはできない．ただ，「2つの出来事が連続している」と断定できるだけだ．しかし，同種の事例を複数観察すると，「2つの出来事が結合している」と断定するようになる．この結合という新たな観念が生じたのは，何が変わったからだろうか．それはひとえに，今や

その人は，自分の想像の中で2つの出来事が結合していると感じており，一方の出現からただちに他方の存在を予言できるようになっている，ということにほかならない．それゆえ，私たちが「ある対象が別の対象と結合している」と言うとき，私たちの意味していることは「その2つの対象は，私の思考の中で結合関係を獲得しており，互いが互いの存在証明となるような推論〔一方が生じたのだから，他方も生じるだろう〕を生むに至っている」ということにすぎない．これは少々奇抜な結論だが，十分な証拠に支えられているように思える．(EHU 7.28)

ヒュームに言わせれば，私たちが「各 C と各 E の必然的結合」という観念を獲得できるのは，ひとえに C と E の単なる規則性を「結合関係」として解釈するからなのだ．

　以上の議論は，経験主義と懐疑主義によって要約できる．ヒュームの経験主義は，「単なる数学的・論理的推論だけでは，各 C が原因で各 E が生じるのかどうか知ることはできない．各 C が原因で各 E が生じるということを経験する必要がある」という見解に現れている．ヒュームの懐疑主義は，「各 C が原因で各 E が生じるという証拠は決して手に入らない．なぜなら，真正の因果性はある種の因果的活力——必然的結合——を必要とするが，私たちはそれを経験することができないからだ」という論証に現れている．私たちに観察できるのは，せいぜい〈各 C にはいつも各 E が後続する〉ということだけだ．

　これから，現代的なヒューム解釈をいくつか紹介しよう．ヒュームが因果性についてどんな立場をとっていたのか正確なところはまだ論争中であり，彼の書き方も完全に明快とは言えない．そのため，以下に挙げるどの理論にせよ，安易にヒューム自身の考えだと決めつけないほうがいい．

2.2.1　投影主義

　日常生活の中で「君は投影しているんだ」と言うとき，それが意味するのは「君は，君自身がしかじかな性質をもっているせいで，その性質をほかの人に根拠もなく／誤って帰属させているんだ」ということである．因果性の投影主義とは「私たち人類は，〈 C の実例を観察すると E の実例を予想する〉ように

仕向ける自分の心理的な衝動を，対象自体へと精神的に投影している」という理論だ．

ヒュームは因果性を〈色〉と似たものとして論じる．現代科学によれば，すべての青い対象に共通する物理的・化学的構造など存在しない．すべての大きな対象には大きさが備わっているが，それと同じ（根本的な）仕方で青い対象に青さが備わっているわけではない．そうではなくて，青い対象の集合とは，〈ほとんどの人間に同種の視覚経験をもたらす〉という点だけが一致する種々雑多な物理的・化学的構造の集まりである．しかし，私たちは「青い対象の青さは，私の心のうちにあるものではなく，対象自体に備わっている」と本能的に考えてしまう．それゆえ，人間は青さという心理的性質を外的対象へと精神的に投影していることになる．大きさと比較してみよう．やはり私たちは「私にどう見えるかということとは関係なく，対象自体が大きさをもっている」と考えるが，この場合はその通りである．また，痛みについてはどうだろうか．私たちは，色を経験する原因となった対象に色を投影するが，痛みを経験する原因となった対象に痛みを投影することはない．サボテンのトゲが刺さって自分が痛みを感じたからといって，サボテンが痛みを感じているとは思わないだろう．

以上の話を因果性にあてはめると，ヒュームは投影主義者だと言える．というのも，ある箇所で，因果性を「ある対象に別の対象が後続する，すなわち，ある対象が出現すると常に思考が別の対象に向けられる」ことと定義しているからだ(EHU 7.29)．ここでヒュームが言及しているのは，〈私たちは，ある原因について考えると，自然にその結果についても考えてしまう〉という心理現象である．〈原因を考えるとその結果も考えてしまう〉という衝動は本質的に心の活動だから，「外的対象は必然的結合によって結びつけられている」と考えるとき，私たちはこの心の状態「（結果を考えるよう）決定される感じ」を外的な出来事に投影していることになる．

2.2.2 因果還元主義

因果還元主義とは，「因果性は「因果的活力」だの「出来事同士の根本的で法則的な結合」だのをいっさい必要としない」という立場だ．ヒュームは，原因を「ほかの対象(e)に先行し，かつ，近接する対象(c)であり，しかもその際，

後者 (c) に類似するすべての対象が前者 (e) に類似する対象に対して同様の先行・近接関係にある」と定義したとき (T 1.3.14.31)，因果還元主義を支持していたようにみえる．実際，この定義こそ前に論じた因果の規則性説の端緒であり，ヒュームはその先駆者の 1 人とみなされてきた．

2.2.3　因果実在論

哲学者たちの定義によれば，因果実在論とはおおよそ「因果関係は，人間やそれに類する主体の解釈とは独立に，世界の側に存在する」という立場だ．ヒュームは，私たちが「物体の相互作用がもとづいている原理を認識できるほど，物体の本質と構造を見通せる」ということに懐疑的だった (T 2.3.1.4)．そういった「究極的結合」(T 1.3.6.11)，「作用原理」(T 1.3.14.7)，「ある対象が別の対象を生み出す力」(T 1.3.1.1) に言及するとき，ヒュームは，たとえ検証できないとしても，対象自体のうちに何らかの因果性が存在すると信じていたようにも思える．

2.3　総　　評

ここで，私が何より大事な教訓だと思う論点を強調しておきたい．因果の規則性説によれば，原因は結果を生じさせるわけではない．出来事は単に生じるだけだ．宇宙が〈どの C にもある E が後続する〉というパターンを示すとき，私たちはそのパターンを「C が E を生じさせている」というふうに解釈するが，その際私たちは，現実に存在するもの以上のものを世界の構造に押しつけるような推論を行っている．私たちは原因が因果的活力を発揮していると考えるが，因果的活力が存在すると信じるに足る理由などない．

因果的活力は存在するのかしないのか．どう考えたものだろうか．私のアドバイスとしては，まずそれが難しい問題だと知ることだ．この問題は「どこまで存在論的に倹約するべきか」というもっと一般的な問題の一例にほかならない．哲学用語の「存在論」は，あること・存在することに関わる．「存在論的に倹約する」とは，世界に帰属させる根本的な構造を最小限に留めるということだ．存在論的倹約を支持する有名な哲学的宣言に「オッカムの剃刀」がある

(William of Ockham, 1287-1347). すなわち，「必要以上に存在者を仮定すべきでない」という原則だ.

先述の原子論者は，存在論的に倹約した世界観をもつ哲学者だった. 彼らの考えによれば，究極的には，世界とは空虚の中を飛び跳ねる原子にすぎない. 私たちが日々経験する中間サイズの対象は，世界に存在する別立ての構造ではなく，原子の配列にすぎないのだ.

世界の構造を模したモデルに不必要な要素を入れないことは，一般論としてなら確かに推奨できる. しかし，存在論的に倹約しすぎるのもまずい. 時に，仮定された構造は説明の役に立つことがあり，世界のモデルから法外な偶然の一致を排除してくれる. たとえば，説明のつかない奇跡的な原子の配列を無数に仮定するぐらいなら，不必要な存在者を仮定するほうがましだということもよくある. これはおそらく因果性にも言えることだ. 時空間を占める出来事のモザイク(寄せ集め)でできた可能世界 H は，同じ出来事モザイクとその配列を支配する根本的な力学法則からなる可能世界 F よりも，存在論的倹約の点で優れている. しかし，その根本的な力学法則は「なぜこのモザイクはこんなふうに配列されているのか」ということを説明してくれるものだと言える. それがない H では，〈さまざまな時点のさまざまな状態が驚くほど単純な物理方程式を満たす〉ということが，目を引くわりに説明のつかない偶然の一致になってしまう.

存在論的に倹約することと奇跡的な符合を仮定しないことのどちらをどのぐらい優先するべきなのか，説得力をもって論証することは難しい. そのため，因果的活力の存在を肯定／否定する標準的な論証はどれも決定的なものではない. 以下に，因果的活力の存在を信じるべきかどうか判断する際の考慮事項をまとめて列挙しておくので，整理の助けにしてほしい.（以下はヒュームではなく私自身の考えだ.）

2.4 利　点

1)　規則性説は出来事同士の謎めいた結合に頼らない. 規則性説(に類するもの)を支持するヒュームの主な論証は，以下のようにまとめられる. C タイ

プの出来事に E タイプの出来事が後続するかどうかは観察して実験的に確かめられるが，そこから一歩進んで，因果的活力——ヒュームの言葉では，原因と結果の「必然的結合」——の存在を検証することは不可能だ．それゆえ，因果的活力の存在を仮定することは世界の経験からわかる範囲を超えている．規則性説を採用すれば，そんな仮定を立てなくても因果性について語れるため，「世界のうちに観察不可能な構造などなくても問題ない」と言えるようになる．

2) どうして私たちはさまざまな因果関係を知ることができるのだろうか．規則性説はその理由を簡単に説明してくれる．理論上，私たちは時空間のどこかで起こることなら観察できる．そして規則性説によれば，因果性に関する事実はそれら観察可能な事実だけで成立する．それゆえ理論上，私たちは因果性を間違いなく突き止められる．

2.5 問 題 点

1) 規則性説は，信じがたいほど複雑な自然のパターンを，根本的には単なる偶然の産物とみなす．粒子が物理法則に従うのは，自然の法則がそう さ せ るからではない．粒子はたまたま一定の仕方で動き回っているだけであり，いわゆる「法則」は粒子の軌道がたまたま示したパターンの便利な要約にすぎないのだ，と．しかし，これはまさに奇跡的な符合を仮定するに等しい．

2) 規則性説を採用すると，因果性は，出来事をタイプに分類する際の根本的に恣意的な選択に左右されることになる．つまり，出来事自体の特徴ではなく，出来事の分類方法次第で，出来事間に因果関係があるともないとも言えることになってしまう．〔pp. 28-29〕

3) 規則性説は厄介な緊張関係をはらんでいる．自然を最大限詳細にとらえた場合，単称の出来事はもともと非常にきめ細かくできている〔たとえば，特定の数・種類・配列の原子を含んでいる〕から，そっくり同じ出来事が繰り返し起こるということはありそうにない．逆に，自然を極めて大雑把にとらえた場合，種類 E の出来事が起こった理由は説明できても，ある現実の結果 e が起こった理由は説明できなくなる〔たとえば，ある単称の出来事を大雑把に〈人が死んだ〉ととらえた場合，人間の一般的な死因は挙げられても，なぜその人がその時

その場所で死んだのかということはまったく説明できない．後者の説明を与えるためには，その出来事をもっと詳しく（病変や外傷の有無などを）記述する必要がある〕．〔pp. 28-29〕

　4）　規則説は因果性を過度に外在的なもの（外部の事情に左右されるもの）にしてしまう．つまり，c が原因で e が生じると言えるかどうかは，C のすべての実例に E の実例が後続しているかという規則性の問題になるため，宇宙の果てでどんなパターンが生じているかということにも左右される．現実問題として，そんなに遠くの出来事は観察できないのだから，それらの出来事がしかるべきパターンに従っているかどうか確かめることもできない．したがって，私たちには因果性の身近な事例を特定する資格すらないことになってしまう．どうしても因果判断を正当化したければ，「宇宙の果ての出来事も身近な出来事と同じパターンを示すはずだ」と仮定しなければならないが，そんな仮定を立てることは規則性説の根本思想に反するように思える．規則性説は「出来事のパターンは単に生じるだけであり，自然法則によって強いられたものではない」と考えるのだから．

　5）　規則性説には，根本的に不確実な因果性を理解可能にする手立てがない．〔p. 28〕

Q & A ……（2）

Q（2.1）　因果的活力は発見できないんじゃないかな．だったら，それが存在するかどうかなんて問いに確かな答えがあるとは思えない．議論したって堂々めぐりになるだけでは？

A（2.1）　因果的活力が発見できないというのは正しい．少なくとも，もし（H と F のような）2つの世界が，物質的な事実のパターンに関しては一致していて，因果的活力の存在に関してだけ違っているとすれば，それら世界の住人は（例の設定上）同じようにふるまうのだから，因果的活力が存在しない世界ではそれを発見するという出来事が決して生じないため，他方の世界でも因果的活力を発見することはできない．しかし，「だから答えはない」と言うまえに少し慎重になってほしい．ここには方法論上の微妙な問題が絡んで

おり，その点を考察する必要がある．

　この主題を科学的に考えてみよう．つまり，「因果的活力が存在するかどうかは，最も有力な宇宙の理論ないしモデルが因果的活力の仮定を必要とするかどうかによって決まる」という基準を採用しよう．理論の選択を導く1つの原則は存在論的倹約である．存在論的倹約の原則とは，「ほかの事情が等しければ，仮定する構造が少ない理論ほど優れている」というものだ．オッカムが言うように，「必要以上に存在者を仮定してはならない」というわけである．F と H は実験的には区別できないが，F は因果的活力を追加の構造としてもつ点で H と異なる．そうすると，私たちは F よりも H を選ぶべきだ，ということになる．

　しかし，科学理論や科学モデルを選択するための原則は，存在論的倹約だけではない．もう1つの原則に，「ほかの事情が等しければ，理論やモデルは，必要とする偶然の一致が少ないほど優れている」というものがある．たとえば，ある理論が「生態学的に異なる5つの地域の，5つの独立な進化の過程すべてが，同じ遺伝子構造のカメを生み出した」と主張しているとしよう．進化生物学の基本原理を知っていれば，「そんなに多様な環境下でまったく同種のカメが生じるなんてことはまずありえない」とわかる．それゆえ，この理論は著しい偶然の一致に頼っていることになるため，私たちは「カメは1つの場所で進化し，そのあと各地に移住した」とする別のモデルを選ぶことになる[7]．

　ここで大きな問題が生じる．科学モデルに優劣をつける原則は複数あることになるが，どの原則を優先するべきなのか．また，そもそも「偶然の一致」とはどういう事態を指すのか，私たちは十分にわかっているのだろうか．このように，因果的活力をめぐる論争は単に「発見できるかどうか」ではなく「競合する科学的仮説からどれを選ぶべきか」という論争としてとらえなおすことができる．私に言わせれば，そうしたほうがずっと生産的だ．

　ではまず，反ヒューム主義者が論じそうなことを考えてみよう．思い出してほしいのだが，反ヒューム主義者によれば，根本的な実在のうちには時空間内の出来事パターンを超えた何かがある．それは，物質の運動を具体的に制限し，時間経過とともに宇宙を進展させている基本法則である．反ヒュー

ム主義者は次のように言うかもしれない.

> 科学者たちが法則によって体系化したこの世界を見渡してみなさい. ヒューム主義者のように, 法則がはたらいていることを否定し,「ただあちこちに出来事が存在しているだけだ」などと主張するのは, 途方もない偶然の一致を要求するに等しい. つまり, ヒューム主義的なモザイクは, まったく偶然に, 驚くほど精確な物理方程式と例外なく完璧に合致していることになる. それはまさに「奇跡的な符合の仮定」と呼ばれるものだ.

これに対し, ヒューム主義者は次のように言い返せる.

> 君は「物理学の基本法則が存在していて, 世界を一定の仕方で進展さ・せ・て・い・る・」と主張するが, それはただの比喩を真面目に受けとりすぎだ. 自然法則は, 物質的な対象を押したり引いたり, 特定の未来をもたらしたりすることができるような代物ではない. どんなにすばらしい物理法則が見つかったとしても, 根本的に言えば, 物理法則とは現実世界の諸部分が互いに関係する仕方を表現する方程式にすぎない. 方程式は因果性を発揮できるようなものではない. それに, 方程式を「法則」と呼んだところで,「なぜ出来事はこんなふうに(方程式を満たすように)配列されているのか」という謎がなくなるわけでもない. もとの謎を新しい名前で包みなおしただけだ. データを説明してくれない点では,「宇宙が今のような仕方で存在するのは, それが神の意志だからだ」という仮説と大差ない. 説明上, 法則を持ち出すことは, 発見不可能な幽霊じみた精神を仮定するのと何ら変わらない.

しかし, 反ヒューム主義者はさらにやり返すことができる.

> 科学の営みは,「最初にヒューム主義的なモザイクのあり方(物質の配列)を確定させ, 次に法則によってそのモザイクを説明できるかどうか

論争する」などというものではない．実際の科学では，法則と物質の配列がひとまとめに判断される．たとえば，科学者は電荷を観察してから，それを法則で説明すべきか単なる規則性で説明すべきかと問うわけではない．粒子が電荷をもつと信じられるのは，ひとえに電荷と科学機器を安定して結びつける法則の存在がすでに前提されているからだ．ヒューム主義的なモザイクと法則の両方を利用して実験結果を解釈しておきながら，あとで「観察不可能だから」と言って法則をなかったことにするのはイカサマである．それゆえ，正真正銘のヒューム主義者たらんとするなら，こっそり基本法則を利用してデータを特徴づけることなく，実験結果を解釈してみせなさい．

　回答が長くなったが，要点はこうだ．因果的活力に関する論争は因果性に関する論争に留まらない．科学的な仮説の選択方法に関する論争と見ることもできるのだ．だから，「発見できないから答えはない」という単純な話ではない．

Q(2.2)　『順列都市』[8]っていう本を読んだんだ．まず，主人公は人々の脳をスキャンして，コンピュータ上の仮想世界に書き入れる．人々はその仮想世界でもなお意識を保っている．仮想人間の心的状態はコンピュータによって実現されているわけだけど，あとで主人公はその心的状態1つ1つが実現される順番をめちゃくちゃにする．それでも仮想人間は意識を保っていられるかテストするためにね．もはや，コンピュータ上のある心的状態から次の心的状態に向かう因果性は存在しないってわけだ．ところが，それらすべての心的状態がどこかの時点で生じているかぎり，時系列がめちゃくちゃでも，この宇宙はどういうわけか自動的にそうしたさまざまな心的状態を結びつける．それでまた人の自覚的な意識が自動的に現れるんだ．これって何か関係あるかな．

A(2.2)　すばらしい例だ．気に入ったよ．さて，2つのことが頭に浮かんだ．第1に，シリコン上の存在者が意識を保っているのかどうか，検証する方法はない．それはさておき，第2に，君が語ったことはヒューム主義的な考え

方をうまくとらえていて，さらにそれを自然な極致にまで押し進めている．すでに見たように，規則性説は，C タイプと E タイプの出来事が伴って生じることに加えて，C が E の前に生じ，かつ，両者が時空間的に近接していることを要求する．でも，ヒューム主義的に考えたとき，どうして近接性が必要になるんだろうか．確かに，複数の出来事が時空間的に近接して生じると，人は因果性という概念を用いてそれらの出来事を結びつける傾向にあるし，その理由も明白だ．遠く隔たった原因と結果に気づくのは難しいからね．しかしヒューム主義者の主張するように，もし因果関係が根本的な因果的活力なんかなくても存在するのなら，因果性に関連するパターンを C と E が近接しているパターンに限定する動機は何だろう．近接性を欠いた因果性の事例ぐらい簡単に想像することができる．たとえば，魔術師が 3 時間後に効果を発揮する呪文を唱える場合とか．そう考えると，現実世界でたまたま発見される相互作用が時空間的に近接してはたらいているように見えるからこそ，近接性の要件が加えられているのかもしれない．どうして因果性にとって近接性が不可欠だと言えるのか．これは考えるに値する問いだ．

文献案内

「実在に関する理論はどこまで還元的ひいては倹約的であるべきか」という主題については文献が豊富にある．とても読みやすいのはシロスの論文（Psillos 2009）だ．ヒュームの因果理論については，ドン・ギャレットの紹介（Garrett 2009）が優れていて簡潔だと思う．また，ヘレン・ビービーの本（Beebee 2006）も優れていてより詳しい．

2.6 練習問題

レディ・メアリー・シェパード（1777-1847）は，著書『原因と結果の関係についての小論』（Shepherd 1824）の中で，ヒュームの「私たちは「何の原因もなく

ある結果が生じる」ということを整合的に想像できる〔それゆえ，原因なく何か
が生じることは矛盾を含まず，論理的にはありうる〕」という主張（T 1.3.3.3）に
反論している．以下に引用する2つの段落で，彼女は「ある対象が唐突に存在
し始める」と想像する思考実験を検討している．練習のために，彼女の論証を
自分の言葉で表現したうえで批判的に評価してみよう．（第1章の「単称因果
と一般因果」の節で述べた3つめのコメントを思い出そう．）

　　ひとりでに存在し始めるとされる対象を想像してみよう．その対象は，存
　　在する能力をもっているが，私たちの身近な諸対象すべてに共通する本性
　　をもたない．すなわち，その対象は結果ではない〔何かの結果であるという
　　本性をもたない〕と想定しよう．宇宙には，その対象に影響を及ぼすよう
　　な先行する状況も存在者も何一つない．つまりこういうことだ．最初は空
　　虚だけがある．次に，原因を必要としないとされる何ものかが存在し始め，
　　広大な虚無の領域に初めて侵入する．では，この〈存在し始める〉とは何か．
　　それは1つの活動にちがいない．活動は対象の性質だが，今の場合，対象
　　自体がまだ存在していない．したがって，その対象はまだ確定した性質を
　　もてないはずだが，それにもかかわらず自分の性質を発現することになる．

　　もしこの問題に関して論拠となるような命題が何もなければ，どんな結論
　　も正当化できず，論究してもしかたがない．しかし，もし私の論敵が次の
　　ことを認めるなら話は違ってくる．宇宙にはその時点まで何も存在しない
　　と想定されているのだから，何かが存在するためには，まずそれが存在し
　　始めなければならない．しかし，（まだ存在しないと想定されているもの
　　が）ある活動を始めるという概念は語義矛盾を含んでいる．以上を認める
　　なら，この〈存在し始める〉は，〔それによって最終的に存在することになる
　　ものとは別の〕何ものかが有する能力——まだ存在しないもののために活
　　動し，仮定された虚無に変更を加える能力——として出現するしかない．
　　……もとの仮定では，存在の原因すべてが好き勝手に否定されていたかも
　　しれない．しかし，存在の始まりは（ある対象の性質であり，その性質を
　　もつ対象が先に存在しなければならないのだから），概念上，〔その対象す

なわち〕何らかの原因に属する結果なのだ．それゆえ，「いかなる対象も，何らかの原因によらなければ，存在し始めることはできない」と結論しなければならない．(Shepherd 1824: 34-36)

3

プロセスとメカニズム

　第1章で述べたように，哲学者たちは因果性の本質的な特徴をとらえるために2つの概念を導入した．差異形成と産出である．この章では，産出という概念について考える第一歩として，因果プロセスおよび因果メカニズムにもとづく因果理論を検討する．

　因果的産出という概念には，いくつかの主要な構成要素があるように思える．第1に，因果性が存在するためには，ある出来事（原因）が別の出来事（結果）を引き起こす必要がある．この〈引き起こす〉は，宇宙の歴史上の単なるパターンではなく，因果的活力を表している．第2に，この因果的活力は非対称的である．つまり，原因が結果を生み出すのであって，結果が原因を生み出すことはない．通常，この非対称性は「産出は未来に向かってのみ作用する」と仮定することによって確保される．第3に，産出は内在的なものである．つまり，特定の出来事の継起を「産出」とみなせるかどうかは，宇宙のほかの場所で何が起きているかということとは独立に決まる．第4に，産出は時空間的に連続した仕方で進行すると考えられている．ジョン・ベン（Venn 1866: 320）によると，因果性をたとえるなら，鎖よりもロープのほうがふさわしい[†1]．ロープの比喩が言わんとするのは，滑車やテコによる局所的な相互作用こそ，産出の連続性を典型的に示しているということだ[1]．この連続性条件は「因果ロープの各段階は形式的推移性を満たす」という要件を含んでいる．この場合の形式的推移性とは，「A が B を産出し，B が C を産出するなら，A は C も産出するとみなせる」という原理である．

　残念ながら，因果性を完全に産出的なものとみなす理論はまだ哲学業界で確立されていない．そのかわり，産出の特徴を部分的に取り入れた理論ならいくつかある（哲学者が因果性を産出としてとらえるのは，たいてい包括的な因果理論を提示する文脈ではなく，心と身体の因果関係を考察する文脈においてだ．

心身因果は第8章で扱う）.

　この章では主に，産出的因果の連続性に注目する2つの因果理論を検討する．まず因果プロセス説は，因果性を「諸対象の時空間的に連続した軌道およびそれらの衝突」とみなす．他方，因果メカニズム説は，個別科学の説明実践に焦点をあてることにより，因果性の科学的なとらえ方を示そうとする．この2つの理論はほぼ独立に研究できる（産出的な側面の一部に注目した因果理論はほかにも2つある．操作主義と介入主義だ．これらについて論じるのは第7章まで待ってほしい）.

　私の見るかぎり，因果プロセス説も因果メカニズム説も，完全な意味で「因果の産出説」だとは言えない．なぜなら，どちらの理論も産出の一要素である「因果的活力」を組み込んでいないからだ．また，因果プロセス説は（因果メカニズム説もある程度まで）類型ベースであり，影響ベースではない．ダメット（Dummett 1964）の「知的な木」を思い出してほしい〔p. 17〕．この木がもつ因果性概念は，観察された出来事のパターン（類型）だけにもとづいており，行為者性を組み込んだ常識的なとらえ方とは無縁である．実際，因果プロセス説は，宇宙の歴史から集められる情報（そこには観察されたパターンから推論できる，単なる記述としての法則も含まれる）を用いるだけで，因果性の有無を判定できるような規則を採用している．

　たぶん，第5章で論じる決定性説のほうが完全な「因果の産出説」に近い．というのも，決定性説は「ある種の因果的活力をもたらす法則」を組み込んでおり，「その法則のおかげで，私たちは実際の結果を知るまえに単称原因とその結果を特定できる」と考えるからだ．

3.1　因果プロセス説

　因果プロセス説の源流は，「根本的な実在とは，物質的な存在者たちが単純な物理的接触によって相互作用していく歴史全体である」という古の仮説にある．そして，因果プロセス説が近年脚光を浴びるきっかけとなったのは，ジェラルド・アロンソン（Aronson 1971）とデイヴィド・フェア（Fair 1979）が試験的に構築した「因果の伝達説」だ．そこで示された「因果性はエネルギーの伝達

を含む」という考え方は，マックス・キスラー(Kistler 1999)によって全面的な発展を遂げる．さらに，ウェスレイ・サモン(Salmon 1984)とフィル・ダウ(Dowe 2000)によって，伝達説は今日の「因果プロセス説」へと改訂された．

伝達説の基礎は，「因果性はある対象から別の対象へ物理量が伝達されることを含む」という原理にある．デイヴィド・フェアは，因果性が成立する条件として以下の大まかな規則を暫定的に提案している．

> 「A が原因で B が生じる」とは，「A と B をエネルギーや運動量をもつ対象〔A 対象，B 対象〕として物理学的に記述しなおすことができ(あるいは，〔A と B が〕すでにそういった対象を指しており)，かつ，A 対象のエネルギーや運動量が一部であれ B 対象へと伝達される(流れる)」ということにほかならない．(Fair 1979: 236[2])

次のようなシナリオを考えよう．あるビリヤードプレイヤーが白いボールを緑のボールに向けてまっすぐ突き，緑のボールをコーナーポケットに入れる．直観的に言って，〈白いボールが緑のボールに向かって動いたこと〉が原因で〈緑のボールが動いてコーナーポケットに入った〉．フェアならこの事実を次のように説明する．「その白いボールは〈緑のボールにエネルギーと運動量を伝達したもの〉として精確に記述できる」と．因果性の多くの事例はこうやってエネルギーや運動量の伝達に還元できる，というのがフェアの楽観的な見立てだ．実際，彼は〈怒りが原因で殴る〉という例を挙げて，こんな場合でも原理的には，脳から拳へとエネルギーが伝達する仕方を神経科学的に記述できるはずだと言っている(Fair 1979: 236-237)．

伝達説の1つの限界は，諸対象が相互作用していないときに因果性の存在を認められないことだ．たとえば，ある岩石が宇宙空間を移動している(その際，1メートル定規に沿って左から右に通り過ぎる)としよう．この岩石は，ある時点で定規の左端に到達し，その1秒後には定規の右端に到達する．直観的に言って，〈この岩石が定規の左端にあり，かつ，右に向かう秒速1メートルの相対速度を有していること〉は〈その岩石が1秒後には定規の右端にあること〉の原因である．しかしこの場合，いかなる量も別の対象に伝達されていないの

だから，伝達説では「宇宙空間における1つの対象の自由運動には因果性がない」と言わざるをえなくなる．ところで，物体を既存の慣性的なふるまいのまま存続させる因果性のことを「内属的因果」と呼ぶ．**因果プロセス説**が伝達説と決定的に異なるのは，この内属的因果を真正の因果性として認められることだ．

　因果プロセス説のヒントは，ウェスレイ・サモンによる「宇宙空間を移動する物理的対象と，壁面を移動するスポットライトは区別されるべきだ」という指摘にあった．アインシュタインの相対性理論はしばしば(過度に単純化されて)，因果性の生じる速度に限界を設けるものとして解釈される．「因果プロセスは真空中の光速度 c より速く進行することができない」と〔「因果律」と呼ばれる〕．サモンは「灯台からかなり離れた場所に壁を建てると，灯台の光線がその壁面を横切る際，スポットライト(光線が壁面にあたってできた明るい部分)は壁面を c より速く移動することになる」といった趣旨のことを述べている (Salmon 1984: 143)．〔光源と壁が遠く離れていると，光源の向きを少し変える一瞬のあいだに，壁面のスポットライトは長大な距離を移動することになるからだ．〕専門家の認識では，こうして壁面のスポットライトが光より速く移動することは，相対性理論に反していない．なぜなら，壁面のスポットライトはもともと相対論的な速度の限界に従う種類の存在者ではないからだ．サモンが示したかったのは，相対論的な速度の限界に従う存在者——因果プロセス——と従わない存在者——擬似プロセス——を区別する基準である．

　真正の因果プロセスと擬似プロセスを適切に区別できる理論の構築こそ，因果プロセス説の主要な目標だった．因果性を解明するために因果プロセス説がとった基本戦略は，まず，(出来事や事実ではなく)プロセスに注目し，次に，しかるべき物理量をもっているかいないかで因果プロセスと非因果プロセスを区別することだ．何をもって「しかるべき物理量」とするかは意見が分かれている．サモンの理論ではマーク，フェアの理論ではエネルギーや運動量，キスラーの理論ではエネルギー，そしてダウの理論では保存量とされる．

　ここでは，ダウの保存量説を詳しく検討するのが有益だろう．というのも，因果プロセス説として最もよく参照されるのがこの保存量説だからだ．保存量説(Conserved Quantity theory)は2つの原理にもとづいている．

CQ 1：因果プロセスとは，保存量をもつ対象の世界線である．
CQ 2：因果的相互作用とは，保存量の交換を伴う，複数の世界線の交わりである．

理論の中身を明確にするため，いくつかの用語を定義しておこう．まず，CQ 1 を見てほしい．対象とは，科学や常識で語られる個物なら何でもよく，スポットライトや影も含んでいる．対象の世界線とは，対象の時空間的な移動経路(軌道)である．プロセス一般は，対象の世界線に沿って移動する，その対象のすべての性質(保存量以外も含む)から構成される．

　因果プロセスと非因果プロセスの区別は，問題のプロセスに関わる対象が保存量(保存則に従う量)をもっているかどうかにある．たとえば，地面を移動する影は質量・電荷・運動量その他をいっさいもたないため，保存量説によれば因果プロセスではない．影は因果律(相対論的な速度の限界)に従わないのだから，これは正しい結論だ．

　では，保存量に訴えるだけで，因果律に従うプロセスと従わないプロセスを正しく区別できるのだろうか．ウェスレイ・サモンが次のような反例を挙げている(Salmon 1984: 145-146)．壁面を移動するスポットライトはエネルギーをもっていると考えられ，しかも，エネルギーはふつう保存量だと理解されている．そのため，保存量説では，壁面を移動するスポットライトは因果プロセスだということになってしまう．

　ダウは以下のように応答している(Dowe 2000: 98-101)．移動するスポットライトが因果プロセスでない理由は，それがそもそもプロセスではないからだ．「プロセス」と言えるのは，時間経過の中で同一性を保つ対象の軌道に含まれる性質だけである．「対象」と言えそうにない存在者の一例に，いわゆる「時間的ゲリマンダー」がある[3]．たとえば，〈時点 t_1 から t_2 までのポケット中のコインと，t_2 から t_3 までのデスク上の赤いペンと，t_3 から t_4 までの腕時計〉などという寄せ集めは擬似対象だろう．壁面を移動するスポットライトはこのような時間的ゲリマンダーにすぎず，実際には各時点のスポットライトはすべて別の対象であり，同一の対象が移動しているわけではないため，その世界線は

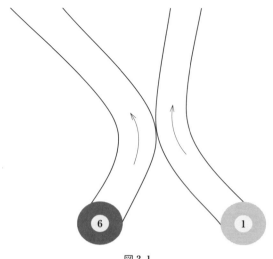
図 3.1

プロセスではない．

　因果プロセスと非因果プロセスを適切に区別できれば，内属的因果——対象が時間経過の中で単に存続することに関わる因果性——の事例も特定できるようになる．というのは，そもそも因果プロセス自体が内属的因果の連鎖（あるいはロープ！）にほかならないからだ．

　内属的でない因果性を扱うには，CQ 2 に注目する必要がある．ビリヤードボールのような対象 2 つが衝突すると，両者の時空間的な経路は接触地点で曲がる．図 3.1 を見てほしい．物理学の授業で習うように，個々のビリヤードボールの運動量は衝突時点で変化するが，全体の運動量は保存される．この事実こそ，ダウが「保存量の交換」という言葉で意味していることだ．運動量は 2 つの対象全体にとっては保存される量だが，各対象の運動量は変化する．こうして保存量を交換する 2 つのプロセスが因果的相互作用を構成する．

　マクロな対象が衝突するときには常に運動量が保存されるため，保存量説では，日常的な因果性の事例はたいてい因果的相互作用とみなされる．他方で，粒子の移動をまったく伴わず，空間的に離れた諸対象は，因果的に相互作用していないとみなされる．こうした，因果的相互作用の有無を判定する保存量説の規則は，どこまで正しいと言えるのだろうか．これに答えるのは難しい．と

いうのも，保存量説の2つの原理（CQ 1 と CQ 2）はどんなテストに合格すれば正しいと認められるのか，（少なくとも私には）よくわからないからだ．

　因果の保存量説を構成する最後の要素は，因果的相互作用と因果性を概念的に結びつけることだ．しかし，ふつう「因果性は未来に向かってのみ作用する」と考えられているのに対して，保存量説の定義には因果性を時間的に非対称にするものが含まれていない．ダウは因果性を非対称にするものに関する理論も提出しているが，その理論は保存量の特徴から因果の未来指向性（未来に向かう性質）を導き出すものではなく，実際には確率関係に頼っている．確率関係については，因果の確率上昇説を紹介する第6章で論じる．いずれにせよ，因果プロセス説は因果の非対称性に関する標準的な説明を欠いている．

3.2　利　　点

　1）　伝達説と因果プロセス説を支持する議論としてこういうものがある．関連する情報がすべて共有されているとき，人々の因果判断はたいてい一致する．両理論のように，因果性を「物理学的に特定できる」という意味で客観的に存在するものだと考えれば，なぜそうした一致が生じやすいのかうまく説明できる．というのも，因果性が客観的に存在するなら，それを正しく認知した人々の因果判断はすべて一致することになるからだ．

　2）　因果プロセス説の別の利点として，理論の中に現実世界の特徴だけを組み込んでいることが挙げられる．因果性は，それが公共的な対象のあいだに成り立つものであるかぎり，私たちの選択——出来事を解釈する仕方の選択，諸原因の相対的な重要性を比較する方法の選択，原因の候補として注目に値するものの選択——に左右されるはずがない．因果プロセス説は，こうした主観的な要素を組み込んでいない希有な理論だ．

　3）　単称因果（トークン因果／現実因果）の判断において，因果プロセスに注目することには特有の利点がある．その利点は「確率を低下させる原因」の事例を検討するとはっきりする[†2]．その種の事例では，因果プロセス説なら常識的な判断と一致した答えを得られるが，差異形成や確率にもとづく競合理論だとそれが難しいのだ．図3.2に示した単純な原子崩壊モデルを考察してみよう．

53

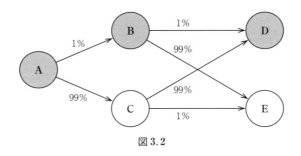

図 3.2

　丸で囲んだAは，ある種類の放射性元素——Aと呼ぼう——を表している．元素Aは数秒以内で確実に崩壊し，その際，1%の確率で別種の元素Bになり，99%の確率で別種の元素Cになる．元素BとCは，同様に崩壊したあと，図示されている確率でDかEになる．

　ここで，次のような事例を観察するとしよう．あるAが崩壊してBになり，それからDになる．ほかには何も起こらない．つまり，現実には図で灰色になっている元素が入れ替わり生じたわけだ．この場合，Bが存在したことはDが生じることに寄与した（したがってDの原因だった）と考えていいだろう．というのも，それ以外でDが生じるのは，Aが崩壊してCになり，それからDになるケースだけだが，目下のシナリオではCが存在したことはなく，そのケースは無視できるからだ．〔そして因果プロセス説でも，現実に生じた物理的な原子崩壊プロセス（A → B → D）だけにもとづいて「BはDの原因である」と判定できる．〕しかし確率に注目した場合，（「Aがそこにある」という最初の視点からすると）Bが存在することはBが存在しなかった場合よりもDを生じにくくさせている，と言える．なぜなら，もしBが存在しなかったなら，かわりにCが存在したことになり，Cの存在はその中間時点でのDの生起確率を現実の1%ではなく99%にしたはずだからだ．このことが示しているのは，一部の原因はその結果の生起確率を下げるということである．（第6章で因果性を確率上昇と結びつける理論を検討するが，この事例はそうした理論が克服すべき課題となる．）

3.3 問 題 点

　因果プロセス説は多数の難点を抱えている．そのうち4つを紹介する．

　1)　現状の因果プロセス説は過度に無差別的ないし平等主義的なので，「自閉症の原因は何か」といった問いに答える際，あまり役に立たない．因果プロセス説によれば，どんな原因も，しかるべき量の連続的な伝達によって結果と結びついていなければならない．しかし，この制約は非常に弱いため，多くの出来事を非原因とみなせなくなる．たとえば，自閉症患者は多数の分子から構成されており，どの分子も周辺環境にある無数の分子とさっき衝突したばかりだ．さらに，それら周辺環境の分子もまた，より広範な環境にある無数の分子とさっき衝突したばかりだ．分子はたいてい高速で振動しており，相互に衝突しているため，因果プロセス説を採用すると，過去に存在したほぼすべてのものが自閉症の部分的原因だということになりかねない．先月道端に小石があったこと，1266年にチャールズ王が戴冠したこと，数十億年前に彗星が通過したこと……これらすべてが因果プロセスによって今の自閉症患者と結びついている．しかし，自閉症を防ぐために小石の位置を変えるなんてことは馬鹿げている．残念ながら，どんな因果プロセス説も「予測・コントロール・説明という目的にとって，どの因果プロセスが重要なのか」という問いに対し，満足のいく回答を与えられていない．因果プロセス説はこうした選別力を欠いているため，病気の治療や機械の製作，識字率の向上などにとって重要な要因を特定できないのだ．（マックス・キスラー（Kistler 1999）の理論は，自然法則に訴えることでこの問題に対処している．だが，それは因果プロセス説を放棄するも同然である．この章のはじめに述べた通り，因果プロセス説は因果的活力ないし根本的な法則に頼らない理論だからだ．）

　2)　因果プロセス説では，因果的な役割や因果性の差異形成的な側面を説明するのが難しい．つまり，原因のどの部分が結果のどの部分に関わったのか，あるいは違いをもたらしたのか特定できない．たとえば，グラスに入った温かい黄色のレモネードに青い色素と立方体の氷を同時に加えると，冷たい緑色の液体ができあがる．この場合，因果プロセス説は，色素と氷の追加が新たな液

体の原因だと判定する．この判定自体は正しい．しかし因果プロセス説だけでは，立方体の氷が冷たさの原因であり，青い色素が緑色の原因であると判定することができないのだ．

　これと関係する問題事例として「不作為による因果」がある．たとえば，定時までに駅につけなかったことが原因で君は授業を欠席したとしよう．この場合，君の身体を作り上げている因果プロセスはその駅に存在していなかった．そのため，「君が駅に遅れたことが原因で君は授業を欠席した」という判断を因果プロセス説が裏づけたくても，「〈君が駅にいなかったこと〉と〈君が教室にいなかったこと〉は，君を構成する因果プロセスによって結びつけられている」などと言うわけにはいかない．

　こうした問題への有力な解決策は，因果プロセス説に第4章で論じる差異形成の観点を取り入れることだ．しかし，差異形成説は主観的な要素を含んでいるため，仮にこの戦略がうまくいったとしても，「因果性を客観的なものとして説明する」という因果プロセス説の利点は失われてしまうだろう．ただし，差異形成を因果プロセスによって定義するような混合理論であれば，この利点を維持できるかもしれない．

　3)　因果の保存量説によれば，因果性が存在するためには保存量が存在しなければならない．しかし，「保存されているようにみえる量はどれも完璧には保存されていない」ということもありえなくはない．実際，しばしば物理学者は「基本定数」と呼ばれる（不変とされる）量が時間と共にわずかでも変化していないかどうか調べている．仮に「エネルギーや運動量などはごくわずかに揺らいでいる」ということが発見された場合，保存量説からすると因果性は存在しないことになる．しかし，トラクターは相変わらず物を引っ張るだろうし，鳥も相変わらず空を飛ぶだろう．因果的だと思える活動のほとんどが依然として存在しているはずだ．つまり，因果性の存在を示すこれらの証拠は，どれも保存量など必要としていない．それなのに，どうして因果性には完璧な保存量が必要だと言えるのか．保存量説はその理由を説明しなければならない．因果プロセス説は，今もなお「しかるべき物理量など存在するのか」という問いから解放されていないのだ．

　4)　相互接触する粒子にもとづかない根本的な物理現象が存在した場合，そ

こで見いだされる因果性に因果プロセス説がどうあてはまるのかわからない.
たとえばニュートンの重力理論によると,質量をもつすべての物体は互いに引き合っており,そこに衝突など不要である.もし世界がこうした重力を備えているとすれば,保存量説では「月が潮の干満の原因だ」と言えなくなってしまう.潮の干満に見られる法則性からして,やはり月が大洋を引っ張っているのだから,月が原因であるはずなのに.結局のところ,因果プロセス説は「自然は個々の粒子だけを含み,根本的な場〔電場・磁場・重力場など物理的な性質を帯びた空間〕などというものは含まない」という希望的観測にもとづいている.実際にそうなっているなら結構だが,そうなっていないなら,因果プロセス説は粒子の世界線を越えて拡張される必要がある.

文献案内

因果プロセス説の標準的な説明といえばダウの本(Dowe 2000)だ.マックス・キスラーも同じくらい長い論考(Kistler 1999(仏語版), 2006(英語版))を書いている.また,プロセスにもとづく理論の中には,特定の物理学理論と結びついていないものもある.たとえば,ネッド・ホールの論文(Hall 2004)にそういった理論の概略が示されている.また彼の論文は,因果性の差異形成概念と「原因は適切なプロセスによって結果と結びついていなければならない」という原理は両立しないと論じている.似た論点だが,プロセスだけにもとづく理論は,因果性の差異形成的な側面を十分にすくいとることが難しい.こうした問題が示唆するように,私たちが日常的に用いている一群の因果原理には,単一の概念的コアなどないのかもしれない.

3.4 練習問題

練習のため,2つの問題に挑戦してみよう.

デイヴィッド・フェアの理論によると,因果性は完全に客観的なものではなく,人が選択する基準系(視点)に左右される.たとえば,ビリヤード台の静止系(ビリヤード台を固定した視点)では,白いボールのもつ正の運動エネルギーが

緑のボールに伝達されるため，「白いボールが原因で緑のボールの運動に変化が生じる」と言える．しかし，白いボールの静止系では，緑のボールが白いボールにぶつかってきて正の運動エネルギーを伝達するのだから，「緑のボールが原因で白いボールの運動に変化が生じる」ということになる．このように，どのボールが原因の役割を果たしているかは人が選択する視点に左右される．さて，因果的な秩序がこうした相対性をもつことは問題だろうか（ダウの理論は，「伝達」ではなく「交換」という言葉を使うことによってこの結論を回避しようとしている）．

　図3.2に示した原子崩壊の例で，Bが存在することは，Bが存在しなかった（かわりにCが存在した）場合に比べ，Dの生起確率を低下させていた．この例は，「ある出来事cが原因で別の出来事eが生じるのは，cがeの生起確率を上昇させる場合にほかならない」とする理論の反例になる，と一般に考えられている．直観的に言ってBはDの原因だが，BはDの生起確率を低下させているじゃないか，というわけだ．この反例を回避する1つの方法は「cがeの確率を上昇させているかどうか評価する際には，cが生じた時点から過去にさかのぼった考察はせず，cより未来の出来事だけに注目したうえで，cが生じた場合と生じなかった場合のeの生起確率を比較しなければならない」と定めることだ．（なお，cはeの確率を直接的に上昇させていなくともよい．cからeに至る確率上昇の連鎖が成り立っていれば，つまり，cが次の出来事の確率を上昇させ，その出来事がさらに次の出来事の確率を上昇させ……という関係がeまで続くような出来事の系列が存在すれば，cはeの確率を上昇させていると認めてよい．）そうすれば，上の原子崩壊の例はもはや反例ではなくなる．BがDの生起確率を上昇させているかどうか評価する際には，「Bが存在しなかったのなら，AはCになっていたはずだから……」とBより過去にさかのぼって考えてはならないので，現実にBが存在してCが存在しなかった以上，Cの不在は確定事項になる．すると確かに，Bの存在はBが存在しなかった（かつCも存在しなかった）場合よりもDの生起確率を1%上昇させている．かくして，この修正理論は「BはDの原因である」という常識に適った判断を下せる．さて，この修正版の因果の確率上昇説に対する反例を作ってみてほしい[4]．

3.5 メカニズム

続けて，近年の哲学研究における別系統の因果理論を紹介しよう．その因果理論は「個別科学では，何かを説明する際にメカニズムが重要な役割を果たす」という観察にもとづいている．

地質学や神経科学といった個別科学が求める因果関係や因果法則は，基礎物理学の法則とはまったく異なるものだ．基礎物理学の典型的な法則は，ミクロな詳細まで指定された宇宙全体の状態同士を結びつける．これに対して，個別科学の典型的な法則は，ごく限られた範囲の状態間に成り立つものであり，その状態も最大限詳細に指定されるわけではない．

たとえば神経科学者は，神経細胞（ニューロン）が神経伝達物質を放出する原因について説明するために，わざわざ宇宙全体の状態や基礎物理学の法則を持ち出したりしない．たとえ物理法則があらゆる物質の運動を支配しているとしても，そんな詳細は神経伝達物質が放出される原因について情報量に富んだ説明を与えてくれるわけではない．それに，科学者が当てにできるような，神経伝達物質の放出に関する例外のない（いつでもどこでも成り立つ）法則が存在するわけでもない．

しかし，別の方法でなら神経伝達物質の放出を説明できる．その方法とは，神経伝達物質の放出について，その構成要素の相互作用を明らかにする形で記述することだ．たとえば，神経科学者は次のように説明するかもしれない．

> 活動電位が軸索終末を脱分極させ，神経細胞膜の電位依存性カルシウムチャネルを開く．細胞内カルシウム濃度が上昇し，それが原因となって，より多くのカルシウムイオンがカルシウム／カルモジュリン依存性タンパク質キナーゼと結びつくようになる．後者はシナプシンをリン酸化し，今度はそれが伝達物質を含む小胞を細胞骨格から解放する．このとき，小胞は神経細胞膜内の遊離部位に向けて解放され，Rab3A と Rab3C の標的となる．さらに…（Craver 2007: 4-5）

この調子で，最終段階である神経伝達物質の放出まで続く．

　個人的な話をさせてもらうと，私にはこの説明がさっぱり理解できない．有機化学にはうとくてね．しかしそれでもわかるのは，神経伝達物質の放出がどのようにして起こるのか説明するために，諸部分同士の相互作用を記述しているということだ．科学者じゃなくても，諸部分同士の相互作用に言及して説明することはよくある．たとえば，私が自転車の機能を説明するなら，乗り手がペダルをこぐとペダル・ギア・チェーン・フレームがどんなふうに連携して自転車を前進させるのか，一連の流れを語ることになる．こうした諸部分とその相互作用は１つのメカニズムを構成しており，このメカニズムが自転車の前進運動を生み出していると言える．同様に，軸索の脱分極やらカルシウムの結合やらは，神経伝達物質の放出を生み出すメカニズムを構成しているわけだ．

　では，メカニズムとは正確に言って何だろうか．哲学者はどう考えてきたのか．マカマー，ダーデン，クレイバーが手ごろな定義を与えている．彼らによると，メカニズムとは「最初の状態から最後の状態に至る規則的な変化を産出するよう，組織された存在者と活動」である (Machamer, Darden, and Craver 2000: 3)．このように，「産出」概念を介してメカニズムと因果性は結びついている．標準的な理解として，メカニズムは，その時空間的な範囲が適切に限定されており，かつ，未来に向かってのみ作用する．これは前に示した産出の特徴そのものだ〔p. 47〕．ただし，メカニズムが因果的活力を発揮すると考えられているのかどうかは，あまりはっきりしない．

　メカニズムのこうした定義には注目すべき特徴がある．「（メカニズムは）規則的な変化を産出する」という部分からわかるように，この定義は一般因果を重視している．実際，因果メカニズム説の提唱者たちは，「単称原因を特定する」という課題——単独の事例において，指定の結果を説明するのはどの原因か突き止める課題——を重視していない．メカニズムの主要な役割は，因果的規則性を説明することなのだ．たとえば，スチュアート・グレナン (Glennan 1996: 52) は，１つのタイプのふるまいに関わるメカニズムを「直接的な因果法則に従う多数の部分の相互作用によって，そのふるまいを生み出す複合的なシステム」と定義している．

3.6 メカニズムとレベル

ウェスレイ・サモンの『科学的説明と世界の因果的構造』(Salmon 1984)によると[†3]，ある因果的規則性($C \to E$)をメカニズムによって説明することは，入力される事態(C)と出力される事態(E)を結びつける「ブラックボックス」を特定することにほかならない．「ブラックボックス」という言葉は〈説明の構成要素のうち，それ以上説明されないもの〉を指している．たとえば，「B が D の作用を妨げることによって，I は O を生み出す」という説明があるとしよう．この説明は，構成要素 B と D の関係について何事か述べているものの，それぞれの内部構造については何も説明していない．それゆえ，B と D は(I と O を結びつける)ブラックボックスだ．

サモン自身は因果プロセス説を支持している．そのため彼の考えからすると，入力が出力を生み出す仕方の説明には，通常，その入力と出力を結びつける因果プロセスの特定が含まれる．ほとんどの場合，入力はさまざまな因果的相互作用(物理量の交換を伴う因果プロセスの交わり)を通して出力と結びついている．サモンはそうした相互作用のネットワークを「因果ネクサス」と呼んでいる．ごく一般的に言えば，この因果ネクサスが，入力から出力を生み出すメカニズムを構成する．しかし，因果ネクサスはふつう多様なレベルの詳細さで記述することができる．

この話を具体例にあてはめてみよう．1665 年にロンドンの人口は 10 万人減少したのだが，なぜそんなことが起こったのか説明したいとする．入力は 1665 年開始時のロンドン人口であり，出力は 1665 年終了時のロンドン人口である．

この人口減少に関する最もシンプルな説明は，1665 年初頭にロンドンで流行した「大疫病(ペスト)」を挙げることだ．この説明は人口減少の原因について情報を与えているものの，疫病自体はいわばブラックボックスにされている．つまり，疫病がどのように作用したのか，詳細はまったくわからないままだ．

もっと詳しい説明なら，入力と出力がどのように結びつくのかを教えてくれる．サモンによると，「大疫病」という名のブラックボックスを開くには，以

下の出来事を記述すればよい．まず，ペスト菌がネズミに侵入する．ペストに感染したネズミが商船でイングランドにやってくる．そのネズミを刺したノミが感染する．さらに，そのノミが人間を刺して伝染させる．人々も咳をして互いに伝染させる．かくして，ペスト感染は多数の死者を出すほど深刻なものとなる．以上の因果メカニズムは，さまざまな因果プロセス（ネズミ，船，人間，ノミ，ペスト菌）と，それらのプロセスが織りなす因果的相互作用（ペスト菌がネズミに侵入し，ネズミが船で移動し，ノミがネズミを刺し……）からなる．問題の入力と出力はこれらすべてのプロセスの相互作用によって結びつけられているので，そうした相互作用を明らかにすれば人口減少を説明できる．

　ここで次のような反論があるかもしれない．「私たちはまだ人口減少を十分に説明できていない．確かに人々はペストに感染して死んだが，それもまたブラックボックスである．入力は健康な人間，出力はペストの犠牲者，ブラックボックスはペスト感染だ．ペストがどうやって犠牲者を生み出すのか説明するために，ペスト菌と人間の免疫系との相互作用に関する微生物学的な説明を与えなければならない」と．

　容易に想像できることだが，そうしたより詳細な説明を与えたとしても，さらに詳細な説明——細菌が身体全体に広がっていくメカニズムの生化学的な説明——を要求されかねない．ここで自然に浮かんでくる疑問は，「メカニズムによる説明が底をつくことはあるのか」だ．言い換えれば，より詳細な説明を求められたときに最終的なより所となるような，完全に包括的な説明というものは存在するのだろうか．

　この問題について語るときには，通例「レベル」という言葉を使う．たとえば，原則として，細胞生物学レベルの説明は，より下部にある化学レベルのメカニズムによってさらに説明することができ，その化学レベルの説明は，より下部にある原子物理学レベルのメカニズムによってさらに説明することができる．一般に，メカニズムによる説明は，上部レベルの現象を下部レベルのメカニズムと関係づけることによって説明する．そうすることで，因果性のさまざまな実例が生み出される仕方をもっと詳細に示せるわけだ．これがメカニズムによる説明の主な魅力である．

3.7 底をつく

より下部のレベルが無限に存在する……なんてことがないかぎり，最終的には「ここで相互作用している各部分にはもはや部分がない」と言える地点に到達するはずだ．その地点の現象は，さらなる部分の相互作用によって説明することができないのだから，メカニズムによって説明することはできない．そのかわり，この最下部レベルは基礎物理学の法則によって説明される，と考えるのが主流である (Craver 2007; Machamer et al. 2000; Glennan 1996)．因果メカニズム説がこの地点に到達すると，それは「底をついた」と言われる．既存の因果メカニズム説はすべて底をつくが，論者によって「底をつく」ということの考え方が違う．

ウェスレイ・サモンの場合，最下部レベルで通用するのは因果プロセス説だと考え，それによって上部レベルのメカニズムを説明する．サモンはかつて因果性を「マーク伝達能力」なるものによって定義するよう提唱していたが，のちに因果の保存量説へと立場を変えた．彼の考えでは，因果性の根本的な説明はメカニズムによらないが，その説明のマクロな帰結（上部レベルの現象）について語るときにはメカニズムを持ち出すのが便利だ，ということらしい．いわく，彼の理論に含まれるメカニズム説的な部分は「電話ネットワークのモデルのようなものに相当し，通信回線や接続状況を示している．…しかし，このモデルは，送信されるメッセージ自体については何も明らかにしない」(Salmon 1997: 469)．ここで言う「メッセージ」は因果プロセスのマークなり保存量なりを指しており，それこそがサモンの理論では根本的な因果の役割を果たしている．他方，メカニズムは，それ自体で何かを産出するわけではないが，根本的な因果プロセスの配列をわかりやすく示してくれるという意味で，派生的な因果の役割を果たしている．

スチュアート・グレナンは「底をつく」ことに関する別の考え方を提案しており，それは2つの特筆すべき点でサモンの考え方と異なる．第1に，彼の提唱する因果理論では，個別科学のメカニズムは実質的な因果の役割を果たしており，最下部レベルで生じる活動の単なる要約ではない．メカニズムのふるま

いを支配する法則は，根本レベルの法則から派生する（導き出される）ものでは
ない．第2に，グレナンは基礎物理学レベルにもある種の因果性が存在するこ
とは認めるが，世界の根本的な作用については保存量説などのいかなる仮説も
提出していない．

「底をつく」ことに関する2人の考え方の違いを理解してもらうために，（サ
モンが挙げた）大疫病の例をもう一度取り上げよう．両者の理論に大きな違い
があるといっても，大疫病に関するグレナン流の説明は大部分がサモン流の説
明と同じである．違いが出るのは，説明が基礎物理学レベルに達して底をつい
たときだ．そこでようやく，メカニズムと法則に関する理論の相違点が鮮明に
なる．サモンは，究極的にはあらゆる因果性をメカニズムの根本である因果プ
ロセスによって一元的に説明するが，グレナンは，メカニズムによって説明で
きる上部レベルの因果性とそれが不可能な基礎物理学レベルの因果性を別物と
考え，前者を後者に還元することはできないとする．

グレナンの理論に登場する〈基礎物理学レベルの根本的な因果性〉と〈上部レ
ベルのメカニズムとしての因果性〉は，どちらも法則に従う点では同じである．
グレナンによれば，法則とはある種の一般化であり，「状況が現実と違ってい
たら，どんなことが起こっただろうか」ということを教えてくれるものだ．
〔これは現実のパターンをまとめただけの一般化（ヒューム主義的な法則）ではなく，
現実を超えてあてはまる一般化，「反事実的依存性」を支える法則である．第4章
およびQ＆A（5.2）参照．〕基礎物理学の法則は確かにこの定義通りの法則だが，
同様に，ほかのもっとありふれた一般化——送水バルブの動作や病気の伝染を
支配するマクロな法則——も法則なのである．

因果メカニズム説は，最も根本的なレベルで通用する因果理論（たとえば因
果プロセス説）にもとづくべきなのだろうか．グレナンによれば，私たちには
この問いに「否」と答える資格がある．なぜなら，私たちが因果判断の真偽を
確かめる際には，あくまでメカニズムを調べるのであって，基礎物理学の法則
を調べるわけではないからだ．たとえば，「ペスト菌が原因でロンドンの人口
が10万人減少した」という判断の真偽は，基礎物理学的な相互作用の配列に
もとづいて決まるわけではない．その真偽は，何らかの適切なメカニズムがペ
スト菌と人口減少を結びつけているかどうか，という点だけにもとづいて決ま

64

る．〔グレナンは基礎物理学レベル以外の因果性をこう定義している．「2つの出来
事が因果関係にあるということは，それらの出来事があるメカニズムによって適切
に結びつけられているということにほかならない」(Glennan 1996: 56).〕メカニズ
ムは，基礎物理学的な相互作用と両立するかもしれないし，基礎物理学的な相
互作用よりも精密さに欠けているかもしれない．しかしそれでも，私たちが因
果的説明(「なぜ～が起こったのか」の答え)を求めるとき，求められているの
はメカニズムなのだ．

　グレナンの見立てでは，メカニズムを基礎物理学的なものへと還元できない
ことは，基礎物理学レベルの現象が因果的に極めて異質だということを示して
いる．確かに，ミクロな粒子のふるまいは，私たちが日常生活の中で目にする
因果性の事例とは異なる．グレナンに言わせると，量子現象が私たちにとって
奇妙に思えるのは，ひとえにそれを説明する因果メカニズムが特定されていな
いからだ．もしそのようなメカニズムがそもそも存在しないとすれば，たとえ
因果の非メカニズム説によって量子現象をうまく説明できたとしても，それは
相変わらず奇妙なままだろう．それぐらい因果的説明とメカニズムは密接に結
びついている．また，たとえ量子の奇妙なふるまいが因果の非メカニズム説を
要求するとしても，そのことは，より大きな対象のふるまいに関して因果メカ
ニズム説を拒絶する理由にはならない．これがグレナンの主張である．

3.8　利点と問題点

　ほかの因果理論と違って，因果メカニズム説は具体的な批判にさらされるこ
とよりも「何を目的とした理論なのか」と問われることが多い．メカニズムを
重視する論者たちは，メカニズム概念がどの問題に関わり，どの問題には関わ
らないのか明言してこなかった．確かに，メカニズムを持ち出すことは，私た
ちが因果性を理解する局面で特筆すべき役割を果たしている．多くの場合，科
学者は世界のふるまいを因果メカニズムにもとづいて解釈し，説明する．それ
ゆえ，多種多様なレベルの説明が相互にどう関係し，また因果性とどう関係し
ているのか哲学的に解明するためには，メカニズムという概念を明確化する必
要がある．

しかし，因果メカニズム説の支持者が取り組んでいない哲学的な課題もある．さまざまな因果的規則性が根本的な実在とどう関係しているのか説明することもそうだ．何より，メカニズムの本性には有力な制約がまだほとんどない．たとえば，メカニズムは局所的な相互作用しか含んではならないのか，それとも何らかの遠隔作用を含んでもいいのか．あらゆる因果的規則性はメカニズムを含まなければならないのか．単称因果とメカニズムのあいだにはどんな関係があるのか．明確な制約が何もないとすれば，メカニズム概念はあまりにも一般的すぎて因果性研究の導き手にならないかもしれない．というのは，因果性をメカニズムによって分析しようにも，メカニズム自体があやふやなら何も解明されたことにならないからだ．そういうわけで，因果メカニズム説は「メカニズムを持ち出すことはどんな問題の解決に役立つのか」という点をはっきりさせる必要がある．

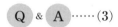

Q(3.1)　因果メカニズム説の目的がそんなにはっきりしないなら，なんで因果メカニズム説の話をしたの？

A(3.1)　私がメカニズム説を紹介した理由は，因果的規則性を説明するうえで，メカニズムを持ち出すことが極めて有効だからだ．少し私の話につき合ってくれるなら，一般因果について考察する際，メカニズム概念を利用することがなぜ役に立つのか，私自身の考えをお聞かせしよう．

　端的に言うと，メカニズムは因果的規則性の内部にある隠れた構造である．この場合の「隠れた構造」が何を意味するのか説明するために，まず自然種と人工種を区別しておこう．

　自然種とは1つのカテゴリーであり，そこに含まれるものの範囲は，私たち人間の言語的・概念的な選択(慣習や取り決め)によって全面的に決定されることがない．自然種の典型例は〈金(きん)〉だ．元素の周期表が考案されるはるか以前に，人々はある特徴的な性質をもつ物質の存在に気づいていた．純粋な状態のそれは，黄色がかり，強い光沢を帯び，魅力的で，やわらかかった．人々はまた，金の中にはこれらの性質をもたないものもあり，逆に，金でな

いものでもこれらの性質をもつことがあると知っていた．一方で，金は変色してしまったり，鉱石に混ざっていたりする．他方で，黄鉄鉱は光沢を帯び，黄色く，魅力的だが，それを金と勘違いするのは愚か者だけだ〔黄鉄鉱は別名「愚者の金」と言う〕．ここからわかるように，はるか昔であっても，人々の金概念はある隠れた本性をもつ物質についての概念であり，その隠れた本性の有無は注意深い測定(密度の測定や酸に対する反応の測定など)によって確認できた．このように，自然種の隠れた本性は私たちが科学的に調査できるものなのだ．金の場合，最終的には79個の陽子をもつ元素であることが発見された．それ以外は純粋な金でない．こうして，自然種の範囲はそれ自体の隠れた構造によって決まり，人間が勝手に決められるわけではない．人間にできるのは，その隠れた構造を発見することだけだ．

　比較のため，今度は〈ゲーム〉という人工的なカテゴリー——**人工種**——について考えてみよう．金と同様に，ゲームも一定の典型的な特徴をもっている．それは楽しいものであり，勝者と敗者を分かち，ルールを備える．しかし，これまた金と同様に，ゲームの実例の多くはこれらの特徴をもたない．1匹の犬とする「とってこい」遊びには競争の要素がないし，ごっこ遊びにはルールの制約がほとんどないし，野球は退屈の見本だ．ではどうしてゲームが人工種なのかと言うと，私たちは最初から「いくら科学的に調査しても，ゲームの隠れた本性が発見されることなどない」とわかっているからだ．さまざまなゲームは，隠れた本性のないカテゴリーを構成している．ゲームの集合は私たち人間の選択によって拡大したり縮小したりする．科学者が「ダンスはゲームでないとされているが，それは人々の誤解であって，実はゲームなんじゃないか」とか「鬼ごっこはゲームだとされているが，それは人々の誤解であって，実はゲームではないんじゃないか」とか思って調査しても無意味だ．〈ゲーム〉ではなく単に〈人々が楽しいと感じる活動〉を決める未知の原理なら，科学によって発見されることもありうる．しかし，ゲームでないものとの違いを示すような，ゲームのうちに潜む特徴を発見することは，ゲームという概念からして定義的に不可能である．なぜなら，「ゲームである」ということは，「人々が「ゲーム」と呼ぶことに決めたものの集合の一員である」ということにすぎないからだ．

その話をメカニズムにあてはめるとどうなるのかって？　因果メカニズム
は，因果的規則性のうちに潜む隠れた本性だと言える．どうしてネズミが原
因でロンドン住民は死んだのか．それは，ネズミとロンドン住民を結びつけ
る法則のせいではない．それでは何の説明にもならない．そうではなくて，
科学的に発見可能な（しかし，もともとは隠れていた）詳細のせいだ．その詳
細こそ，ノミやペスト菌など，大疫病の説明に登場するすべてのものからな
るメカニズムである．

　別の例として，人間に草木しか食べさせないとそれが原因で栄養失調にな
るのはどうしてだろうか．それは，科学的に発見可能な草木の化学的構造
——主成分がセルロース——と，科学的に発見可能な人間の生物学的本性
——セルロースを消化できない——のせいだ．こうした詳細を明らかにする
ことは，人間の消化に関わる因果メカニズムを特定することにほかならない．

　ここで積極的な提言をしておこう．メカニズムが説明の役に立つ理由の一
部は，メカニズムが因果的規則性を，⑴単に原因（入力）と結果（出力）を指摘
するだけの場合よりも詳細に，かつ，⑵通常はほかの因果的規則性の存在も
含意する形で，特徴づけてくれるからだ．「ほかの因果的規則性」の中には，
仮定されたメカニズムの有無を判断する手掛かりとなるものや，もとの因果
的規則性に私たちが介入・干渉する手掛かりとなるものがある．たとえば，
大疫病に関する先の説明は，以下のような因果的規則性の存在を強く示唆し
ている．もしノミがペストに感染するかどうかテストしていれば，ノミも感
染することがわかっただろうし，もしノミを根絶する方法があったなら，ペ
ストの伝染を防ぐこともできただろう，と．

　私が思うに，上記2つの特徴はメカニズムがもつ説明上の価値を十分に示
しており，それを踏まえると，ほとんどの科学分野でメカニズムが活用され
ていることにも合点がいく．また，メカニズムを因果的規則性の隠れた構造
としてとらえれば，メカニズムが，⑴根本的な実在の一部であるとか，⑵因
果的産出に関わっているとか，⑶因果性にとって絶対に必要であるとか言わ
ずにすませられる[5]．

68

3　プロセスとメカニズム

文献案内

　メカニズムやメカニズムと因果的説明の関係を研究するなら，マカマーらの共著論文(Machamer et al. 2000)と，クレイバーの読みやすい本(Craver 2007)および論文(Craver 2005)は必読だ．グレナンは因果メカニズム説についてより高度で見事な要約を与えている(Glennan 2009)．グレナンにはほかにも重要な論文(Glennan 1996)がある．また，ヒッチコックとサモンの論争(Hitchcock 1995; Salmon 1997)も注目に値する．

4

差異形成——違いをもたらすこと

ある物語を紹介しよう．といっても，そのごく一部だが……．

> クンドラはユンダリ・キューブを検査台の上に置き，その内部構造を K
> ボットに調べさせた．その際，彼女の脳裏には１つの仮説が浮かんでいた．
> 既知の情報として，ユンダリ・キューブは外殻の細長い裂け目から赤外線
> 映像——ほとんどはユンダリ軍の行軍状況や監視カメラの映像——をプロ
> ジェクターのように投影することができた．そこから推察するに，ユンダ
> リ・キューブの内部にはマイクロアンテナや映像処理用の水晶発振装置が
> あるはずだ．しかし，K ボットの報告はその単純さと異様さでもって彼
> 女の予測を打ちのめした．このユンダリの人工物には，中身が何もなかっ
> たのだ！ ひしゃげた金属製の外殻の内側には普通の酸素と窒素しかなか
> った．つまり，ただの空気だ．このキューブは何のメカニズムももたない．
> それにもかかわらず，キューブを握りしめると，安定して映像が投影され
> た．その映像は驚くほど鮮明であり，しかも別途確認されたのだが，実に
> 正確なものだった．（『トレインスターの遺産』より抜粋）

外見上のふるまいを考慮するかぎり，「このユンダリの人工物を起動すると，
それが原因で映像が投影される」と結論するのが理に適っている．ところが，
その内部を調べてみると，因果メカニズムらしきものが何もない．つまり，ユ
ンダリ・キューブを握りしめることとその映像投影のあいだに，関連性のある
結びつきが何もないのだ．

　第3章で検討したのは，産出・プロセス・メカニズムにもとづいて因果性を
理解しようとする哲学的立場だった．次に考えるべき問題はこれだ．産出とい
う概念を使わずに，因果性を適切に特徴づけることは可能なのだろうか．

71

因果性は何らかの内部メカニズムを必要とする——そう考える理由が少なくとも１つある．各 C と各 E のあいだに安定した因果的な結びつきが成り立っているとき，その結びつきを調査してみると，ほぼ常に，C から E への連続的な結びつきを実現している物理的なもの——力・物質・場——が何かしら見いだされる（時折，「量子力学はメカニズムをもたない「不気味な」影響力の存在を示している」と主張されることがある[1]．しかし，この問題は厄介極まりないため，ここで論じる余裕はない）．

　他方で，因果性はメカニズムを必要としないと結論する論証もある．私たちは，内部メカニズムについて何も知らなくても，因果関係を知ることがよくある．プロセスはしばしばブラックボックスとして扱われるが，その際，ブラックボックスの内部構造（プロセスの詳細）はブラックボックスの機能（最終的な入出力関係）にとってほぼどうでもいい．たとえば，パソコンのキーボードで R キーを押すと，それが原因で画面上に R の文字が出現する．しかしご存じの通り，電気信号がこの結果を引き起こすのに必要な，唯一無二のルートなどない．同じ機能を実現する内部構造などいくつもある．「キー入力と文字表示のあいだには安定した結びつきがある」ということさえ知っていれば，それを実現しているパソコンの内部構造について何も知らなくても，私たちには因果関係を認める資格がある．

　こうしてみると，クンドラがユンダリ・キューブに困惑したのも無理はない．その人工物は，ただ握りしめるだけで安定して作動し，思い通りに映像を投影してくれる．それゆえ，マクロなレベルで言えば，ユンダリ・キューブは間違いなく因果的だ．ところがその内部を調べてみると，その機能を説明してくれるようなものが何も見つからない．そのため，この人工物は，「あらゆる因果性は何らかのメカニズムに支えられている」という，自然界では規則的に成り立っているようにみえるパターンに反している．

　かくして目下の課題は，因果メカニズムや産出に頼ることなく因果性を理解することができるのかどうか検討することだ．

　ほとんどの有力な因果理論は，「原因は結果に違いをもたらす」という点に注目している．因果性にとって差異形成（違いをもたらすこと）が重要だという思いは，おおむね「厳密に言えば，因果性は内部メカニズムの存在を必要とし

4 差異形成

ない」という気づきからくる．もしその人工物を握りしめることが映像投影の
有無という違いを安定してもたらすなら，それは因果性だと言える．少なくと
も因果の差異形成説はこうしたアイデアに支えられている．電気回路やアンテ
ナを備えていないというのは確かに驚きだが，それでも「その人工物を握りし
めることがその映像投影に違いをもたらしている」と確信するのであれば，
「その人工物を握りしめることが原因でその映像投影が生じている」と確信す
るはずだ．

差異形成という概念のとらえ方はいろいろな形で提示されてきた．この章で
検討するのは，「反事実的依存性」なるものによって差異形成をとらえようと
いうアイデアだ．また，第 6 章では差異形成の異なる解釈を紹介する．

4.1 反事実的依存性

ここ 100 年間の哲学業界では，因果性などの概念を研究する際，言語の構造
に訴えることが多い．哲学者ネルソン・グッドマン (Goodman 1947) の古典的な
例を見てみよう．次のようなシナリオを想像してほしい．ある人がマッチをす
ると，それが原因でマッチに火がつく．ここで，〈マッチをすること〉が〈マッ
チに火がつくこと〉に関してどんな違いをもたらしたのか表現したい場合，次
のように言うことができる．「もしマッチをすらなかったならば，マッチには
火がつかなかっただろう」と．このような形式の言明は「反事実条件文」と呼
ばれる．というのも，こうした言明が述べているのは，「ある条件が事実に反
して成立していたなら，物事にはしかじかな違いが生じただろう」ということ
だからだ．多くの場合，反事実条件文は「もし A が起こっていたならば，B
が起こっただろう」という形式で表現される．因果の差異形成説のうち，何ら
かの反事実条件文によって差異形成を特定ないし定量化しようとするものは，
「因果の反事実条件説」と呼ばれる．

古典的な反事実条件説は，デイヴィド・ルイスの論文「因果性」(Lewis
1973a) に登場する．以下にその内容を要約するが，理解しやすいように少し改
変している．

ほとんどの哲学者の共通見解として，因果理論の課題は，(1)「結果」として

注目する出来事 e が含まれるシナリオを入力として受け取り，⑵そのシナリオの中で「e の原因」とみなせる出来事を出力として生み出すような理論を構築することだ．こうした理論の完成度は以下の点で評価される．第1に，その理論の関数（入力と出力の対応規則）は，そのシナリオに対する「〜が e の原因だ」という常識的な判断をうまく再現できなければならない．第2に，その理論は不合理なほど複雑であってはならない．つまり，単にその場かぎりの特徴に注目してデータを処理するのではなく⑵，確率（チャンス）・時間・自然法則といった一般的に適用できる概念を用いて出力を生み出さなければならない．

　古典的な例（McLaughlin 1925: 155）を挙げよう．ある砂漠の旅行者が，協力関係にない2人の暗殺者によって命を狙われている．第1の暗殺者は旅行者の水筒に毒を混入させ，第2の暗殺者はその水筒に小さな穴を開けた．旅の途上，毒入りの水が漏れて失われ，旅行者は脱水で死んでしまう．注目する出来事 e を〈旅行者の死〉としよう．直観的に言って，〈水筒に開けられた穴〉は e の1つの原因だが，〈毒の混入〉は違う．したがって，因果理論はこのシナリオを正しく処理するために，〈水筒に開けられた穴〉を e の原因と判定し，〈毒の混入〉を e の非原因と判定できなければならない．

　1つ注意点がある．シナリオを描写する際には，「何が原因か」を示唆するような含意のある言葉を使ってはならない．たとえば，今のシナリオで「第2の暗殺者は旅行者の水筒に小さな穴を開けた」と言うかわりに，「第2の暗殺者は旅行者を暗殺した」と言ってしまうと，「暗殺した」が定義上「暗殺者が原因で犠牲者は死んだ」ということを含意するため，聞き手はそれだけで「第2の暗殺者が原因で旅行者は死んだ」と推論できてしまう．〔しかしこれは因果理論が再現すべき「常識的ないし直観的な因果判断」ではなく，既知の因果的な情報にもとづく論理的な判断にすぎない．p.6〕

　それはさておき，ルイスの理論では，「たいていの反事実条件文は，そのもっともらしさを思案するだけで真理値（真偽）を容易に確定できる」と前提する必要がある．そういった反事実条件文には，それなりに現実的なシナリオの中で生じる出来事同士の関係を描写したものが含まれる．さて，あるシナリオで生じるある出来事 e の原因を特定するには，以下の手続きに従えばよい．

4　差異形成

1)　そのシナリオの中で生じた，e の原因候補になりうるすべての出来事を考慮する．

2)　各原因候補 c_i には「そのシナリオの中で出来事 c_i が生じた」という命題 $O(c_i)$ が対応して存在する．同様に，$O(e)$ は「そのシナリオの中で出来事 e が生じた」という命題である．

3)　2つの反事実条件文「もし $O(c_i)$ が真だったならば，$O(e)$ は真だっただろう」と「もし $O(c_i)$ が偽だったならば，$O(e)$ は偽だっただろう」の真理値を判断する．

4)　両方の反事実条件文が真である場合，「命題 $O(e)$ は命題 $O(c_i)$ に**反事実的に依存する**」と言う．そうでない場合，「命題 $O(e)$ は命題 $O(c_i)$ に反事実的に依存しない」と言う．

5)　命題 $O(e)$ が命題 $O(c_i)$ に反事実的に依存する場合，「出来事 e は出来事 c_i に**因果的に依存する**」と言う．そうでない場合，「出来事 e は出来事 c_i に因果的に依存しない」と言う．

6)　c_i から e に至る因果的依存関係の連鎖が存在する場合，「c_i は e の1つの原因であり，c_i と e のあいだには因果性が成り立つ」と言う．そうでない場合，「c_i は e の原因でない」と言う．

　この手続きを理解するうえで，概念的な道具立てに関して2つのポイントを押さえておいてほしい．第1に，関連する反事実条件文の真理値を判断する際には，因果的な情報を何も前提せず，それらの反事実条件文を独立した言明として考察しなければならない．因果の反事実条件説が目指すのは，因果性を反事実条件文にもとづいて分析（ないし定義）することなのだから，因果性を前理論的な因果判断にもとづいて定義するような循環は避けなければならない．第2に，ここではルイスに従い，ある出来事と「その出来事が生じた」という命題（ないし言明）とを区別している．この区別は重要である．というのも，ルイスの理論では，構造上，日常言語の反事実条件文を支配している論理が反事実的依存性の有無を左右することになるからだ[3]．（「因果性」を発表した年，ルイスは1冊の本を出版しており，そこで反事実条件文の論理を特徴づけ，日常言語の反事実条件文にあてはまる論理規則をいろいろと提案している．）

一例として，「もし P が真だったならば，Q は真だっただろう」という形式の反事実条件文の真理値は，P が真の場合，Q の真理値と同じになる．たとえば，トランプで勝負したあと，勝ったプレイヤーが負けたプレイヤーの手札を誤認して「もし君がエースを引いていたら，君の勝ちだったな」と言うとしよう．負けたプレイヤーは自分がエースを引いたうえで負けたとわかっているので，「それは間違いだ．私はエースを引いたが，それでも負けたんだ」と正しく返答できる．〈P は真で Q は偽だった〉という情報さえあれば，そこから「もし私がエースを引いていたら，私の勝ちだった」は偽であると推論できるわけだ．のちほど検討するが〔pp. 86-88〕，因果的依存性の有無を判断するうえで，差異形成に関する非言語的な基準を構築せず，ルイスのように日常言語における反事実条件文の論理に頼ると問題が生じる．しかし今のところ注意しておいてほしいのは，ステップ3の第1の反事実条件文は自動的に真になるということだ．なぜなら，先述した因果理論の課題上，私たちは生じることが前提の出来事だけを考察することになるため，出来事 c_i と出来事 e が生じることはもともと保証されているからである．したがって，反事実的依存性が成立するかどうかは，もっぱら第2の反事実条件文にかかっている．

それでは砂漠の旅行者の例に立ち返り，ルイスの理論が望ましい出力を得られるかどうか確かめてみよう．この理論は，狙い通り「〈水筒への毒の混入〉は〈旅行者の死〉の原因ではないが，〈水筒に穴を開けること〉は〈旅行者の死〉の原因である」と判定できるだろうか．

まず，〈毒の混入〉を出来事 c_1 として考察しよう．もし第1の暗殺者が水筒に毒を混入しなかったとしても，水筒には現実と同じく穴が開いただろう．2人の暗殺者は別々に行動しているのだから．したがって，依然として旅行者は脱水で死んだだろう．違いは，毒入りの水ではなく，飲める水が漏れて失われるという点にしかない．かくして「第1の暗殺者が水筒に毒を混入しなかったならば，旅行者は死ななかっただろう」は偽であり，それゆえ，e は c_1 に因果的に依存しておらず，c_1 から e への直接的な因果性は存在しないということになる．しかしここで，因果的依存の連鎖も存在しないかどうか考える必要がある．そのためには，c_1 と e を媒介する出来事——c_1 に因果的に依存し，かつ，e が因果的に依存する出来事——が存在しないかどうか考えてみればよ

い. たとえば, c_1 の直後から水筒の中身が完全に失われるまでのあいだに生じていた, 〈水筒の中に毒が入っている〉という出来事 p_1 はどうだろう. 確かなこととして, 出来事 p_1 は c_1 に因果的に依存している. というのも, もし第1の暗殺者が水筒に毒を混入しなかったならば, その水は無毒で飲めるものだっただろうから. しかし, e が p_1 に因果的に依存しているとは思えない. なぜなら, (現実には p_1 が生じた時点で)もし水の中に毒が入っていなかったとしても, そのあと水筒の中身が漏れたことによって旅行者はやはり死んだだろうから. それゆえ, 「もし p_1 が生じなかったならば, e は生じなかっただろう」は偽である. したがって, これは因果的依存の連鎖ではなかった. もし現実に起こった出来事の中で c_1 と e を媒介して因果的依存の連鎖を形成する出来事がほかに何も思いつかないなら, 「c_1 は e の原因でない」と結論しなければならない. これはまさに私たちが求めていた結論だ. 少なくとも私はそのような出来事をぱっと思いつかないので, ひとまず「ルイスの理論は c_1 を非原因として正しく判定できている」と認めることにする.

　次に, 〈水筒に穴を開けて中身が徐々に漏れるようにすること〉を出来事 c_2 として考察しよう. 「もし第2の暗殺者が水筒に穴を開けなかったならば, のちに旅行者が初めて喉の渇きを覚えたとき, 水筒には毒入りの水が入っていただろう」と判断するのは理に適っているように思える. そして, 旅行者は砂漠を移動しているあいだに水筒の中身を飲もうとすると前提すると, やがて旅行者は脱水ではなく中毒によって死ぬことになっただろう. ということは, 「もし第2の暗殺者が水筒に穴を開けなかったならば, 旅行者は死ななかっただろう」は偽である. この反事実条件文が偽だということは, e は c_2 に因果的に依存しておらず, c_2 から e への直接的な因果性は存在しないということだ. しかし前段落のケースとは違って, 今回は, c_2 と e を媒介する出来事——c_2 に因果的に依存し, かつ, e が因果的に依存する出来事——が存在するように思える. 水筒が空になったあとで生じる, 〈e より少し前の時点で旅行者が脱水症状を起こす〉という出来事を d としよう. まず, 「もし暗殺者が水筒に穴を開けなかったならば, 旅行者は脱水症状を起こさなかっただろう(そのかわり, 中毒症状を起こしていただろう)」は真だと考えてよさそうだ. したがって, d は c_2 に因果的に依存する. また, 「もし旅行者が脱水症状を起こさなか

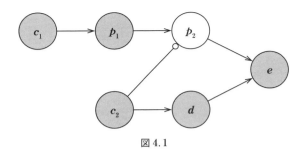

図 4.1

ったならば，e は起こらなかっただろう」という反事実条件文も真だと考えてよさそうだ．というのも，現実には d が生じた時点で，言い換えれば，水筒が空になった(それゆえ毒入りの水を飲む可能性がなくなった)あとの時点で，反事実的かつ奇跡的に旅行者が脱水症状を起こさなかったとすれば，旅行者は死ななかったはずだからだ[4]．したがって，e は d に因果的に依存する．こうして，c_2 から e に至る因果的依存の連鎖が存在するため，c_2 は e の原因である．以上の結論は，「旅行者が死んだ原因は，毒ではなく，水筒に開けられた穴だった」という常識的な判断と合致している．それゆえ，ルイスの理論はこのシナリオを正しく処理できているように思える．

この例に関わる因果的依存性を「ニューロン・ダイアグラム」と呼ばれる図によって明示してみよう(図 4.1)．

ニューロン・ダイアグラムにおいて，円は「生じる可能性のある出来事」を示し，灰色の円は「現実に生じた出来事」を示す．ある灰色の円から別の灰色の円に向かう矢印は，「因果的依存」関係を示し，後続の円が先行の円に依存する．矢印の連続(因果的依存の連鎖)は「矢印でつながれた各出来事は自分に後続するすべての出来事の原因である」ということを示す．たとえば，c_1〈水筒に毒を混入すること〉は直後の p_1〈水筒に毒入りの水が入っていること〉の原因だが，p_1 は p_2〈e より少し前の時点で旅行者が中毒症状を起こすこと〉の原因ではない．p_2 は現実に生じなかったからだ．c_2〈水筒に穴を開けること〉が p_2 の生起を妨害したわけだが，そのことは先端が小さな円になっている線分によって示される．目下の課題は e の原因を特定することだ．e から矢印をさかのぼっていけば，d と c_2 が e の原因であり，そのほかは原因でないと簡単にわ

かる.

　私はあえて以上の議論に批判的な眼差しを向けてこなかったが，のちほど「媒介する出来事」と因果的依存の連鎖を用いた解決法には問題点があると示すつもりだ〔pp. 89-91〕．ここでは，もう1つの解決法を紹介しておきたい．私たちは先のシナリオで，結果 e を単に〈旅行者の死〉と解釈していた．だからこそ，e は c_1 に端を発する毒によっても c_2 に端を発する脱水によっても起こりえたわけだ（そのため，e と c_1，e と c_2 のあいだに因果的依存性は成り立たなかった）．しかし，現実に生じた旅行者の死は脱水によるものであり，脱水死と中毒死では死体の状態が異なるはずだ．そこで，e をより狭く解釈し，〈旅行者の脱水死〉としてとらえたらどうか．まず，あのシナリオから〈毒の混入〉を反事実的に取り除いても，〈水筒の穴〉は残っているわけだから，やはり〈旅行者の脱水死〉は生じただろう．それゆえ，e は c_1 に因果的に依存しておらず（因果的依存の連鎖もないから），「c_1 は e の原因ではない」．他方，〈水筒の穴〉を反事実的に取り除いた場合，〈旅行者の中毒死〉は生じるだろうが，もはや〈旅行者の脱水死〉は生じないだろう．それゆえ，e は c_2 に因果的に依存しており，ただちに「c_2 は e の原因である」と結論できる．これは常識的な因果判断と一致した結論だ[5]．

　この解決法は専門用語で言う「出来事のもろさ[†1]」を活用している．出来事のもろさとは「その出来事は，どの程度まで質的に変更されても，同じ出来事とみなされるか」を示す尺度である．おそらく，物理的な世界で生じる出来事はどれも，ミクロな粒子の精密な配列によって実現されている．しかし日常的には，出来事が実現されている厳密な仕方など気にされない．私たちは「たとえ犠牲者の身体に含まれる1つの分子が反事実的に多少変わったとしても，その死は多少違う仕方であれ依然として生じただろう」と考える．しかし，出来事に対する仮想的な変更があまりにも大きくなると，私たちの反応は変わる．もし旅行者が砂漠の旅を生き延び，70年後にインフルエンザで死んだとしたら，私たちは「c_2 がその死の原因だ」とは言わないだろう．むしろ「先の例における e はそもそも起こらなかった」と言うはずだ．さて，ある出来事にほんの少し仮想的な変更を加えただけで，その出来事をもはや同じ出来事だとはみなせなくなる場合，その出来事は「極めてもろい」と言う．ある出来事にそ

こそこの変更を加えても，その出来事を同じ出来事だとみなせる場合，その出来事は「中間的にもろい」と言う．そして，ある出来事に多様な点で大きな変更を加えても，その出来事を同じ出来事だとみなせる場合，その出来事は「もろくない」と言う．

　少なくとも標準的な反事実条件説に関するかぎり，「結果」として指定される出来事は中間的なもろさをもつように解釈される必要がある．というのも，結果が過度にもろければ，ほぼすべての過去の出来事が原因とみなされてしまうし，反対に，結果がもろさに欠けていれば，多くのシナリオで「真正の原因」と判定できる原因がほとんどなくなってしまうからだ[6]．練習のために自分で例を考えてみてほしい．〔上の解決法は，結果 e を〈旅行者の死〉よりももろい〈旅行者の脱水死〉として解釈することで，常識に適った結論を得られたわけだ．しかし，〈脱水死〉までいかずとも，たとえば〈砂漠旅行中の死〉でも十分に中間的なもろさかもしれず，その場合，中毒死も e とみなされるため，「c_2 は e に因果的に依存していない」となり，解決に失敗する．それゆえ，この解決法には「結果をどの程度のもろさで解釈するべきか」という問題がつきまとう．pp. 89-90〕

　まとめよう．この節では，反事実的依存性——ひいては因果性——について判断する1つの方法を学んだ．注目点を3つ挙げておこう．第1に，この方法は「反事実条件文は真か偽のどちらかである」とする論理にもとづいている．つまり，ルイスの理論では反事実的依存性に程度は認められず，したがって因果的依存性にも程度は認められない．第2に，因果的依存の連鎖を因果性として認めているため，因果性は推移性をもつことになる[7]．この推移性のおかげで，d が媒介して「水筒の穴が原因で旅行者は死んだ」という結論を導けたのだ．第3に，結果は中間的なもろさをもつ出来事として解釈される必要がある．つまり，どんな死でもよいほど広く解釈されてはいけないし，現実に起こった死とミクロレベルで同一の死しか認めないほど狭く解釈されてもいけない．のちに反事実条件説の問題点を検討するとき，以上3つの要素が批判の的になる．しかし，まずは前向きに，反事実条件説の魅力を見ていくことにしよう．

4.2 利　点

1)　この章の始めに，因果の反事実条件説がもつ明白な利点を1つ指摘しておいた．反事実条件説を採用すれば，原因と結果を結びつける内部メカニズムの存在が不明な場合でも，因果関係を認められるようになる．

2)　上記と関連する利点として，因果的活力の存在に懐疑的な経験主義者は，反事実条件説が因果的活力を必要としないことに満足するだろう．根本的な実在のうちに，因果判断に関わる反事実条件文の真理性や正当性を裏づける構造さえあれば，因果性は存在することになる．この点で，因果の反事実条件説はヒューム主義の味方だと言える．

3)　しかし，もっと重要な理由で，反事実条件説は因果性の本質に迫っているように思える．その本質とは，原因は影響を及ぼすという点だ．議論の下準備として，「未来を変える」と「未来に影響を及ぼす」を区別しておこう．「ある出来事 c は未来に影響を及ぼす」とは，定義上，「c は未来を c が生じなかった場合の未来とは違うものにする」ということである．「ある出来事 c は未来を変える」とは，定義上，「c は未来を現実の未来とは違うものにする」ということである．ここで，「未来を変える」の定義について少し考えてみると，眉間にしわが寄るはずだ．「未来」がまさに「のちに起こること」だとすると，そんな未来をそれ自体とは違うものにすることなどできるわけがない，と．もし私が「現実の未来」を起こらないようにしたなら，それは最初から現実の未来ではなかったことになる．もし私が「ある架空の未来」を現実に起こるようにしたなら，それは最初から架空の未来ではなく，現実の未来だったことになる．したがって，どちらの場合も「未来を変えた」とは言えない．以上の考察からわかるように，「未来（のちに起こること）を変える」という概念はそもそも整合していない．これに対して，「未来（のちに起こること）に影響を及ぼす」という概念は，〈単一の現実の未来〉と〈想像上の架空の未来〉の比較にもとづいているため，問題なく理解可能である．さて，私の考えでは，因果性はある種の反事実的依存性を必要とするが，その理由は，影響を及ぼすということがもともと反事実的だからだ．「影響を及ぼす」とは「物事の道行きを物事が進み

えた(ほかの)道行きとは違うものにする」ということである．それゆえ，「原因は影響を及ぼす」とはもともと「原因は反事実的に影響を及ぼす」ということにほかならない．これが意味するのは，「私たちはルイスに従い，日常言語における反事実条件文の文法や論理を活用しなくてはならない」ということではない．そうではなくて，ともかくも因果性は，〈物事が現実に生じた仕方〉と〈物事が生じえた仕方〉を対比する，ある種の差異形成を含んでいるということだ．

4）　不作為による因果を考察すると，「原因は影響を及ぼす」ということがより明確になる．不作為による因果とは，不生起（何かが生じないこと）・不在・防止・失敗などが原因とみなされるケースの因果性である．たとえば，ジャックが目覚まし時計をセットし忘れ，1限の授業を寝過ごしたとしよう．この場合，ふつうに考えれば，〈目覚まし時計をセットし忘れたこと〉が〈授業を欠席したこと〉の原因だ．

多くの研究者の共通見解として，不作為による因果は産出やメカニズムの存在を必要とする因果理論にとって問題事例となる．というのも，不生起は何かを生み出せるような出来事ではないからだ．何と言っても，それは存在しないのだから．対照的に，因果の反事実条件説であれば，不作為による因果の問題を簡単に解決できるように思える．先の例で言えば，単に「もしジャックが目覚まし時計をセットし忘れなかったならば，彼は授業を欠席しなかっただろう」という反事実条件文が真だということを確認するだけでよい．したがって，〈授業を欠席したこと〉は〈目覚まし時計をセットし忘れたこと〉に因果的に依存しているのだから，〈目覚まし時計をセットし忘れたこと〉は〈授業を欠席したこと〉の原因なのだ．ほら解決！

いやちょっと待とう．確かに反事実条件説なら不作為も原因とみなせるようになるが，それは出来事を原因とみなすためのハードルを下げているからだ．おかげで，たくさんの不生起——「消極的な出来事」と呼ぼう——が原因とみなされることになる．たとえば，〈ある花が咲いた〉という平凡な結果を考えよう．その花が咲いた原因は何か．1つの原因は，流れ星がその花にぶつからなかったことだ．もし流れ星がその花にぶつかっていたとすれば，その花は咲かなかっただろう．もう1つの原因は，シカがその花のつぼみを食べなかったこ

82

とだ. もう 1 つの原因は, ユニコーンがその花のつぼみを食べなかったことだ. ……ご想像通り, こうして反事実条件文を使って因果性を判断していくと, 無数の消極的な出来事が〈ある花が咲いたこと〉の原因になってしまう.

サラ・マクグラス(McGrath 2005)は, この問題を一般化して「不作為はどれも原因ではない(と言えるように因果性を理解すべき)か, あるいは, 不作為は常識で考えるよりもはるかにありふれた原因である(と認めるべき)かのどちらかだ」と論じた. マクグラスはどちらの選択肢も受け入れがたいとして, これを「ジレンマ」と呼んでいる.

1 つの応答は,「不作為は何の原因にもならないが, より包括的な因果的説明の一部になるため, 私たちは不作為を「原因」として語っている」というものだ(Davidson 1967; Beebee 2004). これは第 1 の選択肢を無害化しようとしている. しかし, マクグラスはこう反論する. 結果に対して因果的責任を負う不作為と負わない不作為は区別する必要があり, 上のような応答ではこの区別が何にもとづいているのかわからない, と[8].

もう 1 つ, 反事実条件説側からの応答として,「真正の出来事と非出来事の区別こそが重要であり, 大多数の不作為はそもそも出来事とすらみなせないため, 非原因とみなされる」というものがありうる. これは第 3 の選択肢として, ごく一部の不作為だけを原因とする. しかし, この戦略には,「消極的な出来事と非出来事の境界線をどこに引くべきか」という問題をめぐって, 原則のない(その場かぎりの)選択を繰り返すはめになりかねない, という懸念がある.

さらに別の(反事実条件説側からの)応答として, 消極的な出来事を真正の原因と認めたうえで, どうして私たちはほとんどの消極的な出来事を「原因」だと言わないのか, その理由を説明する, というものがありうる. これは第 2 の選択肢を無害化しようとしている. たとえば, 確かに〈飢えたユニコーンが近くにいなかったこと〉はその花が咲いた原因の 1 つだが, そんなユニコーンの不在を指摘したところで何の情報の足しにもならない. というのは, ほかすべての花にも同じことが言えるため, その花に特有の事情が何もわからないままだからだ. このような理由で, 私たちはユニコーンの不在を原因とは言わない.

残念ながら, この最後の応答にも欠陥がある. 不都合な帰結を招いてしまうのだ. もし哲学者の課題が「無数の出来事を真正の原因と認められるようにし

たうえで，私たちがふつうそれらの出来事を原因だと考えない理由を，実践的な観点（情報の足しにならないなど）から説明すること」だとすれば，そもそも反事実条件説は，常識通り〈水筒への毒の混入〉を非原因とみなせるからといって，どうして説得力があるということになるのだろうか．というのも，「〈水筒への毒の混入〉は e〈旅行者の死〉の真正の原因だ」と宣言したうえで，「しかし，実践的な理由により，人々は〈水筒への毒の混入〉を非原因だと考える」と説明することなどいともたやすいからだ．たとえば，「旅行者の死体は毒の症状を何も示していなかった．この事実は「e は毒が主な原因である場合の死を示していなかった」と考える十分な理由になる．だからといって，この事実は「毒の混入は e の非原因だ」ということの証拠ではない．むしろ，「毒の混入は注目に値せず，説明の役に立たず，無視できる e の原因だ」ということの証拠なのである」．〔こんなふうに，常識的な判断——毒の混入は原因でない——を「実践的な理由で錯誤に陥った，理論が再現する必要のないもの」として簡単に無視していいなら，反事実条件説が常識的な判断と合致したからといって何の手柄にもならない．〕

〈真正の非原因〉と〈真正の原因だが注目に値しない出来事〉を明確に区別できないとすると（だからこそ上のような応答がありえたわけだが），因果理論の妥当性を判断する哲学者たちの基準には厳密さが欠けていることになる．もし因果の反事実条件説の提唱者には「〜は原因でない」という常識的な判断を単に説明だけして無視することが許されるのなら，いっそのこともっとシンプルな因果理論を採用したらどうだろうか．最もシンプルな因果理論が与える因果性の定義はこうだ．「任意の出来事 e と c について，c は e の原因である」．この因果理論のスローガンは「万物は万物の原因である」だ．互いに何の関係もなさそうな c と e のペアを反例として提示されたとしても，この因果理論の提唱者はしたり顔でこう言い返す．「確かに，人々が「c は e の原因でない」と考えたくなる理由はたくさんあるだろうさ．でもそういった理由は単に実践的なものだ．たとえば，e を因果的に説明するうえで c を持ち出す意味はないとか，e を引き起こすうえで c はうまい手段にならないとか，c について知ったところで e の生起を予測する役に立たないとか，まあそういったことはいろいろ言えるだろう．それでも本当のところ，c は e の原因なんだ」と．このシンプル

な因果理論にどう反論すべきか考えてみると，多くのことを学べるはずだ．

4.3 問 題 点

　因果の反事実条件説の主な利点は伝えたので，今度は主な批判を見ていこう．反事実条件説の欠点を考える場合，特定の定式化についてあら探しをするのではなく，すべての反事実条件説に共通する一般的な構造に注目することが大切だ．
　1)　因果の反事実条件説は，いくつかの肝心な点で体系性に欠けている．まず，私たちは反事実条件文の真偽をどうやって知るのだろうか．前に挙げた例では，関連する反事実条件文の直観的なもっともらしさに訴えたわけだが，こうした反事実条件文に関する判断は何にもとづいて正当化されるのだろうか．因果性の問題を解決するために利用される反事実条件文には，単なる思いつき以上の根拠があるのだろうか．
　確かなこととして，存在しないものについて経験的な証拠を集めることはできない．それでも，現実とは違う(単なる可能性としての)シナリオに関して何かしら理に適ったことを語れるのは，そうした語りがあくまで現実世界に関する情報を伝えるからだ．具体的に考えよう．反事実条件文の真偽を判断する有名な方法に「分岐法」がある．それをありふれた因果性の事例に用いてみよう．ある学生が1缶のアイスクリームを買って帰るが，冷凍庫に入れ忘れて机の上に放置し，アイスクリームは溶けてしまう．ここで，アイスクリームを机の上に放置したことがアイスクリームの溶けた原因だったのかどうか調べたいとする．分岐法によると，「もしアイスクリームを机の上に放置しなかったならば，アイスクリームは溶けなかっただろう」の真偽を判断するためには，最初に，アイスクリームが机の上に放置される直前まで仮想的にさかのぼり，次に，分岐して現実の歴史と分かれた架空の歴史を想像する．その歴史では，まずアイスクリームが机の上に放置されず，たぶん学生によって冷凍庫に収められる．それから，ごく普通の自然法則がこの反事実的な事態に作用し，それ以外の出来事はすべてこの自然法則に従ってふつうに進行する．すると，冷凍庫が正常に機能しなかったと考える理由が特になければ，「アイスクリームは溶けなか

っただろう」と結論できる．かくして，「アイスクリームを机の上に放置した
ことは，アイスクリームが溶けた原因である」という常識的な判断が裏づけら
れる．この場合，先の反事実条件文が真だということの中には，(1)学生がアイ
スクリームを机の上に置いた時点の現実世界の状態(冷凍庫は壊れていないと
か，電力供給は正常だとか)と，(2)自然法則の2点に関する現実世界の情報が
圧縮されているわけだ．

　アイスクリームの例からすると，因果判断に関連する反事実条件文の一般的
な評価方法は，十分に理解可能なものであり，しかも常識的な因果判断と合致
するように思える．しかし，この方法はどこまで一般的に通用するのだろうか．
分岐法が常識的な判断と合致しないケースに「モーゲンベッサーのコイン†2」
がある．前提として，自然法則は根本的な不確実性を備えており，コイン投げ
の結果は事前のミクロな諸条件によって決定されないとしよう．そのうえでこ
んなシナリオを想像してほしい．マーシーは次のコイン投げの結果が「表」に
なると予想する．ほかの誰かがコインをイカサマなく投げる．するとコインは
「裏」を向いた．このシナリオでマーシーはコイン投げに負けたのだ．ここで
アンケートをとってみれば，人々は「もしマーシーが「裏」に賭けていたら，
彼女の勝ちだった」と考える傾向にあるはずだ．しかし分岐法によれば，マー
シーが「裏」に賭けていたら勝っていたという事実などない．なぜなら，自然
法則上，コイン投げの結果は根本的に不確実であり，マーシーが「裏」に賭け
る反事実的な歴史の中で確実に「裏」が出るという保証などないからだ．こう
して分岐法は常識的な判断と異なる結論を導く．いったい何が起こっているの
かというと，たぶん人々は「ある結果を予想すること自体は，その結果の生起
確率に影響を及ぼさない」と知っているせいで，この因果判断にもとづいて
「もしマーシーが「裏」と言っていたとしても，コインは変わらず「裏」を向
いただろう」と判断している．ここからわかるように，実は反事実条件文に関
する判断自体が因果性に関する判断によって左右されているため，期待に反し，
因果性は反事実条件文の真理値に関する直観的な判断だけにもとづいて，非循
環的に分析できるわけではない〔p. 75〕．

　2)　因果の反事実条件説に関する文献のほとんどは，反事実的依存性を反事
実条件文の真理値にもとづいて定量化しており，その真理値は真か偽の2値だ

とされている．そのせいで，こうした反事実条件説では差異形成の程度を表現することが難しい．つまり，差異形成の有無（違いをもたらすかもたらさないか）は表現できても，どれぐらいの確からしさで違いをもたらすかということは表現しがたい．加えて，因果性に関連する反事実条件文は，ルイス（Lewis 1973b）が特定した多数の公理に従うと考えられている．そのときルイスが取り組んでいたテーマは，英語の反事実条件文を支配している暗黙の論理だった．いったいどうして，出来事間の因果的依存性（結果が原因に依存する仕方）を支配している規則が，英語のような自然言語の構造に従っているなどと期待できるのだろうか．1つ例を挙げよう．思い出してほしいのだが，ルイスの理論では，出来事 c_i と e が実際に生じるときにはいつでも，「もし $O(c_i)$ が真だったならば，$O(e)$ は真だっただろう」は自動的に真になる．ということは，c_i と e が互いに世界の反対側で生じようが，e が生じた数十億年後に c_i が生じようが，この反事実条件文は依然として真になってしまう．

もう1つ例を挙げよう．反事実条件文の論理には次のような特徴もある．反事実条件文の真理値は真か偽のどちらかであり，どちらになるかは関連するすべての反事実的な可能世界で起こることによって決まる．

次のように想定してほしい．ある過去の時点における現実世界の状態 s は，ある些末な出来事 c を含んでいた．たとえば，〈ある特定の粒子がある場所に存在する〉といった出来事だ．基本法則の定めにより，s のもとでは，のちに〈ある粒子が崩壊する〉という出来事 e が根本的に 99/100 の確率（チャンス）で生じることになっていた．今回は e が現実に生じた．加えて，次のようにも想定してほしい．その基本法則の定めにより，出来事 c が存在しないこと以外は s とそっくりな可能世界の状態のもとでは，e は根本的に 1/100 の確率で生じることになっている．この状況を常識的に考えれば，c が存在しない場合よりも存在する場合のほうが e ははるかに生じやすいのだから，c は e の原因だと言えるはずだ．

ところが，因果の反事実条件説だと，c は e の原因でないということになってしまう．反事実条件文の標準的な論理によると，「もし c が生じていなかったならば，e は生じなかっただろう」の真理値を判定するには，c が生じない可能世界のうち現実世界と最も似ている（厳密に）すべての可能世界で，e が生

じないかどうかを確かめなければならない．今のシナリオの場合，関連する可能世界の100個中99個でeは生じないが，100個中1個でeは生じることになる．したがって，cの不在はeの不在を確実にするわけではない†3．因果の反事実条件説は，cの不在によってeの不在が厳密に確実になることを要求しており，極めて確からしくなるだけでは足りない．この要求のせいで，不当にも「cはeの原因でない」と判定してしまうわけだ．因果の反事実条件説は，反事実条件文に真か偽の2値しか与えないため，出来事の生起確率が相互に依存する程度を示せない．それを示すには，もっときめ細かい値が必要になる[9]．

　よくあることだが，こうしてさまざまな反例が提示されたせいで，研究者たちは果てしない論争を繰り広げることになった．主な関心事は，反事実条件説の分岐法を調整すること，それから，反事実条件文の論理を調整して〈常識的な因果判断〉と〈関連する反事実条件文の真理値〉をうまく合致させることだった．しかし，目を向けるべきは別のところだろう．そもそも，出来事間の因果的依存性に関する理論を構築するのに，反事実条件文の論理だけでどうにかしようとしたことに無理がある．もともと反事実条件文の論理に託されていたのは，反事実条件文同士の論理的な関係に関する人々の判断を説明することだった．この目的を越えて乱用したために，当然の成り行きとして無数の調整を迫られたのだ．この教訓を踏まえ，私たちは非言語的な──人間の言語がたまたま備えている特徴になるべく頼らないような──差異形成の基準を探すべきだろう．

　3）改めてルールを確認しよう．因果理論の目標は，現実や仮想のさまざまなシナリオを通して「どの出来事がeの原因か」という点で常識的な判断と合致することだ．この目標に向かうとき，因果の反事実条件説を支持する者は，余剰の原因を含むシナリオに手を焼くことになる．

　余剰因果とは，ある結果の潜在的な原因が1つ生じなかったとしても，1つ以上の代替の原因がその結果を引き起こせる，というケースの因果性だ．余剰因果はさまざまな形で現れる．実は，これまでの議論の中でも「先取り」と呼ばれる余剰因果の事例に触れている．c_2〈水筒に穴を開けること〉はe〈旅行者の死〉の原因だったが，代替の原因c_1〈毒の混入〉はeの原因ではなかった．c_2による妨害がなければ，c_1が原因でeが生じたはずだから，「c_2はc_1がeの原

因となることを先取りした．そのため，c_1 は e の原因ではなかった」と言われる．

　また，第 1 章でも「過剰決定」と呼ばれる余剰因果に言及している．過剰決定では，複数の原因が結果の生起に責任を負っている．均等な過剰決定の場合，各原因は関連するすべての点で同じである．たとえば，1 本でも十分なところ，2 本のクギが同時に 1 つのタイヤをパンクさせるケースだ．不均等な過剰決定の場合，各原因のあいだに違いがあるため，私たちは因果的責任を不均等に分配したくなる．たとえば，古典的なカーチェイスシーンで，大型トラックとパトカーが露天市を走り抜けていくとしよう．まずトラックが果物の屋台につっこんで大部分を破壊し，続いてやってきたパトカーが残りの部分を蹴散らす．ふつうに判断すれば，トラックとパトカーの両方が果物の屋台を破壊したことになる．たとえ，パトカーがとどめを刺すまえに，屋台はもはや修復不可能になっていたとしても．

　過剰決定と先取りの違いは，代替物が原因だったかどうかだ．一方で，毒の混入は水筒の穴の代替物であり，死の原因ではなかった．つまり，水筒の穴に先取りされたのだ．他方で，タイヤをパンクさせた各クギは互いの代替物だったが，いずれも原因だった．つまり，それぞれが過剰に決定する原因だったのだ．

　こうした余剰因果が招く問題とは，「潜在的な原因 c_1 の代替物 c_2 が存在するとき，一般に，結果 e は c_1 に因果的に依存していない」ということだ．それは c_2 が代替物なのだから当然である．c_1 が原因にならなかったとしても，c_2 が原因となり e は生じただろう．それゆえ，修正を施さなければ，因果の反事実条件説は主要な原因を「原因ではない」と誤って判断することになる．

　先取りケースへの対処法として，すでに 2 つの理論装置を紹介した．(1)結果が中間的なもろさをもつように解釈する．つまり，結果 e は，ほとんどの出来事が原因になってしまうほどもろくてはならず，かといって，どんな出来事も原因にならないほどもろさに欠けていてもいけない．(2)因果性は，因果的依存性だけでなく，因果的依存の連鎖によっても成立する．

　しかし，この 2 つの対処法には疑問の余地がある．まず，(1)に関して，「ある出来事がどの程度もろいか」ということは，客観的な事実の問題ではないだ

ろう．出来事自体はもともと完全な詳細を備えて現実に生じるのであって，私たちが出来事を記述する際にその詳細をどれだけ曖昧にするべきかということは，単に私たちの選択の問題だ．次に，(2)に関して，「因果的依存の連鎖は因果性と認められる」という原則は「因果性は推移的である」という主張に等しい．因果性が推移的だと言えるのは，「A が B の原因であり，B が C の原因であるとき，A は C の原因である」という一般原則が成り立つ場合だ．しかし，この推移性にはいくつかの明白な反例がある (Maslen 2004)．たとえば，カリウム塩を炎に投じたところ，それが原因で炎の色が紫色に変わった．それとは別に，エルヴィスはその紫色の炎の中に長いこと手をつっこんだため，火傷を負ってしまう．ここで因果の推移性を認めると，カリウム塩はエルヴィスの火傷の原因だということになってしまうが，直観的に言って，カリウム塩はエルヴィスの火傷の原因ではない．問題はこうだ．〈水筒に穴を開けたこと〉が〈旅行者の死〉の原因である理由を説明するために推移性を持ち込むと，今度はその推移性のせいで「因果性の実例」が増えすぎてしまう．つまり，常識的には因果性でないものまで因果性だと認めるはめになる．もし反事実条件説が因果性を因果的依存性と同一視し，因果的依存の連鎖を無視していたら，今の例に正しい答えを出せただろう．カリウム塩はエルヴィスの火傷の原因ではなかった，と．（その場合，先取りの問題には対処できないのだが．）

ここでよく持ち出される戦略は，関連する反事実条件文をより洗練された方法で評価しようとするものだ．多くの哲学者は「因果性は対比的である」と論じた†4．どういう意味かというと，因果性は「原因」と「結果」の二項関係ではなく，「仮想的ないし反事実的な対比」に相対的に成立する，ということだ．先の例で言えば，カリウム塩が原因で生じたのは〈そこに黄色ではなく紫色の炎が存在すること〉だったが，エルヴィスが火傷を負った原因は〈そこに炎が存在しないのではなく炎が存在すること〉だった．このように，「媒介する出来事」を特徴づける対比が一致していないため，推移性の原理を適用するのは不適切であり，かくして先の反例は成り立たなくなる〔「A は B_1 の原因であり，B_2 は C の原因である」というふうに B_1 と B_2 が違う出来事なら，「A は C の原因である」とはならない〕．この解決策の難点は，対比に敏感な反事実条件文を組み込めるように，反事実的依存性の理論を改訂しなければならないことだ〔10〕．

いずれにせよ，単純な反事実条件説への反例となる余剰因果の形態はほかにもある．砂漠旅行者の例で示したように，先取りケースへの標準的な解決策は，因果的依存の連鎖を形成するような，媒介者となる出来事を考慮に入れることだ．しかし，そもそも媒介する出来事が関わらないケースにも反例がある．これから紹介するのは，ある空想的な例（Schaffer 2000）を改変したものだ．銀の魔術師が唱える呪文は，50% の成功率で真夜中に王子と女王をカエルに変える．また，金の魔術師が唱える呪文は，50% の成功率で真夜中に王子と王をカエルに変える．このように両者の呪文の効果は王子に関して重複している．なおこのシナリオでは，呪文を支配する法則により，呪文を唱えても真夜中までは何の影響もない．さて，2 人の魔術師が呪文を唱えた結果，王子と王はカエルになったが，女王はカエルにならなかった．この情報だけで，「金の魔術師の呪文は成功したが，銀の魔術師の呪文はどのカエル化の原因でもなかった．したがって，王子がカエルになった原因は銀の魔術師の呪文ではなく金の魔術師の呪文だった」と結論できるだろう．こういったケースは**重複因果**と呼ばれる．この例が示しているのは，媒介する出来事が何もなくても，実現した結果がすべて具体的に示されれば，「銀の魔術師の呪文は王子がカエルになった原因ではなかった」と断定できるということだ．〔しかし，単純な反事実条件説では同じ結論を下せない．「銀の魔術師が呪文を唱えなかったならば，王子はカエルにならなかっただろう」が偽だと断定できないからだ．金の魔術師の呪文が成功するなら偽だが，失敗すれば真であり，その確率は半々なのでどちらとも言えない．同様に，「金の魔術師が呪文を唱えなかったならば，王子はカエルにならなかっただろう」も真だと断定できない．銀の魔術師の呪文が 50% で成功するかもしれないからだ．そこで，呪文と王子のカエル化を媒介する出来事を探そうにも，そんなものは最初からない．〕

　昨今，哲学系の研究雑誌ではこんな論争がしょっちゅう行われている．雰囲気は伝わったかな．反例，反事実条件説の微調整，その微調整への反例……こうして膨大な文献ができあがる．名を上げるには，広大な可能性の宇宙に立ち向かっていくしかない．

4.4 練習問題

ここまで来たら，自分自身で問題に立ち向かってほしい．2問挙げる．

まず，ヘレン・ビービーが導入した「不作為による因果」の定義（Beebee 2004: 294）を紹介する．この定義は常識的な因果判断とうまく合致しているだろうか．定義上は「原因である／でない」ことになるが直観的には「原因でない／である」と思える出来事を含むシナリオがないか，自分で探してみよう．

> 「A タイプの出来事が生じなかったことが原因で出来事 b が生じた」とは，「もし A タイプの出来事が生じていたならば，b は生じなかっただろう」ということにほかならない．

次に，L・A・ポールが提示した，均等な過剰決定に関するパズル（Paul 2009: 181）を紹介する．君がベストだと思う解決策を述べ，正当化してみよう．このパズルに登場する2つの独立な出来事 c_1 と c_2 は，共に〈ある岩石が別の岩石と同時に窓にぶつかる〉という出来事の実例である．c_1 と c_2 は機能上まったく同じであり，両者が原因で〈窓が割れる〉という結果 e が生じる．しかし，仮に c_1 か c_2 が単独で生じたとしても，それが原因でまったく同じように窓が割れた（e が生じた）だろう．なお，ポールは「因果的に依存する」という意味で「反事実的に依存する」と言っている．それと，この本の表記法にあわせて記号を変えておいた．

> e は c_2 に反事実的に依存していない．なぜなら，c_1 も e の原因だからだ．同様に，e は c_1 に反事実的に依存していない．なぜなら，c_2 も e の原因だからだ．そこで，反事実条件分析〔＝反事実条件説〕の支持者は，次の2つの選択肢のうち1つを選ばなければならないように思える．「c_1 も c_2 も e の原因ではなかった．なぜなら，e は c_1 にも c_2 にも反事実的に依存していないからだ」とするか，「c_1 と c_2 の［複合物］が e の原因だった．なぜなら，e はこの［複合した出来事］に反事実的に依存しているからだ」とす

るかである.

第1の選択肢「c_1もc_2もeの原因ではない」には説得力がない. eは確かに原因によって生じたのであり, c_1とc_2のそれぞれがeの原因だったように思える. だから,「c_1もc_2もeの原因ではない」などと言うのは意味不明だろう. 第2の選択肢「c_1とc_2の複合物がeの原因だった」にはもっと説得力がある. しかし, この選択肢は反事実条件分析の支持者にとって見かけほど魅力的ではない.「c_1とc_2の[複合物]がeの原因だった」ということは,「c_1は原因であり, かつ, c_2も原因である」ということではない. そうではなくて,「[複合した出来事]$c_1 + c_2$は原因だが, c_1もc_2も単独では原因でない」ということに等しい.

この結論は奇妙だ. c_1もc_2も単独では原因でなく, 共同する〔＝協力して初めてeが生じる〕わけでもないのに, どうして[複合した出来事]$c_1 + c_2$はeの原因になれるのだろうか.

4.5　要　　約

差異形成(違いをもたらすこと)は, まず間違いなく因果性の本質的な構成要素だろう. しかし研究者たちは,「差異形成をどうやって定量化するべきか」という点と「差異形成は, 産出や確率上昇といった因果性のほかの側面とどう関係しているのか」という点をめぐって争っている. 因果の差異形成説がもつ最大の利点は, 原因が影響を及ぼす仕方を明確に説明できることにある.

この章で語ってきたのは, 因果理論に差異形成を組み込むための最も標準的な方法である. つまり, 出来事間の因果性を〈因果的(ひいては反事実的)依存の連鎖〉と同一視する因果理論だ. この理論の一般的な問題点は次の通り. まず, 私たちは関連する反事実条件文を因果性と独立に理解しているわけではない. 次に, そうした反事実条件文は, 自然言語における反事実条件文の論理を用いた, とても拙いやり方で特徴づけられている. さらに, 私たちは割と気まぐれな仕方で出来事を解釈しているため, 出来事のもろさを因果理論に組み込むと因果性が私たち自身に大きく左右されることになってしまう. また, より具体的な問題点として, 余剰因果を含むシナリオにどう対処すべきかという課

題もある.

Q & A ……(4)

Q(4.1)　呪文について議論していたのがちょっと変だと思った. 魔術師のほうがコイン投げより面白い例だってことはわかるけど, 現実世界にあてはまらないような原因をどう分類したらいいかなんて, どうでもよくない?

A(4.1)　もしアンケートをとれば, 多くの哲学者はこう答えるはずだ. 「呪文入りの空想的な例を使うかどうかは問題じゃない. なぜなら, 最終的な目標は, 私たちがもっている因果性という概念の特徴を明らかにすることだからだ. そして誰もが同意するように, 私たちの因果性概念は, 現実世界で見つかる因果性の事例以外にも通用する」. 私はこの回答に同意しないし, 質問の件については別のやり方でも説明できると思う. 私に言わせれば, 非現実的な例を使う目的は, 検討中の因果理論が根本的な法則とうまく合致しないのはどういうときなのか, はっきりさせるためだ.

　　因果性の形而上学(因果理論)と因果法則に仲良くするよう求めるのは当然だろう. なぜなら, 大雑把に言って, どちらの仕事も「なぜ自然はこのような仕方で進展しているのか」を説明することだからだ. ある場合には, 私たちの因果判断を法則の定めに合致させなければならない. もし「基本法則の定めにより, 粒子の崩壊一般は根本的に不確実な現象である」と確信しているなら, 〈ある特定の粒子が崩壊する〉という出来事についても, 「その粒子をまさにその時その仕方で崩壊させた原因など何もない」と信じるべきだ. ほかの場合には, 法則に関する私たちの推定を, 観察された因果的規則性と合致するように調整しなければならない. もし「太陽が原因で星の光が曲がる」と確信しているなら, 「星の光の運動に関して太陽の位置は何の役割も果たさない」とする基礎物理学の理論は拒否するべきだ.

　　これを魔術師の話と結びつけよう. もし「基本法則の定めにより, 銀の魔術師の呪文は, 王子と女王の両者を同時にカエルに変えるか, 何の結果ももたらさないかのどちらかである」と確信しているなら, 女王が何の影響も受けていない時点で「銀の魔術師の呪文は, 王子がカエルに変わったことの原

94

因ではなかった」と判断するべきだ．つまりこれは因果法則に従って因果判断を下すべきケースである．さて，この呪文の例を使う本質的な目的は，現実の法則とはやや異なる法則(連続的に作用するのではなく，間を空けて未来に影響を及ぼす法則)を想定することによって，「余剰の非原因を特定するために導入した装置(媒介する出来事の考慮)は，無理なく想像可能な法則にまで通用するほど堅固なものかどうか」を確かめることだったのだ．今回は通用せず，反事実条件説はある種の因果法則に合致する因果判断を出力できなかった．

Q(4.2) 冒頭で引用された文章の出典は？
A(4.2) 私が5，6年前に読んだ小説だ．作者はまだ生まれていないから，未来の世界で探してほしい．

文献案内

　因果の反事実条件説に関する文献はたくさんあるが，大部分は読みやすい．反事実条件説と産出の関係を論じたものに，アリッサ・ネイの論文(Ney 2009)がある．より古いが，反事実条件文に関する標準的な文献をレビューしたものとして，ドロシー・エジントンの論文(Edgington 1995)がある．

5

決 定 性

「原因は結果を生じさせる」と言われる．この「させる」は何を意味しているのだろうか．1つの伝統的な理解によれば，それは「原因は結果が生じるように決定する」ということである．言い換えれば，「ある一群の出来事の生起は，ある特定の結果の生起をともかくも確実にする」ということだ．その保証はどういう本性のものであり，どうやって因果理論に組み込めるのか．これがこの章の主題である．

「決定性」は次のように定義できる．

> 「出来事 c は出来事 e を**決定する**」とは，「c の生起と自然法則があれば，e が生起するのに十分である」ということにほかならない．c が e を決定するとき，「c から e に向かう決定関係が成り立っている」と言う．

このように，決定性は「結果の生起を保証するのは自然法則である」という考え方を示している．長い間，哲学者たちは「自然法則とは正確に言って何なのか」という問いに頭を悩ませてきた．幸い，ここではそんな論争は脇に置き，古典的な決定論的法則に注目するだけでいい．

たとえば，現代的に定式化された古典物理学によれば，根本的な実在は以下2種類の構成要素からなるものとして特徴づけられる．

1) 宇宙の歴史は各時点の宇宙の状態から成り立っている．各状態は，その時点におけるすべての粒子の位置・質量・速度から構成される．

2) 決定論的な力学法則が存在する．力学法則は，ある宇宙の状態が時間経過の中で（未来と過去に向かって）どのように進展するかを定める．力学法則が任意の1つの状態についてただ1つの未来（と過去）だけを定め

97

る場合，「その力学法則は決定論的である」と言う．力学法則が複数の未来を許容し，それらの可能的な未来1つ1つに生起確率を定める場合，「その力学法則は根本的に不確実である」と言う．

ウィリアム・ジェイムズ(1842-1910)によれば，決定論的な力学法則から以下が帰結する．

　　宇宙の中ですでに確定した部分は，その他の部分がどうなるかということを絶対的に定める．それゆえ，未来は多様な可能性など秘めていない．私たちが「現在」と呼ぶ部分は，ただ1つの〔宇宙の歴史〕全体としか両立しない．無限に続く過去が定めた1つの未来以外には，どんな未来も起こりえない．（James 1897: 第6段落）

　先に挙げた「決定性」の形式的な定義をより深く理解するには，決定性と決定論を区別することが大切だ．**決定論**とは，「世界の(自然法則が許容する範囲内で)任意の状態は，その他すべての時点で世界に起こることを決定する」という主張である．たとえこの決定論が間違っていても，決定関係は存在しうる．この点を理解してもらうため，次のように想像してほしい．私たちの宇宙は，はるか未来に1つだけ根本的に不確実な出来事を含んでいるが，その時点までのすべての出来事は時間的に先行する出来事によって決定されている．この場合，私たちにとって身近な事柄はすべて決定されているが，決定論は成り立たない．

　もう1つ役に立つ例として「ノートンのドーム(丸屋根)」がある．ジョン・ノートン(Norton 2008)は以下を証明した．まず，しかるべき形状をしたドームの頂点に，ちょうど点サイズの粒子(大きさをもたない粒子)を1つ置く．古典物理学の法則に従うと，その粒子は，1分間，1時間，あるいは1年間，静止しているが，そのあと，何かに押されたわけでもなく，ひとりでにドームの頂点から不確定の方向へ滑り落ちる——このようなことが起こりうる．このドームの例が示したのは，古典物理学は決定論に反するということである．というのも，そこで与えられた事物の配列は「その粒子がいつどの方向に滑り落ちる

か」ということを決定できていないからだ．しかし，そうだとしても，古典物理学は決定関係を生み出すことができる．なぜなら，ノートンの証明には「ドームの頂点は特別な形状を完璧に保っている」という条件が必要だからだ．ノートンのドームは，「古典物理学が世界を支配していると仮定した場合，現実の未来は現実の現在によって決定されているのかいないのか」という問題に結論を下すものではない．現実世界にはそんなドームなど存在しないのだから．

　また，決定性と予測可能性も区別するべきだ．フランスの天文学者にして数学者のピエール゠シモン・ラプラス(1749-1827)は，決定論的な力学法則のことを説明するために，次のような比喩を用いている．

> ある時点で宇宙に存在する万物の位置と，そのとき自然の中で作用しているすべての力を知っている知的存在者がいるとしよう．加えて，その知性はすべてのデータを解析できるほど優れているとしよう．このような知的存在者は，最も大きな物体から最も軽い原子に至るまで，すべての運動を単一の方程式で把握することができるだろう．この知的存在者にとって不確かなことなど何もなく，過去も未来も眼前に現れているに等しい．

(Laplace 1820: 4)

　因果性の研究が目的なので，「現在の世界の状態に関する知識から，どれだけのことを導き出せるのだろうか」という問いは脇に置いておこう．そんなことを考え始めたら，虚構的な「知的存在者」の認識能力について無数の疑問が出てきてしまう．さて，実のところ，〈3つの粒子が重力によって相互作用している〉といったごく単純な例においてすら，それら粒子の未来の位置に関する方程式を解くことは数学的に不可能である〔「三体問題」と呼ばれる〕．せいぜい，より精度の高い近似値を求められるだけだ．この場合，私たちは未来を精確に突き止められないのだが，それでもなお，自然法則は(現在の状態にもとづいて)ただ1つの可能的な未来しか許容しない．決定性は世界のふるまいに関わる．それに対して，予測可能性は世界のふるまいについての理想的な知識に関わる．通常，そのような知識が及ぶ範囲は限られている．つまり，世界のふるまい自体に決定性が成り立っていても，理想的な認識者が世界のふるまい

を予測できるとはかぎらない.

決定性にはほかにも細かい論点があるが,ここは先に進もう.いったい決定性は因果性とどう関係するのだろうか.幾人かの哲学者は,因果性を決定性にもとづいて分析しようと提案してきた.そうした哲学者は,決定関係をさほど問題のないものとして受け入れたうえで,因果関係を決定性にもとづいて定義しようとする.まずはこうした考え方の歴史を少し紐解いてみよう.

5.1　因果の決定性説の歴史

まず,ヒュームが言っていたことを思い出してほしい.「因果性という概念には必然的結合の観念が組み込まれている」.言い換えれば,原因には結果を必然化する要素が含まれている,ということだ.ただ現代では,「必然性」は論理的・数学的な含意として理解される.今日の私たちは,たとえば「あるリンゴが赤いことは,そのリンゴに色がついていることを必然化する(「赤い＝赤い色がついている」という言葉の意味上,「赤い」なら「色がついている」のはあたりまえである)」ということを受け入れる一方で,ヒュームに同意して「あるビリヤードボールが別のビリヤードボールに衝突することは,後者のボールが動くことを必然化しない」と考える.なぜなら,〈衝突したあと後者のボールが動かない〉という事態を整合的に想像することができるからだ.〔想像できることは語義矛盾を含まず,定義上ありえないとは言えないので,「衝突したのなら,定義上,必ず後者のボールが動く」とは言えない.〕しかし,必然的でも「リンゴが赤いことが原因でリンゴに色がついた」とは言わず,逆に必然的でなくても「衝突が原因でボールが動いた」とは言う.それゆえ,せいぜい「原因は結果を決定する」とは言えても,「必然化する」とは言えない.「ある出来事が別の出来事を必然化する」というヒューム的な言い回しを寛容に解釈するには,「必然化する」という言葉を「決定する」という意味にとればよい.〔すると,ヒュームも概念上は決定性説を唱えていたことになる.ただし,決定性(あるいは因果的活力や自然法則)の実在には懐疑的だったわけだが.2.2節参照.〕

次に,政治学の小著『自由論』で有名なジョン・スチュアート・ミル(1806-1873)は,『論理学体系』と題された大著も書いており(Mill 1843),その中で因

5 決 定 性

果関係について論じている．長い引用になるが，熟読してみよう．（ミルの用
語法はいくぶん現代のものと異なる．以下の点に注意しよう．ミルの言う「前
件(antecedent)」は「先行するもの」，「後件(consequent)」は「後続するもの」，
「共起(concurrence)」は「集まり」を意味する．）

　　それゆえ，次のように定義してよかろう．ある現象のほかならぬ原因とは，
　　その現象を不変かつ無条件に後件とする前件ないし複数の前件の共起であ
　　る．(Mill 1930[1843]: 222)

そうした不変の継起関係が，ある後件とある1つの前件のあいだに成り立
つことは，皆無でないとしてもまれである．ふつうは，ある後件と複数の
前件全体とのあいだに成り立つものだ．そのような後件を産出する――確
実に後続させる――ためには，それら前件すべての共起が必要となる．こ
ういった場合にありがちなのは，そのうち1つの前件だけを選び出して
「原因」と呼び，その他の前件を単なる「条件」と呼ぶことだ．たとえば，
ある人がある料理を食べ，結果として死んだとしよう．もしその人がその
料理を食べなかったならば，その人は死ななかっただろう，と．このよう
なとき，人々は「その料理を食べたことが原因でその人は死んだ」と言い
がちだ．しかし，その料理を食べたことと死んだこととのあいだに不変の結
合関係があったとはかぎらない．ただ，そこで生じていた事柄のうちに，
死を不変に後件とする何らかの組み合わせがあったのは確かである．たと
えば，その料理を食べたことに加えて，特定の身体状態や健康状態，こと
によると特定の大気の状態などを組み合わせたものだ．おそらくこうした
事柄の全体が〈その人の死〉という現象の諸条件を構成していたのである．
言い換えれば，こうした前件の集合がその現象を決定したのであり，もし
その集合がなかったならばその現象は生じなかっただろう．真の原因はそ
れら前件の全体である．それゆえ哲学的には，それら前件のうち1つだけ
を切り取って「原因」と言うことはできない．先の事例には，そう言うこ
との不正確さを見えにくくさせる事情があった．どういうことか説明しよ
う．〈その料理を食べること〉以外のさまざまな条件は，出来事（単独の／

101

連続する瞬間的な変化)ではなく状態，つまり，多かれ少なかれ持続する
ものだった．それゆえ，それらの条件は，ある程度の期間，〈その人の死〉
という結果を生み出すことなく，先行して存在していたことだろう．なぜ
なら，その間にはまだ最後のピースとなる出来事が欠けており，〈その人
の死〉を生じさせるのに必要な諸条件の共起が完成していなかったからだ．
それにひきかえ，〈その料理を食べる〉という出来事が生じると，ほかの原
因を待つことなく，すぐに結果が生じ始める．かくして，その結果とその
1つの前件のあいだには，その結果とその他の条件のあいだよりも，ずっ
と直接的で緊密な結合関係があるかのように感じるのだ．確かに，「その
1つの条件が物語を完成させ，ただちに結果を生じさせたのだから，その
条件こそ「原因」の名にふさわしい」と思うのも無理はない．しかし実際
には，ほかの条件と比べて，その条件が結果とより緊密な関係をもってい
るわけではない．その後件を産出するためには，どの条件も同等に必要だっ
たのだ．したがって，何らかの形ですべての条件に言及するまでは，い
くら原因について語っても不完全なままである．ある男が水銀を飲み，家
の外に出て，風邪を引く．たぶん私たちは「彼が風邪を引いた原因は外気
にさらされたことだ」と言うだろう．しかし，水銀を飲んだことが風邪を
引いたことの必要条件だったのかもしれない．そのことが「彼の発病の原
因は外気にさらされたことだ」と語る慣用と矛盾するわけではないにせよ，
正確を期すなら「原因は，水銀を飲んだうえで，外気にさらされたこと
だ」と言うべきである．(Mill 1930[1843]: 214)

「必然性」という言葉に何か明白な意味があるとすれば，それは「無条件
性」だ．つまり，「必然的なこと」「そうにちがいないこと」とは，「ほか
すべての事柄に関してどんな想定をしたとしても，そうであること」であ
る．(Mill 1930[1843]: 222)

この文章は優れた哲学の宝庫だ．ミルの主張をいくつか確認しておこう．
　ミルの定義によれば，e のほかならぬ原因とは，e を「不変かつ無条件に後
件」とする「複数の前件の共起」である．したがって，「C タイプの実例 c が

102

5 決 定 性

原因で E タイプの実例 e が生じる」と言えるのは，以下3つの要件が満たされた場合だ.

- c は e よりも時間的に先行していなければならない.
- 各 C には常に各 E が後続しなければならない.
- ほかにどんな条件が仮想的に追加されようとも，各 C には各 E が後続しなければならない.

これら3つの要件がすべて満たされるなら，c は e のほかならぬ原因である.

　注意点として，ミルが定義したのは，ある現象の「ほかならぬ(the)」原因だ. この表現は「1つの結果には1つだけ真の原因がある」という含みをもっている. しかし，ほとんどの決定論的な物理学理論によれば，1つの結果を決定する原因はさまざまな(典型的には，すべての)過去の時点にその時点の数だけ無数に存在する. つまり，ある結果 e を決定したのは，1秒前に生じた万物でもあり，2秒前に生じた万物でもあり，3秒前に生じた万物でもあり……という具合に. もしかするとミルは，「e の真の原因」とはそれら全部をひっくるめた「決定する条件すべての集合体」だと考えていたのかもしれない.

　もう1つの注意点として，ミルの定義は前に論じた因果の規則性説と似ている〔2.1節参照〕. 主な違いは，ミルが追加した要件「原因と結果の結合関係は無条件なものでなければならない」にある. ミルが「無条件」という言葉で何を意味しているのか，正確なところはわからないが，引用最後の1文からすると次のように考えていたのかもしれない. まず，ある e の完全な原因の候補として，ある「複数の前件の共起」c が挙がっているとしよう. ミルによれば，もし c が真の原因であるなら，単に c が e を決定するというだけではない. さらに，c にどんな条件を仮想的に追加しても ―― c のほかに，いつどこで何が起ころうとも ―― そうして定義されたより大きな前件の共起(c_1, c_2, ...)はどれも依然として e を決定しなければならない[1]. つまり，c が生じることを前提するなら，何をつけ加えても e が生じることは止められないというわけだ. 気づいたかもしれないが，この無条件性要件は規則性説を支える思想に少々反している. というのも，無条件性は「c が生じたときに e が生じることを確実

にする厳格な法則が存在する」という要件に等しいと思えるからだ．〔規則性説の核心はそうした法則の存在を不要とするところにあった．〕

さて，決定性説の歴史を締めくくるのは（あきれるほど短い歴史だったけど），J・L・マッキーの『宇宙のセメント』(Mackie 1973) だ．マッキーの本は因果性の研究者にとって必読であり，考察に値するアイデアの宝庫だ．だけど，ここではさっさと本題に入り，彼が提案した因果の INUS 説を要約するだけにしたい．よく参照されるポイントだから．

マッキーはミルの説を洗練し，「条件」を変項で表した．条件には，S〈マッチがすられる〉といった出来事や，O〈酸素が存在する〉といった背景条件，$\underline{W}$〈風が吹いていない〉といった消極的な条件が含まれる．ところで，今挙げた諸条件の連言 S かつ O かつ $\underline{W}$ は，E〈マッチに火がつくこと〉を決定する完全な原因である．いやもちろん，現実の世界はもっと複雑だから，「完全な原因」なんてものは，無数の変項を「かつ」でつないだ長大な連言によって示されるのが普通だ．でもここでは話を単純化しておこう．

マッキーはまた，ミルの「通常，1 つの結果は，実際の原因だった条件の集合とは別の条件の集合が原因で生じることもありえた」という洞察にもとづき，因果的規則性は「連言の選言」という形式をとると主張した．たとえば，L を〈レーザー光線がマッチに向けられている〉，$\underline{M}$ を〈レーザー光線の通り道に鏡が存在しない〉とすると，E が生じるのは，(S かつ O かつ $\underline{W}$) または (L かつ O かつ $\underline{M}$) または……という場合にほかならない，といった具合だ．繰り返しになるが，現実の世界ではこの「または」が無数に続くことになるだろう．現実の因果的規則性とはそういうものだ．

そのうえでマッキーは，「E の部分的原因」とはこれらの変項が表す 1 つ 1 つの条件（S や L など）だと考えた．そして，そのような条件のことを「E にとっての INUS 条件」と呼んだ．INUS 条件とは，E にとって「不必要だが十分な条件のうち，不十分だが必要な部分 (Insufficient but Necessary part of an Unnecessary but Sufficient condition)」のことだ．因果的規則性を構成する 1 つ 1 つの完全な原因（たとえば S かつ O かつ $\underline{W}$）は，E にとって「不必要だが十分な条件」である．完全な原因は E を決定するのだから「十分」だが，それがなくても，ほかの完全な原因（L かつ O かつ $\underline{M}$）が E を引き起こすこともでき

104

たのだから「不必要」である．1つ1つの部分的原因(たとえばS)は，ある完全な原因(SかつOかつ$\underline{W}$)の「不十分だが必要な」部分である．単独の部分的原因はEを決定できないのだから「不十分」だが，それがなければ，その完全な原因はEを決定できるほど完全ではなかったのだから「必要」である．以上は，「部分的原因とは協力して結果を決定する1つ1つの条件のことである」というアイデアを形式化したものだ．

　この歴史の結論として，決定性説は，完全な原因を「結果を決定する条件」とし，部分的原因を「その条件の不可欠な部分」として特徴づける因果理論である．

5.2　利　　点

　1)　最大の長所として，因果の決定性説は「根本的な実在に関する完全な理論」を思わせる史上有数の物理学理論とうまく調和する．ニュートンの重力理論やアインシュタインの特殊／一般相対性理論は，出来事同士を因果的に結びつける際，決定関係を用いている．もし「宇宙の根本的なふるまい方を申し分なく説明することにかけて，物理学の右に出るものなどない」と思うなら，そういった物理学理論の中で決定性が重要な役割を果たしているということは覚えておこう．

　2)　決定性は因果の産出説にくみする特徴をもっている．思い出してほしいのだが，標準的に理解された「産出」は推移性を含む連続的なプロセスであり，産出のどの段階もそのあとに続くすべての段階を連鎖的かつ漸進的に引き起こす〔p. 47〕．ところで，決定性にはもともと推移性が備わっている．つまり，もし段階1が段階2を決定し，かつ，段階2が段階3を決定するなら，確実に段階1は段階3を決定することになる．加えて，有数の決定論的な物理学理論はどれも決定関係を連続的なものとしてとらえており，決定関係が時間を飛び越えて成り立つとは考えない．それゆえ，もし物理学に由来する決定関係が実在するなら，その決定関係はまさに因果的産出のような仕方で作用していることになる．したがって，因果性を決定性によって定義すれば，因果の産出的な側面をうまく説明できる．

5.3 問 題 点

因果の決定性説には既知の問題がいくつかある.

1) もしかすると, この世界には根本的な不確実性が豊富に組み込まれているかもしれない. その場合, 決定関係が成り立つのはレアケースということになり, 標準的な因果性の事例に決定性説はあてはまらなくなる. だとすると, 「因果性は決定性を必要とする」という主張は論破されてしまう.

たとえこの世界が運よく決定関係に満ちあふれていたとしても, 因果性を決定関係にもとづかせるのはまずい. 現実世界が根本的な不確実性を備えているのかいないのか確かめるのは難しいため, 因果の決定性説は「決定関係が成り立っているはずだ」という思弁的な仮説に頼らざるをえない. 想像してほしい. ある基本法則の定めにより, C タイプの出来事には 99.999...9% の確率(チャンス)で E タイプの出来事が後続する(なお, 省略部分には 100 万個の 9 が入る). たいていの実践的な目的からすれば, その確率が厳密には 100% でないことなどどうでもいい. もしある C を観察したなら, 対応する E が生じるだろうと安心して予測できる. もしある C の生起をコントロールできるなら, 対応する E の生起もコントロールできるだろう. だから常識的には「C は E の原因だ」と判断される. ところが決定性説によれば, 100% でない以上, 各 C は各 E の原因ではない. このように, 「因果性」が果たす概念的な役割と決定性説が認める因果性にはズレがあるため, 決定性説は因果性の核心をうまくとらえられていない. 〔もっともこのズレは顕在化しにくい. なぜなら, 見かけ上 100% と区別がつかない場合, 「ここには実際に決定関係があるから, 因果関係もある」と誤った根拠にもとづいて常識通りに判断できてしまうからだ. しかしこのことは概念上のズレがないことを意味しないし, 「決定関係がある」という判断が常に思弁的な仮説にすぎないことを暴露している.〕

2) 因果性はただ未来だけに向かって進むように思える. ところが, 物理学の決定論的法則が与える(少なくとも一部の)決定関係は過去にも向かって進む[2]. このことから, 「因果性の向きを未来に定めているのは何か」という難問が生じる. 1つの可能性として, この世界には因果性の向きが根本的に備わ

5 決定性

っているのかもしれない〔その場合，単に原因の先行性を定義に入れればよい〕．しかし現代の専門家の多くは，因果性の向きが根本的だということを受け入れたがらない．その理由は主に，〈根本的な向き〉なるものを支持する科学的証拠など手に入れられるのかという懸念と，その〈根本的な向き〉は別の問題である「時間の矢」とうまく整合するのかという懸念にある[3]．

　もし因果性の向きが根本的でないとすれば，決定性説には因果性の向きを定める補足が必要だ．しかし，因果の未来指向性が担っている役割の重要性を思えば，次のような疑問が浮かんでくるかもしれない．因果性の向きを説明する要素が決定性説にうまく組み込まれたとき，決定性は変わらず重要な役割を果たし続けることができるのだろうか，むしろ補足要素のほうが目立つことになりはしないか，と．

　3)　歴史的に有名な決定性説が例証に用いたシナリオは，マクロな条件の集合間に成り立つ決定関係を含んでいた．ミルの例で言えば，食事をした人の死は料理を食べたこと，身体状態や健康状態，大気の状態などによって決定された．しかし，歴史に名を残している決定論的な物理学理論はどれも，「結果を決定する原因と言えるのは，ミクロな詳細まで指定された宇宙全体の状態だけである」としている．物理学者の念頭にある力学法則からすれば，料理や人間や大気などといった人間スケールの条件間には決定関係などないも同然なのだ．その帰結として，決定性説は2通りの仕方で常識的な因果判断をとらえ損ねることになる．

　一方で，決定性説は単称因果を過度に認めてしまう．物理学的な決定性をもつ原因だと言えるのが宇宙全体の状態だけだとすると，食事をした人が死んだことの完全な原因には，1000年前の海底にいたヒトデの位置や，1年前の大気中に存在した電波の正確なパターンなども含まれる．こうしたすべての出来事が食事をした人の死の原因に数え入れられる．しかも，それらはすべて同等な原因である．どの出来事も宇宙の物理的な進展に関わっている以上，ヒトデの歴史的な位置も料理に混ざった細菌と同じINUS条件なのだ．それゆえ，何らかの追加要素によって補完しないかぎり，決定性説は実質的に万物をほかの万物の原因とみなすことになり，その結果，私たちがしばしば少数の際立った原因（たとえば，料理に混ざった細菌）を特定できるのはなぜなのか，説明できな

107

くなってしまう.

　他方で，決定性説は一般因果を十分に認められない．細菌が原因で病気が生じるとわかったことは医学上の大きな進歩だった．しかし，人間スケールの細菌と病気のあいだには一般的な決定関係などない．すべての病気が対応する細菌に続いて生じるわけでもないし，すべての細菌が対応する病気につながるわけでもない．それゆえ，何らかの追加要素によって補完しないかぎり，決定性説は「細菌と病気のあいだに因果関係はない」という誤った判断を下すことになってしまう.

　4)　決定性説は因果性の差異形成的な側面を説明するのに苦労する．たとえば，決定性説は程度のある因果性を帰属させられないという点について考えてみよう．私たちが現実に因果性を測定する場合，たいていは程度のある因果的パワーや因果的責任を対象に帰属させる．一例として，0.7 kg 分のバナナを吊しているバネ秤にマンゴーを追加したところ，1.0 kg を示したとする．この場合，バナナは秤の伸びの 70% に責任を負っており，マンゴーは 30% に責任を負っている．決定性説はこの事態をどう説明するのだろうか．その秤が 1.0 kg を示すように決定するためには，マンゴーとバナナが同等に必要だった，つまり，同じ INUS 条件だったわけだが.

Q & A ……(5)

Q(5.1)　量子力学のおかげで世界は決定論的じゃないってことがもうわかってるんだから，不確実性を扱えない因果理論なんて話にならない気がする．そうじゃないの？

A(5.1)　2つの点で性急だ．1点目．現実世界が決定論的なのかそうでないのか，誰にもわからない．科学者たちは量子力学を支持する証拠を大量に集めてきたが，それらの証拠はこの問題を解決する役には立たない．というのは，量子力学にも根本的な不確実性を認める解釈と決定論的な解釈の両方があるからだ[4].

　2点目．確かに，根本的な不確実性を含むシナリオには手が出せないというのは，因果の決定性説にとって大きな問題だ．何だかんだ言っても，「こ

108

5 決定性

の世界には安定した因果関係が存在する」ということは経験と科学からして明らかなように思える．ところが，決定性説を採用すると「因果性の存在を発見するのは難しい」ということになる．なぜなら，決定性説にとって因果性は決定性を含まなければならないが，この世界が根本的に不確実なのか，それともこの世界の出来事は決定関係によって結びつけられているのか，確かめることは難しいからだ．すると，常識的には因果性だと断定できるものも，決定性説は因果性だと断定できなくなる．

　しかし，まだ考えるべきことはある．決定性説は前に挙げた利点〔5.2節〕を維持しつつも，不確実性を許容する形へと修正・拡張できるかもしれない．その可能性を探るのが次のステップだ．これは大きなプロジェクトになりそうだが，成功の見込みはある．理由はこうだ．私たちはこの世界が根本的に不確実なのかどうか知らないにもかかわらず，「人間スケールの不確実性」は確かに存在する．たとえば，サイコロやトランプやコイン投げは明らかに不確実なふるまいをみせる．そのため，世界の根本的なあり方をどうとらえるかということと，どうして人間スケールの不確実性が成り立つのかということは独立の問題なのだ．だったら，「世界の根本的なあり方としての因果性」を解明することに専念し，人間スケールの不確実性は脇に置いておく——そういった因果理論を構築することはたぶん可能だろう．その場合，人間スケールの不確実性に関する説明はほかの理論に任せておけばよく，その説明の詳細がどうなろうと因果性の根本的な本性のとらえ方とは関係がない．〔そういうわけで，もし決定性説がこのような因果理論へと修正されうるなら，人間スケールの不確実性を（主題化しないことによって）許容する，という道がひらかれる．〕

Q（5.2）　決定性と反事実的依存性はどう関係するの？

A（5.2）　私の知るかぎり，因果論の文献には2つの異なった回答が見られる．1つめの回答に関して，最初に背景を説明しておこう．現代人の語感からすると，ヒュームとミルは「反事実的依存性」と「必然化」が交換可能な概念だと言っているように聞こえる．

　まず，ミルの引用〔p. 101〕をもう一度見てほしい．そこで彼は「こうした

109

前件の集合が[その結果]を決定したのであり，もしその集合がなかったなら
ば[その結果]は生じなかっただろう」と述べている．この後半部分は「もし
完全な前件の共起が生じていなかったならば，その結果も生じなかっただろ
う」というふうに解釈できる．だとすれば，ここでミルは決定性を反事実的
（ないし因果的）依存性で言い換えていることになる．

　同様に，デイヴィッド・ヒュームは『人間知性研究』で因果性に2つの定義
を与えている．

> 　原因とは，ある対象であり，その対象には別の対象が後続し，しかも，
> 第1の対象に類似するすべての対象には第2の対象に類似するすべての
> 対象が後続する．言い換えれば，もし第1の対象が存在しなかったなら
> ば，第2の対象も決して存在しなかっただろう．このように定義できる.
>
> (EHU 7.29)

気づいたかと思うが，ここでヒュームが与えた1番目の定義は，第2章で説
明した規則性説の一種である．しかし，1番目の定義と2番目の定義が交換
可能だというヒュームの主張は奇妙だ．1番目の定義は，現実に生じるシナ
リオについて語っている．つまり，この定義における原因は，現実世界で別
の種類の事物に常に後続されるある種類の事物である．2番目の定義は，原
因を非現実の出来事間の関係にもとづいてとらえている．つまり，原因を
「もし世界が現実と違っていたならば何が生じていただろうか」という反事
実的依存性にもとづいて定義している．一見してこれほど異なる2つの概念
がどうして同じ定義を示していると言えるのか．

　ここで参考になるのは，反事実条件文に関するネルソン・グッドマンの本
（Goodman 1947）だ．彼が挙げた例を考察してみよう．ある人がマッチをする
と，そのマッチに火がつく．私たちが説明したいのは，〈マッチに火がつい
た原因はマッチをすったことだ〉という明らかな事実だ．そこで，もしマッ
チがすられなかったならマッチには火がついていなかったのかどうか考えて
みる．つまり，マッチがすられた時点 t の世界の状態を考え，そこで現実に
起こっていることに関する真理を利用して，反事実条件文「もしマッチがす

110

5　決定性

られなかったならば，マッチには火がついていなかっただろう」の真理値を
確定させたい．直観的に，この言明は真だと思うだろう．グッドマンによる
反事実条件文の分析はそれを裏づける．グッドマンの見解を大雑把にまとめ
ると，「ある反事実条件文(A ならば C)が真であるのは，(現実の状況を述べ
た)真なる言明の集合 S とその反事実条件文の前件 A の連言から，その反事
実条件文の後件 C が論理的に帰結する場合である」．なお，S には A と矛盾
する言明は含まれない．グッドマンの例で言えば，A は「マッチがすられ
なかった」，C は「マッチには火がついていない」を表し，S には「マッチ
は乾燥していた」「酸素が存在した」「マッチをもつ人がいた」などの真理が
含まれる．そして，グッドマンは次のように考えていたようだ．このシナリ
オでは，もし決定論的法則 L が存在しているとすれば，S に含まれる(時点
t で起こっていたことに関する)さまざまな真なる言明からして，A かつ S
かつ L から論理的に C が帰結するだろう．その場合，先の反事実条件文が
真となるため，「マッチをすったことが原因でマッチに火がついた」という
判断も裏づけられる．

　つまりグッドマンの理論によると，時点 t の反事実的な状況に関する命題
(A かつ S)から，のちに起こることに関する真理(C)が帰結するためには，
ふつう決定論的法則(L)が必要とされる．こうして，決定関係によってどの
反事実的な言明が真であるかが確定し，それによってどの因果言明が真であ
るかが確定する．これでようやく，もとの質問「決定性と反事実的依存性は
どう関係するの？」に１つの回答を与えられる．反事実条件文に関するグッ
ドマンの理論によれば，反事実的依存性は決定論的法則を必要とする．基礎
にあるのは決定論的法則であり，反事実条件文は，仮定された現実または非
現実の状況でその法則から帰結することを表現する慣習的な道具なのだ．

　しかし，反事実条件文に関するグッドマンの理論は評判が悪いし，そもそ
も現実世界が決定論的法則を備えているかどうかわからないので，決定性説
と反事実条件文の関係についてはもっと視野を広げて考えたほうがいい．残
念ながら，「反事実条件文は標準的な反事実条件文の論理にもとづいて理解
されるべきだ」という主流の見解に頼っても，反事実条件文と決定性説の関
係についてシンプルな答えは得られない．おそらく，満足な答えを得るため

111

には，議論を上級レベルまで進める必要がある．この本ではそこまで手が回らないが，そのかわり独学に役立つ貴重な情報をお伝えしよう．実はこれが2つめの回答のヒントなのだが，ルイスの論文「因果性」(Lewis 1973a)の簡潔な議論を調べてみてほしい．そこでルイスは，彼の提案する因果の反事実条件説なら，決定関係〔ルイスの言葉では「法則的依存性(nomic dependence)」〕を単なる特殊ケースとして処理することができる，と主張しているんだ．〔つまりルイスの考えでは，反事実的依存性は決定関係を必要としないということになる．〕

　ところで，決定性と反事実条件文に関するこの質問はこの章の締めくくりにふさわしい．というのも，この質問は第1章で言及した産出と差異形成の区別に関わっているからだ．因果の決定性説は因果の産出説に属する．（実はミル自身がそう言っている．さっきの引用文〔p. 101〕をちょっと見てくればわかる．）因果の反事実条件説は因果の差異形成説に属する．しかし，因果性は産出と差異形成の両方に関わっているようにみえるため，野心的な哲学者には次のような疑問が浮かぶ．「差異形成説にもとづいて因果の産出的な側面を説明したほうがいいのか，それとも逆のほうがいいのか．いやそれとも，この2つの側面は調停できない緊張関係にあるのか」．これは考えるに値する一級の問いだ．

文献案内

　強くお勧めするのは，マッキーの『宇宙のセメント』(Mackie 1973)だ．マイケル・ストレヴンスの論文(Strevens 2007)と私の本(Kutach 2013)は，マッキーの基本的なアイデアを現代的に定式化しなおしている．

6

確率上昇

　脈々と続く因果論の歴史を振り返ってみると，その大部分は「原因とは，結果を何らかの意味で必然化する単称の出来事である」という考え方にとらわれていた．しかし前章で論じたように，伝統的な因果の決定性説には１つ重大な欠陥がある．それは，不確実な因果関係を扱えないという問題だ．そこでこの章では一転して，出来事間の確率関係にもとづいて因果理論を構築しようとする哲学的アプローチに注目する．その基本的な考え方はこうだ．「C タイプの出来事から E タイプの出来事に向かう因果的規則性が存在する場合，C 以外の事情がすべて等しいとすると，C の実例が生じなかったときよりも C の実例が生じたときのほうが E の実例は生じやすい」．

　どうして確率を組み込むことが重要なのか，理解するのは難しくないだろう．第１に，この世界が決定関係を豊富に備えているのか，それとも根本的な不確実性を備えているのか，答えを出すのは難しい．一方で，宇宙の決定論的モデルにごくわずかな——どんな影響があるのかわからない程度の——不確実性を組み込んで，非決定論的なモデルへと改変するのはたいてい造作もないことだ〔モデルとして大差がないなら，どちらが有力か断定できない〕．他方で，「この世界は根本的な不確実性を含んでいる」とする伝統的な論証はとても貧弱なものばかりだった．有名な話として，「量子力学は根本的な不確実性の存在を必要とする」と主張されてきたが，それを支持する有力な論拠はいまだに見つかっていない．ごく一般的に言って，「根本的な不確実性を取り入れた科学理論が，同等に優れた決定論的な理論に取って代わられることなどありえない」ということを立証するのは難しいのだ．

　このように，自然が根本においてどのように作用しているのか，私たちにはわからない．それにもかかわらず，この世界が多くの因果関係を含んでいるということは確信できる．それゆえ，因果性は決定性の存否と無関係に存在でき

るものとして理解すべきなのかもしれない．そのためには，「原因は結果を端的に生じさせる」と考えるのではなく，「原因は結果を特定の確率で生じさせる」と考えればよい．

第2に，現実問題として，〈cがeの生起をほぼ確実にすること〉と〈cがeの生起を絶対的に確実にすること〉のあいだには違いなどない．たとえば，あるスイッチを押すと安定して警報が鳴るが，その警報メカニズムはごくわずかな確率（チャンス）で作動に失敗するとしよう．ある日，技師がこのスイッチを押すと，いつも通り警報が鳴った．このとき，「スイッチを押したことが原因で警報が鳴った」ということは否定しがたいだろう．スイッチを押したことは，作動失敗の可能性がある以上，警報が鳴ることを決定したわけではなかったのだが．ここでもし「原因は結果を決定する」ということに固執すれば，「スイッチを押したことは原因でなかった」という誤った判断を下すことになる．

6.1 因果の確率上昇説

確率上昇にもとづく因果理論の発展史をたどってみると，ハンス・ライヘンバッハ（Reichenbach 1956），Ⅰ・J・グッド（Good 1961, 1962），パトリック・スッピス（Suppes 1970），ナンシー・カートライト（Cartwright 1979），エラリー・イールス（Eells 1991）を経て，近年のベイジアン・ネットワークにもとづく因果モデル構築論（第7章参照）に至る．これらの理論のあいだには確率の解釈をはじめとするさまざまな違いがあるものの，どの論者の見解も別グループの「不確実性を組み込んだ反事実条件説や産出説」〔Q & A(6.2)〕とは異なる．「確率上昇説」として知られる理論が，確率を取り入れたほかの理論と決定的に異なるのは次の点だ．確率上昇説は，確率的な差異形成（結果の生起確率に違いをもたらすこと）を定義する際，ほかの理論のように〈確率（チャンス）を定めて世界の道行きを支配している基本法則〉に頼らず，現実世界で観察できる統計的な関係（を適切に理想化したもの）にもとづいている．

以降の流れを述べておこう．まずいくつかの基礎的な概念について説明し，それから確率上昇説のコアとなる主要な原理の基本形を提示する．そのあと，確率上昇説を批判的に検討していく．

6.2 確　　率

そもそも確率という概念を使いたくなるのはなぜか．すぐに思いつく理由は，確率によって「可能性」を「不可能」から「確実」までの範囲で定量化できるようになるからだ．

数学の教科書を読めばわかるが，標準的に理解された確率は，以下に挙げる3つの公理[†1]と，いくつかの追加条件（「確率は1つの実数で表せる確定した大きさをもつ」など）によって定義される．

- 公理1：任意の出来事タイプがもてる最小の確率は0である．
- 公理2：考慮中のすべての可能性を網羅した集合（標本空間）の確率は1である．
- 公理3：互いに排反な出来事タイプの集まりと，それらの出来事タイプをすべて含む単一の出来事タイプとのあいだには，加法（足し算）的な関係が成り立つ．たとえば，3つの出来事タイプA，B，Cは互いに排反である——同時に起こらない，正確に言えば，1つの単称の出来事によって一緒に例化されることがない——と仮定すると，「単一の出来事タイプA or B or C（A，B，Cのうち少なくとも1つ）が生起する確率」は「Aが生起する確率＋Bが生起する確率＋Cが生起する確率」に等しい．

これらの公理は，ある量が「確率」と認められるための形式的な要件を示す標準的な規則だ（なお，代替公理も提案されている）．

では，確率はこの現実世界にどうあてはまるのだろうか．これはホットな論争点だ．哲学者の得意技はどんなトピックにも困惑して論争を巻き起こすことであり，確率概念も例外ではない．しかし誠に遺憾ながら，確率に関する哲学の文献は大半がおかしな立場をとっている．それは，「「確率」と呼ばれる単一の存在者があり，それは競合するさまざまな仕方で「解釈」されうる」という立場だ．私見だが，この問題を立てるにあたっては「一般に「確率」とはコル

モゴロフの公理(あるいは適切な代替公理)によって統制された任意の量である」と考えたほうがいい．そうすれば，この形式的な確率の構造を備えたさまざまな量を発見し，特徴づけられるようになる．確率をさまざまな側面にあてはめていくことは，相互に競合するわけではないのだ[1]．

　先の公理に関して1つ重要な注意点がある．教科書で確率の項を調べると，定義のところで「出来事タイプ(event type)」と言うかわりに「事象(event)」という言葉を使っているはずだ．この「事象」が意味するのは，この本でこれまで考察してきたものよりも抽象的な出来事タイプである．たとえば，確率論における事象(出来事タイプ)は，事象間の時間的・空間的な位置関係に関する情報も，自然法則に関する情報も備えている必要がない．つまり，「どの事象が先に起こるか」とか「この事象は自然法則上どの事象に影響を及ぼすか」とかいった情報は何もいらない．標準的な確率論の枠組みが要求するのは，考慮中の可能性を網羅した集合をあらかじめ特定しておくことだけだ〔可能性全体の中で各事象の可能性が占める割合によってその事象の確率が定まるため〕．

6.3　確率関係

　因果の確率上昇説における確率概念は，観察された統計的頻度にもとづいており，統計上のノイズを考慮して調整される．たとえば，異論はないと思うが，普通の6面サイコロをイカサマなく投げたとき，4の目が出る確率は1/6だ．1/6だと思う1つの理由として，サイコロはこれまでにいろいろと異なる条件——投げた人・サイコロと着地面の材質など——のもとでたくさん投げられてきたが，どの目もほぼ6回に1回出てきた[†2]．また別の理由として，サイコロを調べれば，対称な六面体だとわかり，かつ，物理学の知識を使えば，〈サイコロを投げる〉という条件は各出目の頻度をほぼ均等にするほどカオス的だとわかる[2]．こうして頻度と確率は結びつく．現場の科学者も「多数のテストを行えば，そこで観察された頻度は確率とほぼ一致するし，その「ほぼ」がどの程度の近似なのかも定量化できる」という仮定にもとづいて研究を進めている．しかし，まともな確率研究者なら誰でも知っているように，不確実なプロセスから生じる結果の分布が確率と一致するという保証はない．実際，特殊なケー

116

スでは「観察された頻度は「真の」確率を表していない」と言える.

次のような例を考えてみよう. レアアースのアインスタイニウムを素材にしてサイコロを作り, ちょうど1000回投げたところ, 4の目はちょうど100回, つまり, 1/10の頻度で出た. そして, そのサイコロは破壊され, 以後アインスタイニウム製のサイコロが作られることはなかった. さっきの仮定からすると, アインスタイニウム製のサイコロが4の目を出す確率Pの値は1/10だということになる. しかし, 実際にPが1/10だと考えるべきではないだろう. Pはやはり1/6だと考えるべきだ. なぜなら, 私たちの手には「どの目も1/6の頻度で出る」というサイコロ一般に関する膨大なデータがあるし,「アインスタイニウムは特別で, その化学的・物理的な何かによって4の目が出る確率を1/10にする」なんてことにはまったく信憑性がないからだ. 現実の頻度が1/10だったことを最も合理的に解釈するなら,「そりゃたまたまだ」である.

まとめよう. 因果の確率上昇説における「確率」は, 指定の結果が生じた現実の頻度にほぼ等しい大きさをもつが, ある種の状況では現実の頻度とズレることもある.

以上の議論を活用すると次のように言える. ある出来事タイプCから別の出来事タイプEに向かう確率関係がもつ値は, Cタイプの出来事にEタイプの出来事が後続する現実の頻度を補正係数で修正したものに等しい. 補正係数によって考慮されるのは, Cタイプの出来事とEタイプの出来事が今後どんな頻度で生じるかという予測を左右するような追加情報だ. たとえば, サイコロの形状に見られるような各結果の頻度を等しくする対称性, Cタイプの出来事をサンプリングする際の既知の偏り, 類似する不確実なプロセスの結果など. こうした補正を経て最終的に得られる値が「CのもとでのEの確率」, 記号で書けば, $P(E \mid C)$である.

確率論における「〜のもとでの」という言葉には専門的な意味がある. これは「ある仮想的なCが存在すると仮定し, その想像上のシナリオでEが生じる確率を算出する」ということではない〔このような確率を持ち出すのは, 不確実性を組み込んだ反事実条件説だ(Lewis 1986: 175-184)〕. そうではなくて,「CのもとでのEの確率」が意味するのは「Cが生じるという可能性の中でEが生じる確率」である〔無条件なEの確率は, 可能性全体の中でEが占める割合だっ

たことと比較せよ〕．数学用語で言い換えると，**条件つき確率** $P(E \mid C)$ は，適切に定義されている場合，$P(E \& C)/P(C)$ に等しい．（$P(C) = 0$ の場合，適切に定義されていない．0で割ることになるからだ．）

このように，C タイプの出来事から E タイプの出来事に向かう確率関係は，条件つき確率によって定量化される．その哲学的な帰結として，こうした確率関係はいかなる因果的活力も含んでいない．注意してほしいのだが，C のもとでの E の確率は「C タイプの出来事が E タイプの出来事にもたせる確率」ではない．たとえ各 C と各 E がまったく相互作用していないときでも，C と E の確率的な結びつきは適切に定義でき，0でない値をとれる[3]．標準的に理解された確率関係は，ひとえに出来事の歴史的な配列だけで成り立つ．確率上昇説において，因果性はおおよそ「C が生じたときのほうが E は生じやすい」ということだとみなされるが，この確率上昇は「C は E を（因果の産出的意味で）生じやすくさせる」ということを含意しない．第1章の区別を使うと，確率上昇説は因果性の類型ベース面だけに注目し，影響ベース面には関わらない．

もうわかったと思うが，因果の確率上昇説が目指すのは，C と E の因果関係に関する情報を確率関係から引き出すことだ．こうした理論の支持者は，因果関係を確率上昇——確率を上昇させる——関係としてとらえている．この表現のせいで産出の話をしていると誤解されやすい．

なおライヘンバッハとグッドの場合，C と E の因果関係は，（C と E その他の出来事タイプに関する）条件つき確率によって特徴づけられ，そこに因果的な情報はいっさい含まれない．これは因果性を確率関係へと還元するよう提案しているに等しい．対照的にカートライトの場合，確率から因果的な情報を引き出そうとするなら，事前の因果的な仮定が何かしら必要になると論じている．とはいえ，カートライトのような非還元的アプローチでも，因果関係・因果的傾向性・因果的パワーなどを特徴づける際，確率関係は不可欠な役割を果たすと考えられている．

6.4 標準的理論

因果の確率上昇説が求めるのは，（少なくとも関連する因果的な構造につい

て事前の情報があれば)因果関係を推定できるようにしてくれる規則だ．まず，確率上昇(Probability-Raising)は以下に挙げる2つのよく似た規則のうち1つを用いて定義される．

PR_1：「CがEの確率を上昇させる」とは，$\mathrm{P}(E \mid C) > \mathrm{P}(E)$が成り立つことにほかならない．

PR_2：「CがEの確率を上昇させる」とは，$\mathrm{P}(E \mid C) > \mathrm{P}(E \mid {\sim}C)$が成り立つことにほかならない．

PR_1の$\mathrm{P}(E \mid C) > \mathrm{P}(E)$は「$C$タイプの出来事が生じるときのほうが$E$タイプの出来事は生じやすい」ということであり，$\mathrm{PR}_2$の$\mathrm{P}(E \mid C) > \mathrm{P}(E \mid {\sim}C)$は「$C$タイプの出来事が生じない(${\sim}C$)ときより，$C$タイプの出来事が生じるときのほうが，$E$タイプの出来事は生じやすい」ということだ．指定の量が適切に定義されている〔$\mathrm{P}(C)$と$\mathrm{P}({\sim}C)$が共に0でない〕とき，両者は数学的に同値である[4]．

　そのうえで，非常にシンプルな確率上昇説(Probability-Raising theory of Causation)なら，因果性を次のように定義するかもしれない．

シンプルPRC：「Cが原因でEが生じる」とは「CがEの確率を上昇させる」ことにほかならない．

しかし実際のところ，確率上昇説の提唱者たちはシンプルPRCを採用していない．その理由は主に，「因果の非対称性」「擬似相関の可能性」「シンプソンのパラドクス」という3つの問題があるからだ．順に見ていくことにしよう．

6.5　非対称性

確率上昇説に関わる「因果の非対称性」は次のように表現できる．

- ある出来事cはある結果eの原因だが，eはcの原因でない，という非

対称な因果性の事例が多数存在する.

- c は e の原因であり，e は c の原因である，という対称な因果性の事例は存在しない（か，極めて少ない）.

　問題は，シンプル PRC を採用すると「対称な因果性の事例が多数存在する」と言うはめになることだ．たとえば，ジョークを言うことが聴衆の笑う確率を上昇させるとしよう．それ自体に問題はないが，この場合「聴衆の笑いには，偉そうな態度やオチのない話や沈黙よりも，ジョークのほうが先行しやすい」ということも真だろう．この確率関係が意味するのは「笑いの発生は先立つジョークの生起確率を上昇させる」ということであり，シンプル PRC に従えば「笑いの発生が原因でジョークが生じる」ということになってしまう．このような，C から E に向かう確率上昇が C と E を入れ替えてもなお成り立ってしまう事例など，いくらでも思いつくだろう.

　グッドとスッピスの解決策は，単純に「原因は結果に先行する」と規定することだった〔後続する E が先行する C の生起確率を上昇させていても，この規定があれば「E は C の原因だ」と言わずにすむ〕．ライヘンバッハ（後期著作）の解決策は，「共通原因原理」によるもっと複雑な処理だった．共通原因原理についてはのちほど論じる〔6.10 節〕.

6.6　擬似相関

　「擬似相関」が因果の確率上昇説にどんな問題を突きつけるのか，定番の例で説明しよう．低気圧の前線が気象観測所に到達する．するとまず，低気圧が原因で気圧計の針が低い値を指す．そのあと，低気圧が原因で暴風雨が発生する．ということは，気圧計の目盛りが低いときのほうが暴風雨は発生しやすいだろう．しかし，気圧計が原因で暴風雨が発生したとは思えない．少なくとも，気圧計の針を手でつかんで低い目盛りに合わせたからといって，雨が降るとは思わないだろう．気圧計の目盛りが低いときのほうが雨の降る確率が高くなる理由は，直観的に言って，気圧計の目盛りが低いことは低気圧の前線が到達したことの証拠であり，その低気圧が雨の降る確率を（因果的に）上昇させるから

だ．さっきの非対称性ケースでもそうだが，シンプル PRC の明らかな問題点は「証拠としての確率上昇」と「因果的な確率上昇」を区別できないことである．しかも今回のケースだと，因果に未来指向性を課すだけでは解決しない．なぜなら，気圧計の目盛りは確かに暴風雨に先行しているからだ．（それどころか，実際，気圧計は暴風雨の細かい特徴に多少の影響を及ぼしている．たとえば，気圧計の針は遠くの水分子にわずかながらも引力を発揮しているため，その水分子が衝突するすべての分子の運動にも多少の違いをもたらしている．）

　シンプル PRC を修正する最もありふれた戦略は，ほかの潜在的な背景要因の存在／不在を条件として固定することだ．以降，$P(E_1 | E_2) > P(E_1)$ が成り立っており，シンプル PRC では「E_2 が原因で E_1 が生じる」と判定される状況を想定しておこう．まず，$P(E_1 | E_2 \& C) = P(E_1 | C)$ が成り立つとき，そのときにかぎり，「出来事 C は E_1 から E_2 をスクリーン・オフ（遮断）する」と言う．スクリーン・オフを表現するこの等式は，$P(E_2 \& C) = 0$ という特殊な状況を除き，$P(E_1 \& E_2 | C) = P(E_1 | C) P(E_2 | C)$ と同値である[5]．その意味を簡単に言えば，「C の存在が前提される場合，E_1 と E_2 は確率的に独立である（一方の生起が他方の生起確率に違いをもたらさない）」ということだ．C が存在するという条件のもとでは E_1 と E_2 が確率的に独立だとすると，以下 3 つのケースが考えられる．図 6.1a と 6.1b に描かれた因果連鎖のどちらかを通して E_1 と E_2 のあいだに因果関係が成り立っているか〔図 6.1a なら（シンプル PRC と同じ結論で）E_2 が E_1 の原因であり，図 6.1b なら E_1 が E_2 の原因である〕，あるいは，図 6.2 に描いたように，E_1 と E_2 のあいだに因果関係は成り立っておらず，C が E_1 と E_2 の共通原因になっているかだ．

　検討中の確率関係が 3 つのモデル（因果的構造）のどれにあてはまるかは，通常，各出来事が生じた時間的な順序さえわかれば判別できる〔先行するのが E_2 か E_1 か C か〕．

　シンプル PRC の欠陥に対する標準的な応急処置は，因果性を「適切な背景要因——潜在的な共通原因を含む——を条件に入れたうえでの確率上昇」と同一視することである．確率上昇説の提唱者たちはこのアイデアをさまざまな形で定式化しているが，それは何を適切な背景要因とみなすかが論者によって違うためだ．なお，以降の定式化では，上の E_2 が C に，E_1 が E に対応する．

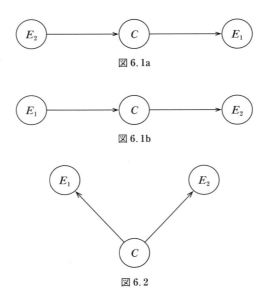

図 6.1a

図 6.1b

図 6.2

上の C は定式化ごとに違う仕方で表現されている.

ライヘンバッハ版PRC：「C が原因で E が生じる」とは，以下の条件がすべて満たされることにほかならない.
1) C は E より先に生じる.
2) $P(C) > 0$
3) $P(E \mid C) > P(E)$
4) C の生起に先行（または同時発生）し，かつ，C と E の相関関係をスクリーン・オフする出来事が存在しない.

グッド版PRC：「C が原因で E が生じる」と言える度合いは，
$$\log \frac{P(\sim E \mid \sim C \ \& \ F)}{P(\sim E \mid C \ \& \ F)}$$
で測定される．なお，F は C が生じるまえに成立するすべての背景条件を示している．

スッピス版 PRC：「C が原因で E が生じる」とは，以下の条件がすべて満たされることにほかならない．

1) C は E より先に生じる

2) $\mathrm{P}(C) > 0$

3) $\mathrm{P}(E \mid C) > \mathrm{P}(E)$

4) C に先行する出来事は，C と E の相関関係をスクリーン・オフするグループに入らない．

カートライト―イールス版 PRC：「C が原因で E が生じる」とは，「C 以外の E の原因であり，かつ，C と E のあいだに位置しないすべての状態 B について，$\mathrm{P}(E \mid C \,\&\, B) > \mathrm{P}(E \mid B)$ が成り立つ」ことにほかならない．

　君が因果論の勉強を始めたばかりなら，こんな数学におじけづく必要はない．いやほんとに．学者たちの細かい定式化なんか脇に置いといて，考え方のコアを押さえよう．それは要するに，「潜在的な共通原因をすべて考慮に入れても，なお C が E の確率を上昇させているなら，C は E の原因にちがいない」ということだ．

　ライヘンバッハ版，グッド版およびスッピス版では，因果的な概念をいっさい使わずに「原因」を定義しているため，因果性を確率関係に還元していることになる．カートライト版では，「原因」という言葉が定義の両側に現れているため，因果性を確率関係に還元できるとは考えられていない．

6.7　シンプソンのパラドクス

　確率上昇説の 3 つめにして最後の問題は，シンプソンのパラドクスである．エドワード・シンプソン（Simpson 1951）は，すでに知られていたある計算上の真理に注目した．その真理は，条件つき確率の文脈に登場すると，直観に反するように思えたのだ．よく引用される例だが，あるときカリフォルニア大学バークレー校が「大学院の入学審査で女性差別をした」と訴えられた．女性の入学許可率が男性の入学許可率に比べて著しく低かったからだ．しかし，さらな

る統計分析を行ったところ(Bickel, Hammel, and O'Connell 1975), 大学院のどの研究科でも, 女性の入学許可率は男性の入学許可率よりもわずかに高かった. 入学許可は研究科ごとに出されており, 大学院への入学許可は各研究科に受け入れられた学生全員に出されている以上, このデータからわかるのは, 明らかな女性差別は存在しなかったということだ. すると, 研究科単位では男性の入学許可率より女性の入学許可率のほうが高くても, 大学院全体では女性の入学許可率より男性の入学許可率のほうが高くなることがある, ということになる. この直観に反する事実こそ, シンプソンのパラドクスである. 1つ1つの研究科で見れば, 志願者が女性の場合に入学を許可される確率は, 志願者が男性の場合に入学を許可される確率よりも高い. ところが, それらのデータをまとめて大学院全体で見れば, いわゆるシンプソンの逆転現象が起こり, 志願者が女性の場合に入学を許可される確率は, 志願者が男性の場合に入学を許可される確率よりも低くなる.

　ちなみに, この例におけるパラドクスは, 「女性はもともと入学許可率が低い研究科を志望する傾向にあった」ということを踏まえれば, 謎でも何でもなくなる. 〔たとえば, 研究科 A では女性 10 人中 9 人, 男性 90 人中 72 人が入学を許可され, 研究科 B では女性 90 人中 18 人, 男性 10 人中 1 人が入学を許可されたとして, 各研究科と全体の入学許可率をそれぞれ男女別で計算してみよう.〕

　シンプソンのパラドクスは確率上昇説に次のような問題を突きつける. 確率上昇説の(因果関係を確率上昇関係と同一視する)諸規則の中には, 統計的相関(つまり確率関係)を研究科単位のデータで考えるべきなのか, それとも大学院全体のデータで考えるべきなのか, 指示する規則が何もない. 女性であることは研究科ごとの入学許可率を上昇させるが, 大学院全体の入学許可率を低下させる. だとすると, 女性であることは入学を許可されることにとってプラスの要因なのだろうか, それともマイナスの要因なのだろうか. 広く認められていることだが, 単一の要因は, 同じ背景状況にある同じ結果の確率を上昇させ, かつ, 低下させることはできない. それゆえ, 因果の確率上昇説には, 既存の規則に加えて, どのデータが因果性を示しているのか(今の場合, 各研究科のデータか大学院全体のデータか)判別するための理論装置が必要である. 現実には, 入学審査委員会の活動を調べることで, 各研究科が入学可否を決定して

いたのかどうか確認できる．この例の場合，実際にそうだったので「女性であることは大学院の入学許可率を低下させていなかった」とわかる．しかし，こうして大学院の統計ではなく研究科の統計を選択するにあたり，どんな情報が活用されているのだろうか．もしそこに因果的な構造に関する情報が含まれているとすれば，因果性を定義する確率関係自体がすでに因果的な観点から選択されていることになるため，因果関係は確率関係に還元できないことになる．いずれにせよ，因果の確率上昇説はどんな情報が必要になるのか具体的に示す必要がある．

6.8 利　　点

　因果の確率上昇説は，因果性に備わるいくつかの特徴を説明するのに役立つ．
　1）　因果性は決定性を必要としない．C タイプの出来事と E タイプの出来事のあいだに適切で安定した確率的な結びつきが成り立っていさえすれば，ある C を引き起こすことによってある E を引き起こそうとすることは十分に正当化されるはずだ．
　2）　確率上昇説は，反事実条件文や架空の可能性に頼らない種類の差異形成を確立する．ほとんどの反事実条件説は哲学的な厄介事を気前よく招き入れるところがあるため，当然のことながら反事実的依存性には疑いの眼差しが向けられている．これに対して，確率上昇説が定義する差異形成には前提される確率関係を超える謎などない（もっとも，確率関係というもの自体が受け入れがたいほど不明瞭かもしれないが）．
　3）　実際，交絡因子（一種の共通原因）をコントロールしておくことで，統計的頻度から因果性をうまく推定できることがよくある．確率上昇説は，統計的頻度こそ因果性のコアとするため，こうした統計データが因果性の立証に役立つ理由を明瞭に示せる．対照的に，競合するほかの理論の場合，この点について何かしら説明する必要がある．観察された統計的頻度にもとづいて一般因果を探ることが有効なのはすでにわかっている．競合理論の形而上学的で観察と直接結びつかない構造は，この明らかな有効性をどうやって裏づけることができるのだろうか．

6.9 問 題 点

確率上昇説の主な問題点はすでに述べた. 因果の非対称性を確保できるのか. 擬似相関を排除できるのか. 単一の要因が同じ状況で確率を上昇させ, かつ, 低下させるというような不整合を防げるのか. 紙幅が足りないので, 既存の理論がこれらの問題にうまく対処できているかどうか検討するのはやめておく.

そのかわり, まだ触れていない別種の問題点をここで紹介しよう. それは, 単称因果を確率上昇で説明すると反例が出てくるという問題だ. 因果の確率上昇説を提唱する者の一部(スッピスなど)は, 確率関係は単称の出来事間にも成り立つと考えている. そこで, 単称因果の確率上昇説を検討してみよう. ただし, 先の3つの問題点を解決するために複雑化したものではなく, ごく単純なバージョンを取り上げる.

> 単称 PRC:「C の実例 c は E の実例 e の原因である」とは,「$P(E \mid C) >$
> $P(E)$ が成り立つという意味で, c は e の確率を上昇させる」
> ということにほかならない.

このシンプルな因果理論, 単称 PRC からすると, 確率上昇は単称因果にとって必要だということになる. 言い換えれば,「c が e の原因だった場合にはいつでも, c は e の確率を上昇させていた」ということだ. しかし哲学者たちの議論によると, この要件は「確率を低下させる原因」が含まれたシナリオに関する正しい因果判断と齟齬をきたす. 私たちはすでにそういうシナリオを2つ知っている.

1つめの反例は, 因果プロセス説を扱った第3章の図3.2で描いた, 低確率な原子崩壊の連鎖だ〔p. 54〕. 元素 A が崩壊して元素 B になったことは, D が出現する確率を低下させた. しかし, 目下の D は B が崩壊したことによって出現したのだから, A が崩壊して B になったことは D の原因だった.

2つめの反例は, 第4章の終わり近く〔4.4節〕, 過剰決定に関する議論に登場した(Paul 2009). 思い出そう. 2つの出来事 c_1 と c_2 があり, それらは単独

でも結果 e を決定する．もし c_1 と c_2 のどちらも生じなかったならば，e はまず生じなかっただろう．一方で，c_1 と c_2 は一緒になって e の確率を上昇させ，実際に e が生じ，しかも c_1 と c_2 は（単独で e の生起に十分ということも含め）すべての点で同等なのだから，どちらも e の原因だと認めるべきだろう．しかし他方で，c_1 が生じて e を決定した〔つまり，e の生起確率を 1 にした〕以上，c_2 はそれ自体として e の確率を上昇させたわけではなく，また，c_2 が生じて e を決定した以上，c_1 はそれ自体として e の確率を上昇させたわけではない．常識からすれば c_1 と c_2 のどちらも原因だが，どちらの出来事も e の確率を上昇させたわけではなかった．

　自分でも反例を考えてみよう．楽しい練習になるはずだ．つくってほしい反例は，「c は e の確率に何の違いももたらしていないが，ほかの相互作用からして c は e の原因だ」と言えるようなシナリオである．

　また，単称 PRC からすると，確率上昇は単称因果にとって十分だということにもなる．言い換えれば，「c が（現実に生じる）e の確率を上昇させる場合にはいつでも，c は e の原因である」ということだ．しかし，これまた哲学者たちの議論によると，この十分条件は私たちがすでに見た 2 つのシナリオで障害となる．

　1 つめの反例は，差異形成を扱った第 4 章の先取りケースだ．思い出そう．第 1 の暗殺者は水筒に毒を混入させ，第 2 の暗殺者は水筒に穴を開ける．すると，水筒に穴を開けたことが先取りして毒による旅行者の死を防ぐものの，結局それが原因で旅行者は死ぬ．この例に少し肉づけしよう．まず，その毒は致死率が極めて高く，しかも水筒が空になるまえに旅行者が中身を飲む可能性もそこそこあった（結局は飲まなかったのだが）．また，実は付近に水場があり，水筒の水がなくなっても旅行者には生存のチャンスがそこそこあったため，水筒の穴は旅行者の死を決定したわけではなかった（結局は水場を見つけられず，死んでしまうのだが）．さてこの場合，第 1 の暗殺者は水筒に毒を混ぜたことによって旅行者が死ぬ確率を上昇させたものの，水筒に毒を混ぜたことは相変わらず旅行者の死の原因ではなかった[6]．

　2 つめの反例は，第 4 章で紹介した重複因果の事例だ．銀の魔術師は王子がカエルになる確率を（金の魔術師だけが呪文をとなえる場合の）50％ から 75％

に上昇させ，結局，王子はカエルになった．しかし，私たちは銀の魔術師が原因でなかったことを知っている．なぜなら，銀の魔術師の呪文は王子と女王の両方を狙ったものだが，女王は人間のままだったからだ．

これらの反例は「単称因果は確率上昇と同一視できる」という仮説を論駁するものだ．もっとも，この仮説をより洗練したバージョンもすでに提案されている (e. g. Eells 1991; Kvart 1986)．また，こうした反例があらわにする諸問題は——第4章で因果の反事実条件説を検討したときにも触れた——次のような教訓を与える．すなわち，多くの単称因果言明が対比的な性質をもっている点と，結果をどれぐらい広く解釈するべきかという点について考察を深める必要があるということだ．これらを踏まえて確率上昇説は修正されなければならない．

6.10　ライヘンバッハの共通原因原理

以上で，因果の確率上昇説について伝えたかった基本情報はすべて提示できた．この章の残りでは「共通原因」についてもう少し発展的な話をしたい．だから，もしここまでの議論でもう手一杯だと感じるなら，この先の細かい論争に首をつっこむよりも，これまでの復習に努めてほしい．さて，この追加トピックに取り組む目的は2つある．まず，(1)因果の確率上昇説は「出来事」や「確率」という概念の中身をもっと明確化する必要があると示すためであり〔6.11節〕，また，(2)とある興味深い科学的問題の紹介を通して，哲学的な因果性研究の意義を示すためだ〔6.12節〕．

ハンス・ライヘンバッハ (Reichenbach 1956) は，ある特筆すべき因果性の原理を明らかにしようとした．それは彼が「共通原因原理」と呼ぶ，「もし起こりそうにない偶然の一致が起こったなら，共通原因が存在するにちがいない」という原理だ．ライヘンバッハは次のようなシナリオを使って説明する．2つの電球が同時に切れるとしよう．この2つの電球が別々の理由でちょうど同時に切れたとは考えにくい．それよりは，単一の電力源が断たれてしまったとか，単一の過剰電流が両方の電気回路を焼き切ってしまったとかいった事態を想像するほうが理に適っている．要するに，2つの電球が同時に切れたことには1つの共通原因があるはずだ．加えて，部屋がより暗くなるとかいった共通結果

ではなく，あくまで共通原因を引き合いに出すことで，この偶然の一致がなぜ起こったのかを説明することができる．以上は，単称の出来事（出来事トークン）間に成り立つ共通原因原理の話である．

しかし，ライヘンバッハはさらにいくつかの例を挙げたあと，「共通原因が存在するにちがいない」という主張を弱め，「共通原因が存在しそうだ」としたうえで，「同じタイプの偶然の一致が繰り返し起こると，いっそう共通原因の存在が確からしくなる」と主張する．

そして，彼の決定的な方針転換を示すのが次の宣言だ．「共通原因原理は統計的な問題として考えたほうがいい．そこで，これまでに A と B の生起が頻繁に観察されてきたとしよう．そうすれば，確率 $P(A)$，$P(B)$，…について語れるようになる」(Reichenbach 1956: 158)．残念ながらライヘンバッハは，こうした出来事タイプを示す変項が〈この2つの電球が切れる〉といった単称の出来事とどう関係するのか明言していない．彼はかつて[†3]，確率を単称の出来事にあてはめるのは「虚構的」な帰属であり，そのような確率帰属は何らかの隠れた出来事タイプにもとづいて理解されるべきだと主張していた．しかし，どんな出来事タイプならよいのか，何らかの制約があるのかという点については明言しなかった．この問題にはあとで取り組むことにしよう〔6.11節〕．

ライヘンバッハの主要なアイデアはこういうものだ．2つの出来事 e_1 と e_2 が確率的に相関しているときには，たいてい3通りの説明しかない．すなわち，e_1 が e_2 の原因であるか，e_2 が e_1 の原因であるか，あるいは，e_1 と e_2 の共通原因が存在するかだ（図6.1と6.2を思い出そう）．どうやらライヘンバッハは，出来事間の確率的な相関関係は因果関係によって完全に説明できると思っていたようだ．

ライヘンバッハは以下のようにして「共通原因原理」を精確化しようとする．まず，a と b を（出来事タイプ A と B に対応する）2つの単称の出来事としよう．a と b は互いの原因ではないが，正の相関関係にある．正の相関関係は次のように表現される．

1) $P(A \& B) > P(A)P(B)$

こうした出来事のペアはどれも共通原因——C タイプの出来事とする——をも

ち，以下の規則に従う．

2) $P(A \mid C) > P(A \mid {\sim}C)$

3) $P(B \mid C) > P(B \mid {\sim}C)$

4) $P(A \& B \mid C) = P(A \mid C)P(B \mid C)$

5) $P(A \& B \mid {\sim}C) = P(A \mid {\sim}C)P(B \mid {\sim}C)$

加えて，以上の数式が適切に定義されるためには，$0 < P(C) < 1$ でなければならない（0 で割ることは意味をなさないから）．数式 2 と 3 が意味するのは「C は A と B の確率を上昇させる」ということであり，これは C が A と B の原因なら成り立つはずだ．数式 4 と 5 が意味するのは「C の存在または不在を条件に入れると，A と B はもはや相関しなくなる」ということだ．前に導入した専門用語を使って言えば，「C の存在（あるいは不在）は A と B の相関関係をスクリーン・オフする」．

ライヘンバッハはこれらの数式で何を伝えたかったのか．この点をはっきりさせるため，彼の数式をさっきの電球の例にあてはめてみよう．以下 A と B を電球が切れることとする．数式 1 によれば，2 つの電球が同時に切れる確率 $P(A \& B)$ は，2 つの電球が独立している場合よりも高い（A と B が独立なら，$P(A \& B) = P(A)P(B)$ となる）．なぜ高くなるかというと，2 つの電球を連動させる因果的な結びつきが存在しているせいだ．たとえば共通の電力源があって，それが断たれる可能性のある場合，その可能性の分だけ，2 つの電球が同時に切れる確率が高まる．数式 2 によれば，建物全体の電力供給が止まる（C）という条件のもとで一方の電球が切れる確率は，電力供給が続いている（${\sim}C$）という条件のもとでその電球が切れる確率よりも高い．数式 3 により，他方の電球にも同じことが成り立つ．数式 4 によれば，電力供給が止まるという条件のもとでは，一方の電球が切れる確率は他方の電球が切れる確率と独立である．同様に，数式 5 によれば，電力供給が続いているという条件のもとでは，一方の電球が切れる確率は他方の電球が切れる確率と独立である．

こうして 5 つの原理を再確認したわけだが，君の哲学アンテナは数式 4 が発する警告信号をキャッチできただろうか．問題はこうだ．2 つの結果を互いに

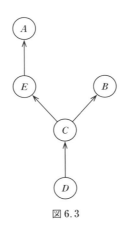

図 6.3

確率的に独立にする共通原因は，複数存在することもあるのではないか．ライヘンバッハはこの問題に気づき，C は共通原因の選言（C_1 or C_2 or …）を表すこともあると言っている．しかし彼の定式化では，複数の出来事が相互作用することで共通原因となるような，より複雑な出来事の組み合わせは処理できない．そのため，彼の数式を完全に一般化するには修正が必要なのだが，詳細はさておくとしよう．

残念ながら，これらの数式が共通原因とみなせるものを定義できているとは思えないし，結局ライヘンバッハは「共通原因」の形式的な定義を与えなかった．（現実に生じた単称の出来事にあてはめるなら，a と b の共通原因 c は「a の原因かつ b の原因だった出来事」だと言える．問題は，ライヘンバッハがこの理解を自分の数式に関係づけておらず，彼の理論に欠けている要素をどうやって埋めればいいのかわからないことだ．）直観的に言って，出来事はこれらの数式をすべて満たさなくても A と B の共通原因になりうるし，逆に，出来事は A と B の共通原因でなくてもこれらの数式をすべて満たしうる．練習のため，以下を証明してみよう．図 6.3 で，D は直観的に言って A と B の共通原因だが，C のせいで D は A と B をスクリーン・オフしない．また，E は直観的に言って A と B の共通原因でないが，ライヘンバッハの数式（C を E で置き換えたもの）はすべて真になる[†4]．

6.11 単称の出来事と確率の不明瞭な関係

それでは，予告しておいた問題に取り組むことにしよう．ライヘンバッハは，共通原因原理を出来事トークン間で成り立つものから出来事タイプ間で成り立つものへと転換することで，議論を不明瞭にしてしまった．

ライヘンバッハは，何らかの統計的な規則性にもとづいて確率を単称の出来事に帰属させるのだが，単称の出来事とその出来事タイプの関係をきちんと定義していない．たとえば，すでに学んだように，単一の出来事でもさまざまなタイプのトークンになりうる〔pp. 28-29〕．だから，ある単称の出来事に特定の確率を帰属させるとき，どの出来事タイプを用いる（あるいは，許容する）べきなのかという問題が出てくる．その行きつく先は，どんな現象なら共通原因原理の反例になるのかということすらわからない大混乱である．

問題は，単称の出来事と，特定タイプの出来事に関する統計から導き出された確率とのあいだにどんな関係が存在するのか，はっきりしないことだ．この点に関して，ライヘンバッハの原理に突きつけられた反例をいくつか考察してみよう．

1つめの例は，エリオット・ソーバー (Sober 2001) が指摘した「ロンドンのパンの価格はヴェニスの海面水位と相関している」という事実だ．確かにここ100年近く両方とも上昇し続けているが，たぶんそれは無関係な別個の理由による．これは一見して共通原因原理への反例になりそうだが，しかしクリス・ヒッチコック (Hitchcock 2012) によれば，ライヘンバッハは「確率的な相関関係」をもっと狭くとらえていたという．ヒッチコックの言葉を引用しよう．

> ある特定の時点 t を選び，A_t と B_t を（それぞれ）時点 t におけるヴェニスの海面水位とロンドンのパンの価格に関する〔単称の〕出来事としよう．ここで，$\mathrm{P}(A_t \,\&\, B_t) > \mathrm{P}(A_t)\mathrm{P}(B_t)$ となるような確率を A_t, B_t に帰属させることが，そもそも意味をなすのかどうか明らかでない．具体的に言うと，t 以外の時点で海面水位とパンの価格をサンプリングすることは，A_t, B_t の確率を推定する方法として適切でない．というのも，今私たちは定常分

布〔= 各出来事タイプの頻度が時間経過で変化しないケース〕からサンプリングしているわけではないからだ．（類推のために……これまでに経験した自分の誕生日のうち約 2/3 で自分の身長が 180 cm 以上だったからといって，「3 回目の誕生日のとき，私の身長が 180 cm 以上である確率は 2/3 だった」などと言わないだろう．）

ヒッチコックの言う通り，同じタイプの出来事の集まりだからといって，いつでも対応する単称の出来事に確率を帰属させる根拠となるわけではない．それゆえ，ソーバーの例は共通原因原理への直接的な反例にならない．しかしそもそもライヘンバッハをはじめとする因果の確率上昇説の提唱者たちは，どのデータサンプルなら単称の出来事に確率を帰属させる根拠として許容できるのか，明確な判定規則を提示していない．ここに問題がある．

2 つめの例はヒッチコックが挙げたものだ．キリンとサイが群れをなしているとしよう．キリンのほうが背も高く，視力もよい．すると，背の高いものは（キリンなので）視力がよく，背の低いものは（サイなので）視力がよくないため，この集団において背の高さと視力は相関関係にある．たとえ，背の高さと視力という生物的な特徴のあいだに因果関係がなくてもだ．もしキリンとサイを別の集団だと考えれば（あるいは，遺伝子を条件として固定すれば），この相関関係は消える．しかし，どの種に属するかということは，共通原因として作用する出来事とはみなせないように思える．〔みなせないなら反例になり，みなせるなら反例にならない．〕

まとめよう．ライヘンバッハの共通原因原理が抱える大問題は，細かい部分で具体性に欠けているせいで，確率を出来事にどうあてはめればいいのかわからないことだ．これが単にライヘンバッハや共通原因原理の問題にすぎないなら，さほど興味も湧かないだろう．しかし実はあらゆる因果の確率上昇説が多かれ少なかれ同様の批判にさらされうる〔6.9 節の単称 PRC を見返してみよう〕．

6.12 連言的分岐

ライヘンバッハ（Reichenbach 1956）の共通原因原理は，「どうやって確率を

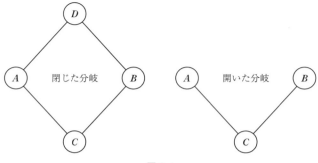

図 6.4

個々の出来事にあてはめればいいのか」という問題を浮き彫りにしただけでなく,「因果性は時間とどう関係するのか」という興味深い主題にも一石を投じた. ライヘンバッハは共通原因原理が時間の向きを「定義」するのに役立つと考えていたのだ.

　ライヘンバッハの基本的なアイデアはこうだ. 自然は1つのパターンを示している. そのパターンとは, 共通原因原理を満たす C タイプの単称の出来事すべてが, 期せずして, 対応する A と B から見て時間的に同じ側に位置する (C のすべての実例——対応する A と B の共通原因——に同じことが言える), というものである.

　詳しく見ていこう. A タイプの出来事と B タイプの出来事が相関しているとき, そこには共通原因原理(のすべての数式)を満たす C タイプの出来事がある. この状況のことを「**連言的分岐が存在する**」と言う. 加えて, A と B から見て C とは時間的に反対の側に D タイプの出来事が存在し, かつ, A と B と D の組み合わせが共通原因原理(のすべての数式)を満たしている場合,「連言的分岐 ABC は D によって閉じられている」と言う(図6.4). 連言的分岐 ABD も C によって閉じられていると言える. 他方, この D のような出来事が存在していない場合,「連言的分岐 ABC は開いている」と言う. ここでライヘンバッハは次のような仮説を立てる. 実在する(ほぼ)すべての連言的分岐は, 時間的に同じ方向に開いている, と. そのうえで,「未来」とは連言的分岐が開いている時間の方向であり,「過去」とはその反対の方向であると定義する.

　振り返って考えてみると, ライヘンバッハの研究が目指していたものが見え

てくる．いったいなぜ過去と未来という2つの時間の向きは質的に異なるのか．ライヘンバッハは，その理由を最もうまく説明してくれる世界の特徴を突き止めようとしたわけだ．もっと言えば，ヒュームとは違って，単に「根本的な未来の方向が存在する」と仮定するだけの安易な道は選ばなかった．ライヘンバッハは，時間の向きは根本的なものではないと考えていたようだ．ただ残念ながら，時間の向きに関するライヘンバッハの研究は明確さに欠けている．特に，時間のどの側面を説明しようとしていて，どの側面が説明されないままなのかはっきりしない．また，彼の理論がどういう問題（群）に対処しようとするものなのかも明らかでない．たとえば，私たちの関心事が「なぜ私たちは過去に影響を及ぼせないのか」だとした場合，連言的分岐の非対称性（未来に向かって開いていること）がこの問題にどう効いてくるのかわからない．連言的分岐は過去に向かって開いていないからだと言うなら，どうして過去に向かう因果性は過去に向かって開いた連言的分岐を必要とするのだろうか．

　さらに，単称因果と一般因果の関係を明確化できなかったことがここでも問題になる．まず，ライヘンバッハは「基本法則は未来と過去の両方に向かって決定論的である（少なくとも，決定論的でありうる）」という暗黙の前提のもとで議論をしていた．〔すると，単称の出来事間に決定関係が成り立ち，そのことが一般の出来事間の統計的関係を左右するという余地が出てくる．〕そこでフランク・アーンツェニアス（Arntzenius 1990）は次のように指摘する．任意の連言的分岐 ABC について，出来事タイプ C の実例には基本法則を適用できるため，その C は，A と B から見て C とは時間的に反対の側に何らかの出来事タイプ D の実例が生じることを決定する．このとき，ABC が共通原因原理を満たす以上，C とペアで生じる D もまた A，B とのあいだで共通原因原理を満たす．かくして連言的分岐 ABD が形成されてしまう．それゆえ，もし法則が決定論的であれば，ライヘンバッハの理論は「すべての連言的分岐は閉じている」という結論に至りかねず，その場合，未来の方向を定義できなくなってしまう．もしかすると，次のように論じることでライヘンバッハの理論を救えるかもしれない．過去の共通原因はたいてい単純に特徴づけられる出来事タイプだが，アーンツェニアスの言う手順で出てくる共通結果は，ほぼ確実にとても複雑で入り組んだ（ゲリマンダー的な）出来事タイプである，と．しかしこのような戦

略は，単純な出来事タイプと複雑な出来事タイプの原理的な違いを説明するのに苦労するだろう．というのも，そのような違いは程度の問題に思えるし，単純性を判断する人間（におそらく特有）の基準に依存しすぎているきらいがあるからだ．

いずれにせよ，前々段落で言及した連言的分岐の非対称性をどうとらえるべきかという問題は解決されないままだが，「なぜ過去と未来はこんなに違って見えるのか」という謎に対する科学的説明のヒントを提供したという点で，ライヘンバッハの努力は称えられるべきだ．「時間の向き」などという永遠の哲学的難問に光明を投じるような科学的モデルの構築は，最新の単称因果理論を直観的な反例で論破するなんてことより，はるかに難しいのだから．

Ⓠ & Ⓐ ……(6)

Q(6.1) 「c が原因で e が生じ，かつ，e が原因で c が生じるような事例はほとんど存在しない」と言っていたけど〔6.5節〕，2冊の本がお互いにもたれかかっている場合はどうかな？「本 a が立っていることが原因で本 b が立っている」とも「本 b が立っていることが原因で本 a が立っている」とも言えるのでは？

A(6.1) その例は第一印象だと「なるほど！」って感じるけど，それは真相がごまかされているせいなんだ．ミクロな視点から正確に描写すると，一方で〈時点 t に本 a が立っていること〉が原因で〈直後の時点 $t+\varepsilon$ に本 b が立っている〉，他方で〈時点 t に本 b が立っていること〉が原因で〈直後の時点 $t+\varepsilon$ に本 a が立っている〉というふうにわずかな時間差があるため，これらは単に原因と結果を入れ替えたものではない．そして，この未来に向かう因果性のペアが繰り返し生じているから2冊の本は倒れないわけだ．だからこれは，日常的なレベルで記述すれば，対称な因果性のように見えるかもしれないけど，「力が伝わるにはわずかであれ時間がかかる」という力の現代的な理解からすれば，根本的に非対称な因果性だと言える．

Q(6.2) 確率（probability）とチャンス（chance）の違いは？

A(6.2) まず，チャンスは確率の公理に従っている量だから確率の一種だ．しかし，チャンスがほかの種類の確率とどう違うのか正確に答えるのは難しい．というのも，確率にはたくさんの解釈があるが，だいたいは意味不明なものか，特徴づけが不十分なものばかりだからだ．まあ前置きはこれぐらいにして，私の考えを言おう．チャンスというのは「決定性を確率論的に拡張したもの」だと考えるとわかりやすい．思い出してほしいのだが，因果の決定性説には，原因が結果の生起を保証するケースしか扱えないという難点があった．これに対して，因果の確率上昇説の主な利点は，まず確率的な因果性を直接処理でき，さらに決定性も確率1となる特殊ケースとして処理できることだ．

そこで，因果の決定性説が抱える難点を解消するために，「原因は，特定の結果自体を決定するのではなく，特定の結果が生じる確率を決定する」と考えてみたらどうだろう．その場合，基本的なアイデアは以下のようになる．まず，ある時点の宇宙全体の状態 c があり，かつ，のちのある時点で特定種類の出来事 E が例化される（E の実例が生じる）確率を定める法則がある．次に，母なる自然は，あらゆる可能性の中からランダムに1つの可能性を選び，近い未来に実現させる．彼女の選択は法則が定めた確率によって重みづけられ，それ以外の原理は使用されない．たとえば，ある時点の宇宙の状態に〈ある人物がコインを投げる〉ことが含まれており，かつ，法則により，そのコインの表が出る確率は1/2に決定されるとしよう．この場合，母なる自然は，コインの表と裏に関して，確率通り等しく重みづけられたランダムな選択を行い，〈直前6回のコイン投げですべて裏が出ていた〉などということは完全に無視する．私の理解では，チャンスとはこんなふうに進行する宇宙のモデルに登場する確率にほかならない．

以上を因果性に結びつけると，チャンスは，観察される統計的頻度を説明するために，因果の産出説が組み込むことのできる形態の確率だと言える．したがって，不確実性（chanciness）は，この章で論じた確率上昇説と競合する理論の一部なのだ．

文献案内

　因果性への確率論的なアプローチをもっと学びたければ，まずウィリアムソンの論文(Williamson 2009)を読み，次にウェブサイト *Stanford Encyclopedia of Philosophy* に掲載されているヒッチコックの記事(Hitchcock 2012)を読むといい．そのサイトでは，ライヘンバッハと彼の共通原因原理に関しても良質な情報が手に入る(Glymour and Eberhardt 2012; Arntzenius 2010)．

7

操作と介入

さまざまな因果理論を分類するために，第1章で4つの区別を導入した．その1つに，因果の類型ベース面と影響ベース面の区別があった．ここで再びダメット (Dummett 1964) の「知的な木」を思い出してほしい〔p. 17〕．この木にとって，因果性を何かしら理解しておくことは役に立ったが，影響・行為者性・操作・介入などの観点から理解する必要はなかった．

この章では，因果の影響ベース面に焦点をあてる因果理論の一種，操作主義の系譜を検討する．この系譜の中心的なアイデアは「因果関係とは，世界を操作・コントロールするために利用できる潜在的な経路である」というものだ．まずは，因果性を（少なくとも部分的には）行為者性にもとづいて定義しようとした初期の理論を見る．それから，この考え方の発展を追跡し，「私たちが因果性という概念を必要とする理由は，世界を操作するうえで効果的な戦略と効果的でない戦略を区別する必要があるからだ」というアイデアにたどりつく．この発展の過程で，生物がいない世界の因果性をもっと自然に認められるように，因果における行為者性の役割があまり強調されなくなっていく．

最後に，操作主義の系譜で最も有名な現代的アプローチを取り上げる．それは因果モデル構築にもとづく因果の介入主義である．この理論は，行為者性のかわりに，さほど人間中心的でない「介入」という概念に着目する．

7.1 操作主義

因果の操作主義を支えるテーゼは，「原因は，対応する結果を引き起こしたり，妨げたりするための取っ掛かりである」というものだ．操作主義が斬新だったのは，因果性にとって行為者性が不可欠（本質的）だと考えたことである．すなわち，ある関係を完全に因果的な関係とみなすためには，そこに〈世界の

一部を操作できる〉という行為者の能力が何かしら関わっていなければならない，と．

7.2　フォン・ウリクトの定式化

操作主義の先駆者ゲオルク・ヘンリク・フォン・ウリクト（von Wright 1971a, 1971b, 1974）は，上記の考え方を「因果性の操作的・実験的な理解」なるものによって定式化した．フォン・ウリクトによると，「「p は q の原因である」ということ…が意味するのは，「もし私が（どうにかして）p を引き起こすことができれば，私は q を引き起こせるだろう」ということだ」（von Wright 1971b: 74）．

つまり，原因は「行為者がなしうること」にもとづいて定義されるべきだ，というのがフォン・ウリクトの主張である．これに対して，大半の因果関係はほとんど／まったく行為者性と関わらない，という批判がある．そこでフォン・ウリクトは次のように応答している．

> 私は決して「原因の作用は常に行為によってもたらされる」と言いたかったわけではない．当然，因果性は行為者性と独立に自然の中で作用しているし，人間の干渉がまるで及ばない，はるかなる世界の片隅でも作用している．しかし，因果法則——私たちから時空間的にかけ離れたところで作用するものも含む——を確かめる特有のテストは，科学者の実験室で行われている．しかも，因果法則は本質的に実験室に属している．なぜなら，因果法則は「実験」という様式の行為と概念的に結びついているからだ．
>
> （von Wright 1971a: 306）

フォン・ウリクトは別の箇所で次のように強調している．「因果性は，概念上，行為に依存して」おり，私たちが因果法則と偶然的な規則性を区別できるのは，出来事の通常の進行を「操作する」「妨害する」といった行為者的な概念を理解しているからこそだ，と（von Wright 1974: 50）．しかしそうだとすると，惑星や恒星に関する因果判断すらも意図的行為という概念に本質的にもとづいていることになるが，どうしてそんなことがありうるのだろうか．

140

操作によって直接干渉されることのない諸現象——たとえば，宇宙の離れた場所で生じている諸現象——のあいだに規則性が認められるとき，手放しに「これらの現象は因果的に関係している」とか「この規則性は因果法則だ」とか言うのはためらわれる．規則性自体は，ミル(Mill 1843)が「経験的法則」と呼んだものにすぎないからだ．…空間的ないし(地質学や考古学のように)時間的に離れたところの原因と結果に関する知識は，自然法則に関する知識にもとづき，「媒介」されている．そしてその自然法則に関する知識は，私たちが実験室で得た十分な実験的証拠に支えられているのだ．(von Wright 1974: 308-309)

こうしてフォン・ウリクトは，自説を守るために次の点を明確化したことになる．彼が因果の「操作的な」理解という言葉によって伝えたかったのは，要するに「実験室での実践が示すように，因果性の科学的なとらえ方にはもともと操作という概念が組み込まれているが，それに留まらず，実際に操作が行われていない場合でも因果性はそのようにとらえられている」ということだったわけだ．

　フォン・ウリクトが自分の因果理論の主な利点とするのは，因果の非対称性を説明できることだ．多くの場合，出来事 c が出来事 e を決定し，出来事 e も出来事 c を決定するとしても，c は e の原因だが，e は c の原因でない．なぜか．フォン・ウリクトの回答はこうだ．豪雨が原因で洪水が生じることから，しばしば私たちは因果関係をさかのぼって「洪水が発生していないのだから，豪雨は降らなかったのだろう」と正しく推論できる．それでも，私たちは洪水をコントロールすることで降雨をコントロールすることなど「想像」できず，逆に，降雨をコントロールすることで洪水をコントロールすることなら想像できる．こうして私たちは原因と結果の違いを示す世界の特徴に気がつく．つまり，因果の非対称性は「出来事は原因によって操作することならできるが，結果によって操作することはできない」という一般的な真理に由来するのだ．

7.3 メンジーズとプライスの定式化

ピーター・メンジーズとヒュー・プライスは,「二次性質としての因果性」(Menzies and Price 1993)という論文で「因果の行為者性説」というものを打ち出し,操作主義の系譜を発展させた.因果の行為者性説を支える原理は以下の規則だ.

> 「出来事 c は別の出来事 e の原因である」とは,「c を引き起こすことは,自由な行為者が e を引き起こすための効果的な手段となるだろう」ということにほかならない.

この規則には,「自由な行為者」とは何かという解釈上の問題がある.また,もっと手厳しい批判もいくつかある.特に,「引き起こす」という言葉はどう解釈すればいいのだろうか.これを「因果性」という言葉で定義すると循環してしまう.

メンジーズとプライスの行為者性説は「自由な行為者」を定義していない.そのかわり,たいていの人が前理論的に理解している「行為者性」を因果性概念と結びつける.順に説明しよう.まず,**行為者確率** $P_C(E)$ を「[C]を実現/阻止する能力をもち,かつ,[E]を生じさせることを最優先の目的とする合理的な行為者なら,当然,計算に入れる確率」と定義する (Menzies and Price 1993: 190).言い換えれば,「行為者が自由な行為によって C を実現するという条件のもとでの E の生起確率」のことだ.そのうえで,「E を引き起こすという目的にとって C はどれだけ効果的な手段となるか」を $P_C(E) - P_{\sim C}(E)$ で算定する.要するに,「行為者が C を生じさせた場合に E が生じる確率」と「行為者が C を生じさせなかった場合に E が生じる確率」の差を求めることで,「C から E に向かう因果性の程度」を算定しようというアイデアだ.したがって,行為者性説は因果性をある種の確率上昇とみなそうとしている.それでいて,「行為者がこの世界に何かしら介入する」というアイデアを持ち込んだおかげで,メンジーズとプライスの理論は第6章で紹介した確率上昇説の問題点

を回避できている〔たとえば擬似相関の場合，一方の出来事を操作しても他方の出来事の確率は変わらないから，因果関係ではないと判定できる〕．

7.4　問　題　点

　メンジーズとプライスの行為者性説に対する1つの疑問は，「行為者性とまったく関わらない出来事間の因果関係をどう説明するのか」だ．彼らはこう回答する．〈結果を引き起こすために行為者がその原因を自由に引き起こせるシナリオ〉と比べてみて，本質的な特徴の点で十分に類似するシナリオには，そのシナリオ自体に行為者が関わらなくても，因果性を正当に帰属できる，と．たとえば，「あの地震は大陸プレート同士の摩擦が原因で生じた」と言えるのは，地震学者による人工的な地震シミュレーションの本質的特徴をその現実の地震が十分に共有しているからだ．

　この回答は行為者性の役割を重視しすぎなんじゃないか……もし君がそう思ったなら同感だ．人類が誰もいなくなっても，相変わらず恒星が原因で惑星は楕円軌道を描いているだろうし，風が原因で地表は侵食されていくだろうし，ほかにいくらでも言える．なのに，因果性には行為者性が不可欠だなんてどうして言えるのか．メンジーズとプライスに言わせれば，因果性はその点で〈色〉と同じだということらしい．さまざまな青い対象を青くしているのは共通の化学的・物理的構造ではない．さまざまな青い対象がひとまとめに分類されている理由は，それらの対象が人間その他の色覚をもつ生物に同じ影響を与えるからだ〔p. 35〕．類推をさらに進めよう．確かに，青い対象は誰も見ていなくても相変わらず青いだろう．だからといって，〈「青い」というカテゴリーが今のような形で確立された理由は，さまざまなパターンの光に対して色覚保持者が安定した仕方で反応するからだ〉という事実が否定されるわけではない．

　最近，ヒュー・プライスは一歩進んだ回答を提示した（Price 2017）．行為者性説はそもそも因果性の形而上学には関わらないと言うのだ．むしろ，行為者性説は「なぜ私たちのような生物は因果的な観点から語り，考えるようになったのか」ということを説明するものだ，と．要するに，因果の行為者性説は「因果性とは究極のところ何なのか」という問いに答える理論ではなく，むし

143

ろ「なぜ私たちは今のような形で因果性を理解しているのか」という問いに答える理論だというわけだ．プライスのこの回答は，行為者性説の目論見を限定することには成功したが，結果として彼の議論がそもそも誰を説得しようとするものなのかわからなくしてしまった．というのも，「私たちが世界のふるまいを因果的な観点から理解しようとする理由の1つは，原因を操作することが望む結果を実現するための確かな手段になるからだ」という程度のことなら，これまでに誰も否定していないからだ．

　行為者性説にはもう1つ疑問点がある．「行為者が結果を引き起こす」とは——「引き起こす」を「因果性」という言葉で定義しないとしたら——どういう意味なのだろうか．メンジーズとプライスは「引き起こす」の正式な解釈について何のヒントも与えてくれていない．そのかわり，「〈引き起こす〉自体が因果的な概念だから定義が循環している」という批判には反論している．彼らが言うには，私たちは子供のころ〈行為者として結果を引き起こす〉ことに本能的に習熟する．だから，大人になって因果性を理論化するとき，より厳密な因果性概念を定義するためなら，子供のころに理解した「結果を引き起こす」という概念を利用してよい，ということらしい．

7.5　効果的な戦略

　マイケル・ダメット (Dummett 1964) が言っていたように，私たちの因果性概念には行為者を中心にすえた側面が組み込まれている．実際，私たちは原因を「あるタイプの結果を引き起こすための手段」とみなすことがよくある．また私たちは，ある出来事の原因を探しているとき，出来事の生起を可能にするだけの背景条件や，自然の道行きの中で予想通り生じる出来事よりも，行為者の行いを「原因だ」と言い立てる傾向にある．

　この行為者中心的なとらえ方は，以下に気がつくとさらに説得力を増す．この世界に影響を及ぼすための戦略はいろいろあるが，そこには明らかに「効果的な戦略」と「効果的でない戦略」という区別がある．では，どうしてある戦略はほかの戦略よりも効果的だと言えるのか．その理由を説明してくれる有力候補こそ，因果性なのではないか．この「効果的な戦略」というキーワードが

7 操作と介入

初めて登場したのは，ナンシー・カートライトの論文(Cartwright 1979)だ．そこで彼女はとある逸話を語っている．大学教員向けの保険を提供している会社 TIAA-CREF から，1 通の手紙を受け取ったそうだ．書き出しを引用する．

> 「ナンシー・L・D・カートライト様… もしあなたが TIAA の生命保険契約書を手に入れれば，もっと長生きできますよ」などと言うのは確かに正しくないでしょう．ですが，平均的に見て，大衆向けの商業的な保険会社と契約を交わした人々よりも，TIAA と保険契約を交わした人々のほうが長生きしている，というのは事実なのです．(Cartwright 1979: 420)

無論，TIAA と保険契約を交わすことは長生きするための効果的な戦略ではない．カートライトは次のように論じている．ある戦略がほかの戦略よりも効果的な理由を説明するには，ほかでもなく因果法則が必要である．単なる「連合法則」——宇宙の歴史的な配置図に見られる統計的関係やその他のパターンを示す法則——では足りない．もっと言えば，たとえ包括的な物理法則——現在の物事の配列にもとづいて未来と過去の姿を確実に示す法則——が存在したとしても，ある戦略が効果的で，ほかの戦略が効果的でない理由を説明するには別の何かが必要になる．それこそが因果法則——因果性を発揮する法則——なのだ．

第 6 章で述べたように，カートライト自身は因果の確率上昇説を支持しており，因果性を行為者性によって定義しようとはしなかった．「効果的な戦略と効果的でない戦略」という行為者中心的な区別を説明するという課題は，因果性を定義するためでなく，因果理論の妥当性をはかる 1 つの条件として提案されたものだ．2 種類の出来事が規則的に連れ立って出現したり，統計的に相関したりしているが，どちらの出来事も他方を引き起こすための確かな手段ではない，というケースが多々ある．優れた因果理論なら，こういったケースについても説明する必要がある，と．はたしてカートライトは，この世界を操作するための戦略のうち，ある戦略がほかの戦略よりも効果的である理由をうまく説明できたのか．気になるなら，独立の研究プロジェクトとして君自身で検討してみるといい．

145

7.6 　介入主義

　21 世紀の初め以来，因果性研究の多くは因果モデル構築に費やされてきた．その基礎を築いたのは，ジューディア・パール (Pearl 2000)，ピーター・スピッとクラーク・グリマーおよびリチャード・シェインズ (Spirtes, Glymour, and Scheines 2000)，ジム・ウッドワード (Woodward 2003) などである[1]．この研究の主な目的は，（おおむね個別科学における）因果性——単称因果にせよ一般因果にせよ——を特定するのに役立つ，一般的な構造を示すことだ．

　こうした立場の因果理論は「介入主義」と呼ばれている．そのわけは，この因果理論が「介入」——因果的なシステム（系）を外部から操作する——という概念装置を新たに導入したからだ．この点で，介入主義は因果の確率上昇説と一線を画している．

　介入主義の枠組みでは，因果関係は現行の科学実践（たとえば，二重盲検法でプラシーボ効果をコントロールした治験など）を通して発見できる，と前提されている．その場合，因果関係の存在を証明するために，テストずみの関係を裏打ちする法則が本当に存在するのかどうか確かめる必要はないし，反事実条件文の論理をどのようにモデル化するべきか考える必要もないし，「因果性とは究極のところ何なのか」という哲学的問題を決着させる必要もない．要するに，介入主義は非形而上学的であり，「因果性は宇宙に存在する物質の歴史的な配列と基本法則に還元できるのか」などという問いとは無縁なのだ．そのかわり，さまざまな科学実践——因果判断の提示とテスト，因果的・メカニズム的な説明の提供，因果推論の記述——のあいだに成り立っている多様な結びつきを描き出そうとする．

7.7 　因果モデル構築

　「因果モデル」の形式的な定義は，「変数の集合（および，変数のとりうる値の範囲）と，変数間の直接的な因果関係を表す一群の構造方程式」である．それらの構造方程式は（複数結びつくことで）間接的な因果関係も示せる．多くの

場合，因果モデルは有向グラフによって描かれる〔後出図7.1参照〕．各節点（円）は1つの変数を示し，各矢印は構造方程式が表現する直接的な因果関係を示している．構造方程式は，ある変数の値を別の変数の値によって定義する．構造方程式によって値が決まる変数のことを**内生変数**という．内生変数は，そのモデルがとらえる因果的構造の一部を表現している．構造方程式によって値が決まらない変数のことを**外生変数**と言う．外生変数は，背景条件を表しており，モデル外の事情で決まる入力値としてモデルに組み込まれている．なお，ほとんどの背景条件はそもそも変数として現れず，モデルに内蔵されている．たとえば，バッファローの群れが移動する仕方に関する因果モデルには，地球の重力に関する変数などは含まれない．この場合，一定の重力が単に仮定され，群れの速度やスタミナを定義する方程式が成り立つための前提条件となる．

　具体例を使って説明していこう．私たちはサンゴ礁における生態系の壊れやすさを調査しており，下記の変数からなるモデルを構築するとしよう．目下の関心事は，サンゴ礁の生物多様性を豊かにするために「森林再生」技術を投入することが効果的かどうかだ．研究プログラムの第1段階として，以下の因果モデルが考案される．

　　　R：海洋への化学物質の流出率
　　　V：沿岸部の野生植物の量
　　　P：周辺地域の人口
　　　A：農業に利用されている土地の割合
　　　B：サンゴ礁の生物多様性

これらの変数間の関係は，下記の構造方程式によってとらえられるとしよう．

　　　$B = f_1(P, R)$
　　　$R = f_2(P, A, V)$
　　　$V = f_3(A)$
　　　$P = f_4(A)$

いくつか注意点がある.

- 各方程式は，右辺の変数の値によって左辺の変数の値を定義している．つまり，〈右辺の変数が左辺の変数に及ぼす影響〉を定量化しているわけだ．なお，f_3 の逆関数 $f_3{}^{-1}$ が適切に定義されている場合，$V = f_3(A)$ を変換した $A = f_3{}^{-1}(V)$ と $P = f_4(A)$ から $P = f_4(f_3{}^{-1}(V))$ が数学的に帰結するが，そのことをもって「V が P に影響を及ぼしている」と解釈してはならない.

- 各変数は，多くとも1回しか左辺には出現しない．左辺に現れる変数は内生変数と呼ばれる．左辺に現れない変数は外生変数と呼ばれる．外生変数の値はあらかじめ「代入」されていなければならない．なぜなら，外生変数の値はこのモデル内のほかの量から導き出せないからだ.

- 有向グラフにおいて，変数間の関係は，(1)1つの変数は1つの節点で表し，かつ，(2)1つの節点——構造方程式の右辺の変数——から別の節点——同じ構造方程式の左辺の変数——に向かう矢印を挿入することによって示される．(通常は，すべての節点が何らかの矢印で結びついている．なぜなら，ある節点が孤立している場合，その変数は何の影響も及ぼしていないということになるし，孤立した節点のグループが2つ以上ある場合，そのモデルは別個な複数のモデルとして記述しなおせるからだ.) 図7.1 は，上記の構造方程式から導き出されるグラフの一例である.

V から直接 R に向かう矢印が存在することをもって，「V は R に対して**直接効果をもつ**」と言う．また，V から B に向かう，複数の矢印からなる1つの経路 $V \to R \to B$ が存在することをもって，「V は B に対して**間接効果をもつ**」と言う.

因果グラフにとって大事なことは「どの値とどの値が結びついているか」であって，図のどこにどの節点が現れているかではない．また構造方程式は，自然界に存在するさまざまな量のあいだに成り立つ有向(方向をもつ)関係を表現している．そのため，P から B に向かう矢印は「P の値が B の値に影響を及ぼしている」ということを示しているのであって，B の値が P の値に影響を

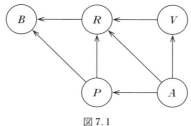

図 7.1

及ぼしているわけではない．そしてよくあることだが，P は単独で B の値を決定するわけではない．R の値が定まることも必要だ．

　また，グラフを見れば，どの変数が内生変数かということもわかる．内生変数は，自分に向かってくる矢印を1つ以上もつ節点だ (B, R, V, P)．外生変数は，自分から外に向かっていく矢印だけをもつ節点だ (A)．

　では，構造方程式とグラフは因果性とどう関係するのか．ここでは非巡回グラフに限定して考えよう．非巡回グラフとは，すでに訪れた節点へと戻っていく矢印の経路が存在しないグラフである．図 7.1 は，すべての経路が最終的に B へ到達し，そこで止まっているため，非巡回グラフだ．（注意点として，A から分岐して P と R に向かっている2つの経絡は，別に因果的なループを構成しているわけではない．）非巡回グラフでは，外生変数の値を定めればすべての変数の値を決定できる．今の場合，A の値を定めれば V, P, R, B の値を決定できる．このグラフと構造方程式に関する調査活動としては，さまざまなサンゴ礁を訪れ，これらの変数をすべて測定して構造方程式の正確さをチェックすることが挙げられる．

　この因果モデルがサンゴ礁の因果的な構造を正しく示していると言うためには，V, P, R, B の測定値が，構造方程式および A の測定値から算出された値と一致する必要がある．だが，それだけでは優れた因果モデルとは言えない．優れた因果モデルは，もし私たちが変数の1つを操作したら何が起こるか，ということも教えてくれなければならない．

　ここで政府が介入し，農業面積 A に影響を及ぼすことなく沿岸部の植物 V を増やす計画を実行するとしよう．この場合，A の測定値と政府の活動によって定まる V の値とを前提して構造方程式を用いれば，P, R, B の値を予測

できる．ここでは方程式 $V=f_3(A)$ を無視することになる．なぜならこの方程式は，植物が自然に増減しているときの V と A の関係を述べたものだからだ．

　P, R, B の値を測定することにより，先の構造方程式が正しいかどうか改めてテストできる．政府の介入がない場合，R の値はモデル上 A, V, P の値によって定義されるが，V, P の値は A によって決まるため，結局のところ独立変数（ほかの変数とは独立に値が決まる変数）A の値によって決まる．政府の介入がある場合，V の値も独立に決まるため，R の値は 2 つの独立変数 V と A の値によって決定される．こうして，より幅広い条件のもとでモデルの正確さをチェックできるようになるわけだ．

　要するに，因果モデルは標的とするシステムの既存のはたらきを予測可能にするだけでなく，もし私たちが介入して（介入がなければ構造方程式によって定まっていた）内生変数の値を定めたら何が起こるか，ということも予測可能にする．

　介入は，モデルの構造方程式が示す因果関係によって定義できる．ウッドワード（Woodward 2003）によると，I が V への介入とみなされるのは，以下の条件がすべて満たされている場合にほかならない．

　　1）　I は，V の唯一の原因でなければならない．
　　2）　I は，V を通らない経路で B の原因になってはならない．
　　3）　I は，V を通らない経路で B に影響を及ぼす原因の結果であってはならない．
　　4）　I は，V から B へ至る因果的な経路に入っていない B の原因と，確率的に独立でなければならない．

変数 V への介入 I は，図7.1 を改変した図7.2 のような形で表現できる．

　この因果モデルは条件1を満たしている．V に向かう矢印をもつ節点が I だけだからだ．条件2も満たしている．I から B に至るすべて（今回は唯一）の経路が V を通っているからだ．条件3も満たしている．I に影響を及ぼす節点が存在しないからだ．条件4の目的は，I の値と A や P の値とのあいだに非因果的な相関関係が存在するケースを排除することだ．このグラフと構造方程式

150

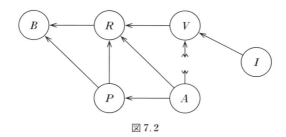

図 7.2

は，実際の介入が条件 4 を満たしているとは保証していない．とはいえ，この条件は通常の状況ならたいてい簡単に満たされる．

個々の矢印はある種の影響を示している．しかし，「V から R に向かう矢印は，沿岸部の植物が原因で農場の化学物質が流出する，ということを示している」と言ったら，いささか誤解を招く．今の例では，V の値が高くなると R の値は低くなる．なぜなら，沿岸部の植物が増えると，化学物質の流出が抑制されるからだ．そのため，より適切に表現するには「V は R と**因果的に関連する**」と言えばよい．もちろんこのモデルは，変数間に確率上昇関係が成り立つのはいつか，ということも示せる．

Q & A ……(7)

情報が多くて大変だろう．ここで小休止していくつか質問に答えておこう．

Q(7.1) 介入主義者が言いたいのは，「確かに因果性は確率上昇だが，私たちは，いつ確率が上昇するのか知るために，条件指定ではなく因果モデルを使う」ってこと？

A(7.1) それは介入主義について考えるいい切り口だ．厳密に言うと，介入主義は必ずしも確率に関わらないし，確率に関わる場合でも，確率上昇と確率低下について中立であり，一方だけに注目するわけではない．とはいえ，介入主義を日常的な言葉遣いに結びつけたいなら，次のように言えばもっともらしく聞こえるだろう．「V が B の確率／値を上昇させるとわかれば，「沿岸部の植物を増やすことは生物多様性を豊かにする原因（手段）となる」

という主張が正当化される」.

　標準的な確率上昇説と介入主義の違いは，〈見ること〉と〈すること〉の違いとしてとらえるのがいちばんわかりやすい．ジューディア・パール (Pearl 2000) は，変数 X と Y を用いて 2 つの関数 See（見る）と Do（する）を区別した．See$(X=x_1, Y)$ は，介入がない場合に観察されるすべてのデータを入力として受け取り，変数 X が値 x_1 をとる場合以外の観察データをすべて無視したうえで，変数 Y の値の分布を出力する．See$(X=x_1, Y)$ と See$(X=x_2, Y)$ が出力する Y の分布の違いは，X が x_1 または x_2 であることと Y の相関の強さを示す．ここで，X が x_2 でなく x_1 であることによる因果的な差異形成を P$(Y=y \mid X=x_1)$ − P$(Y=y \mid X=x_2)$，つまり，「X が x_1 であるときに Y が y である確率から，X が x_2 であるときに Y が y である確率を引いた値，すなわち，Y が y である確率の上昇値」と同一視すると，確率上昇説になる．確率上昇説および See 関数において，私たちはシステムの内生的なプロセスをすべてふだん通り機能させておき，ただ「変数 X がある値をとる」という条件を指定して，その条件下での帰結がどうなっているかを観察するだけだ．

　パールがこれと区別したもう一方の関係は，介入を実行する Do 関数で表現される．Do$(X=x_1, Y)$ は，私たちが介入して変数 X の値を x_1 に定めた場合に観察されるすべてのデータを入力として受け取ったうえで，Y の値の分布を出力する．Do$(X=x_1, Y)$ と Do$(X=x_2, Y)$ が出力する Y の分布の違いは，X が x_2 でなく x_1 であることの Y に対する因果的な影響力を示す．このような関係は，標準的な因果の確率上昇説ではとらえられない．

　このように，因果モデル構築論は因果性を判断するためのより一般的な枠組みだと言える．たいてい，介入は観察よりも多くの情報をもたらす．なぜなら，介入はシステム内の 1 つ 1 つの要素がもつ影響を体系的に観察できるようにしてくれるからだ．介入がなければ，外生変数の全体が内生変数の全体に対してもつ正味の（合算した）影響しか観察できない．

Q（7.2）　介入主義は例の区別を使うとどのカテゴリーに入るの？

A（7.2）　私の見立てでは，介入主義はまずもって一般因果に関わるが，介入

主義を用いて単称因果に関する判断を定式化することもできる〔7.9節〕．次に，介入主義は完全に影響ベースだ．それから，介入主義は差異形成説と見るべきだと思うが，微妙なところもある．一方で，介入主義はしばしば因果の反事実条件説とみなされる．なぜなら，構造方程式は「もし私が V に介入して植物の量を 5% 増やしたとしたら，何が起こるだろうか」ということを教えてくれるからだ．しかし他方で，構造方程式は「ある変数の値は因果的に下流（矢印の先）にある変数の値をどのように産出するか」ということを定義するものとみなすこともできる．このように，介入主義における差異形成は反事実的依存性によって定義されるが，その反事実的依存性は一種の産出によって定義されるため，介入主義は産出的かつ差異形成的な理論だと言えるかもしれない．

7.8 経路固有因果

因果モデルを使って，ほかの因果的な概念も定義することができる．特に，A の B に対する総合的な影響と寄与的な影響を区別できる．A に介入すると B の値に違いが生じるとき，「A は B の**総合原因**である（A は B に総合効果をもつ）」と言う．他方，A から B に至る因果的な経路がほかにあり，その経路上にある変数の値をすべて固定しておく場合にのみ，A に介入すると B の値に違いが生じるとき，「A は B の**寄与原因**である（A は B に寄与効果をもつ）」と言う．

この寄与的な因果関係という概念は，「すべての経路の影響を考慮に入れると正味の影響が何もない場合でも，1つの経路に固有の因果性は存在しうる」という認識をとらえたものだ．この経路固有因果は，ヘスロウ（Hesslow 1981）が挙げた古典的な「血栓症の例」によってわかりやすく説明できる．ある経口避妊薬を定期的に飲むと，体内に取り込まれた化学物質の直接的な作用により，血栓症になりやすくなる．しかし，妊娠自体も血栓症になる確率を高めるものであり，経口避妊薬はその妊娠を妨げてくれる．つまり，血栓症に確率的な影響を及ぼす因果的なルートが2つ存在するわけだ．〔経口避妊薬を B，血栓症を T，妊娠を P として因果グラフを描いてみよう．なお，$B \rightarrow P$ のみ確率低下関係

であり，それ以外の直接効果は確率上昇関係だ．〕

　このシナリオは構造方程式がもたらす情報を活用することで明確化できる．まず，経口避妊薬を飲むことは血栓症の寄与原因である．なぜなら，妊娠の有無をどちらかに固定しておく場合（つまり経口避妊薬が妊娠の有無に影響しないとすると），経口避妊薬を飲むことは血栓症になる確率を上昇させるからだ．他方，妊娠の有無を固定しない場合，もし経口避妊薬を飲むことが妊娠を妨げ，そのおかげで血栓症になる総リスクが経口避妊薬を飲まない場合の水準まで低下するとすれば，経口避妊薬を飲むことは血栓症に対する総合効果をもたないことになる．

7.9　単称因果

　単称因果の理論が目指しているのは，どんな因果的シナリオからどんな結果を選んでも，その原因を特定できることだ．毎度のことながら，シンプルな介入主義は現場の判断と一致しないことがわかったので，既存の反例に対処できて，しかも新たな不一致を生み出さないように，介入主義はより複雑な形へと作りなおされてきた．

　一例として，ハルパーンとパール（Halpern and Pearl 2001, 2005）の単称因果モデルを手短に紹介しよう．「専門的」という名の泥沼に引きずり込まれないように，彼らのモデルの単純なバージョンを検討する．また，問題をいっそう単純にするため，2値変数を支配する決定論的な構造方程式を用いる．その2値変数は「真」か「偽」という2つの値しかとらない．

　ハルパーンの因果モデルには3つの2値変数 L, C, F が含まれ，これらは3つの出来事を表している．すなわち，L〈雷が森に落ちる〉，C〈あるキャンパーがキャンプファイアを放置する〉，F〈森で山火事が発生する〉である．「真」という値はその出来事が生じることを表し，「偽」という値はその出来事が生じないことを表す．このモデルの構造方程式は $F = L$ or C だけだ．この構造方程式は，雷が森に落ちるか，キャンパーがキャンプファイアを放置するか（あるいは両方が起こるか）した場合，確実に山火事が発生し，どちらも起こらなかった場合，確実に山火事は発生しない，ということを表している（図7.3）．

154

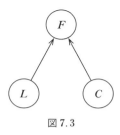

図 7.3

　目下の単称因果理論によれば，L が F の原因であるのは，以下3つの条件がすべて成立する場合にほかならない．

1) 　L と F が現実世界で生じる．
2) 　L から F に至る経路上の変数以外のすべての変数を現実世界の値に固定したうえで，L が生じないように介入すると，F が生じなくなる．
3) 　条件1と2を満たす部分モデルは存在しない（つまり，L は F が生じるのに不必要な要素を含まない）．

　次のように想定しよう．現実世界では，雷が落ち，キャンパーはキャンプファイアを放置せず，そのあと山火事が発生する．このケースだと，雷が落ちなかった場合の反事実的な事態を構造方程式によって判断すれば，L も C も「偽」だから F は「偽」，つまり「山火事は発生しなかっただろう」と推論できる．ここでは常識的に言って雷が火災の原因であり，ハルパーンとパールのモデルも同じ結論を導き出す．

　今度は違う想定をしてみよう．現実世界では，雷が落ち，キャンパーがキャンプファイアを放置し，そのあと山火事が発生する．このケースだと，雷が落ちなかった場合の反事実的な事態を構造方程式によって判断すれば，L は「偽」だが C は「真」だから F は「真」，つまり「（キャンプファイアの放置により）山火事はやはり発生しただろう」と推論できる．ところで，このシナリオを直観的に判断するなら，キャンプファイアも雷も火災の原因だった．しかし，ハルパーンとパールのモデルは「雷は（それなしでも火災は発生したのだから）火災の原因ではなかった」という誤った結論を導き出してしまう．

この反例に対処するため，ハルパーン（Halpern 2008）は「拡張因果モデル」というアイデアを打ち出す．拡張因果モデルは，従来の因果モデルと同じく変数の集合と構造方程式を備えたうえで，モデルが許容する各可能世界（変数の値の組み合わせ）を「標準からどれだけ逸脱しているか」という基準でランクづけする．そして因果判断に際しては，検討中の因果的な経路上にない変数の値を「現実世界の値」か「より標準的な世界の値」に固定する．つまりこの修正理論によると，「L が F の原因である」のは「（条件 2 を一部修正し）主要な経路外の変数（C）を現実の値か，より標準的な値に固定したとき，3 つの条件が成立する」場合にほかならない．

　ハルパーンが言いたいのはこういうことだ．（たとえ雷が火災の発生に違いをもたらさなかったとしても）「雷は火災の原因である」と言うのが正しい理由は，私たちが「典型的ないし標準的な背景条件」というものを適切に理解しているからだ．キャンプファイアが放置される（C が「真」になる）のは比較的めずらしいことだから，火災が雷に反事実的に依存しているかどうか判断するとき，私たちは現実世界よりも標準的な世界に注目することで，キャンプファイアの放置を無視できる（C は「偽」に固定してよい）．そしてすでに検討したように，キャンプファイアが放置されていなかったと想定する場合，雷は火災に関して確かに違いをもたらしている．

7.10　利　　点

　この章では，操作主義・介入主義・因果モデル構築論を扱った．これらはまったく同じ理論でもなく，まったく違う理論でもない．これらの理論は 1 つの中心的なテーゼが変形したものだと言えるかもしれない．そのテーゼとは，「私たちが因果性を気にかける主な理由は，しばしば原因は私たちが結果を引き起こす／起こりやすくするための手段になるからである」というものだ．

　1）　因果モデル構築論の主な長所は，一般因果に関する科学研究と明示的に結びついていることだ．もし科学者たちが因果的規則性の発見において目覚ましい進歩を遂げており，かつ，その成功を支えるツールが因果モデルなのだとしたら，まともな因果理論はどうしてモデルの利用がこうした科学の成功につ

156

ながるのか説明できなければならない．因果性をモデルで定義すれば，モデル
の利用と一般因果の発見との関係を明示できる．

2）　因果モデル構築論のもう1つの利点は，因果的説明と密接に結びついて
いることだ．特定の結果が特定の操作可能な入力と安定して相関している理由
を説明したいとき，たいてい私たちは「その結果が生じるのも当然だ」と思わ
せる不変の構造を見つけたがる．そのような構造を示すものこそ，構造方程式
である．また，構造方程式は介入の結果を予測するのにも役立つ．多くの場合，
そうした予測は実験的にテストすることができるため，科学的な信頼性を得ら
れる．これは競合理論に欠けている点だ．たとえば反事実条件説の場合，架空
のシナリオで何が起こるか判断する方法として，テスト不可能な規則を立てて
いる．

3）　各所で述べてきたように，因果性のとらえ方には産出説と差異形成説の
区別がある．因果モデル構築の研究は，この2つのとらえ方がどう結びつくの
か教えてくれる．つまり，構造方程式は(モデルが表現するかぎりでの)自然が
未来に向かって進展する仕方，すなわち，ある出来事が次の出来事を産出する
仕方を規則で示し，介入は差異形成関係を定量化する方法を示す．

7.11　問　題　点

1）　同じ因果的なシステムに複数の因果モデルがあてはまるかもしれない．
その可能性を排除するものは何もない．すると，因果関係はモデル相対的にの
み成立することになる．ここから次のような疑問が浮かぶ．因果モデル構築論
が抱えるモデル相対性のせいで，因果関係に関する制約がほとんどなくなり，
その場しのぎの因果モデルをでっちあげさえすれば，偽なる因果判断も正当化
できるようになってしまうのではないか，と．

2）　因果モデルを用いて発展してきた単称因果の理論にも批判がある．その
1つとして，構造方程式は変数の「標準的な値」を定める理論によって補完さ
れる必要がある，と言われている．ホール(Hall 2007)の例証によれば，2つの
シナリオに同じ因果モデルがあてはまっても，私たちは直観的に同じ因果判断
を下さないことがある(たとえば，一方のシナリオでは「c は e の原因だ」と

判断しながら，他方のシナリオでは「c は e の原因でない」と判断するケース）．この判断の相違は，因果モデルに違いがない以上，私たちが各シナリオで暗に設定する「標準的な値」の違いに由来すると推察される．ここで気掛かりなのは，標準的な値に関する理論をつけ加えても，テスト事例に対する常識的な判断が再現できないかもしれないということだ．

3）操作主義的・介入主義的な理論のすべてに言えることだが，こうした理論は非還元的であり，因果性を非因果的な概念によって定義しようとしない．それ自体は欠点でないとしても，その帰結としてこういった理論では説明できないことがいくつか出てくる．たとえば，因果モデル構築が多岐にわたる科学分野で効果的である理由，因果性が未来に向かう理由，それから，因果モデル構築が効果的でないケースなどだ．

文献案内

もっと深く学びたければ，ヒッチコックとウッドワードのサーベイ論文 (Hitchcock 2009b; Woodward 2009) が最適だ．さらに詳細が知りたければ，介入主義と因果モデル構築の標準的な哲学文献であるウッドワードの本 (Woodward 2003) にあたるといい．ほかの名著として，ジューディア・パールの本 (Pearl 2000)，スピッとグリマーおよびシェインズの共著書 (Spirtes, Glymour, and Scheines 2000) がある．

8

心的因果

　かくして広大な因果性の概念世界をめぐる旅は終わった．しかし，細かい話や論争ばかりで迷子になっているかもしれない．そこで最終章では，理解の助けとなるように1つの例を取り上げ，さまざまな因果理論がその例にどうあてはまるか見ていくことにしよう．私が選んだトピックは「心的因果」だ．理由はいくつかある．心的因果は盛んに議論されているトピックだし，代表的な種類の因果性でもある．それに，これまでに学んだ諸理論を活用して心的因果をめぐる論争に立ち向かっていけば，君の哲学力はものすごく鍛えられるはずだ．

　ごく一般的な話から始めよう．私たちが生活の中で気にかけていることの大半は心的なものである．たとえば，私たちの希望・感情・知覚・信条はすべて心的なものだ．しかしその一方で私たちは，大部分が心的でない世界に生きている．そう，銀河・岩石・水・バクテリアなどからなる宇宙だ．ここで古来よりの難問，「心身問題」が登場する．すなわち，「心的なものと心的でないものはどうやって結びついているのか」という問題だ．

　見たところ，心的なものと心的でないものは因果性によって結びついているように思える．太陽が原因で〈温かい〉という感覚が生じる．〈森を散歩しよう〉という意志が原因でさまざまな出来事の連鎖が起こり，最後には足跡が作られる．こうした事例に注目しつつ，因果性について学んできたことを活用すれば，心身問題に進歩をもたらせるかもしれない．

　難しい問題に取り組むときには，何らかの単純化から始めるのが定石だ．そこでまずは，「心的なものと心的でないものはどうやって相互作用できるのか」という問いに対する，2つの定番の答えに注目してみよう．

　一方に，**唯物論**がある．唯物論は「根本的な実在は物質的なものだけから成り立っている」と主張する．唯物論をずっと具体的にしたのが物理主義だ．物理主義は「根本的な実在は，物理学者が存在を仮定するもの（時空間・場・粒

159

子・質量・電荷など）だけから成り立っている」と主張する．こうした立場からすると，あらゆる形態の心的因果——心的なものから心的でないものへ／心的でないものから心的なものへ／心的なものから心的なものへ——は，究極的には〈物的なものから物的なものへ〉向かう因果性の特殊ケースにすぎない．（忘れてないといいが，唯物論は第2章でも登場した．）

　他方に，二元論がある．二元論は「現実世界の万物は，根本において物的なものか霊的なものからなる」と主張する（霊的なものとは霊魂や幽霊などの肉体と独立に存在する精神のことだ）．この立場からすると，〈心的なものから心的でないものへ〉向かう因果性は，究極的には〈霊的なものから物的なものへ〉向かう因果性である．〈心的でないものから心的なものへ〉向かう因果性は，究極的には〈物的なものから霊的なものへ〉向かう因果性である．〈心的なものから心的なものへ〉向かう因果性は，究極的には〈霊的なものから霊的なものへ〉向かう因果性である．そして，〈心的でないものから心的でないものへ〉向かう因果性は，究極的には〈物的なものから物的なものへ〉向かう因果性である．

　以降では，唯物論と二元論の相対的な利点を評価したあと，より発展的な論争を紹介する．そこでは唯物論が2種類に区別される．

8.1　二元論 vs. 唯物論

　心身二元論の最も有名な提唱者はルネ・デカルト（1596-1650）だ．彼の見解によると，人間は，(1)「魂」「心」などと呼ばれる霊的な実体（精神）と，(2)「身体」と呼ばれる物的な実体（物体）から構成されている．見たところ，世界に存在する人間以外の万物も，物的なものか霊的なものであるように思える．デカルトに言わせれば，植物や（人間以外の）動物は完全に物的なものであり，神は霊的なものだ．

　デカルトは時折，経験的（科学的）な根拠にもとづいて二元論を擁護した．論理的な推論というものは極めて複雑で精妙な活動だから，単に頭の中で跳ね回る物質の産物などではないはずだ，と．

　また，デカルトはア・プリオリな論証によっても二元論を擁護した．ア・プリオリな論証とは，体験や実験や経験的データにいっさい頼らず，論理的な推

論のみにもとづく論証である．彼の論証の骨子は以下のように再構成できる．

1) 「私は身体をもっていないかもしれない」と疑うことは論理的に整合している．次のように想像してみよ．自分は身体をもたない霊魂にすぎないのだが，外部から与えられた知覚によって欺かれ，「私は身体をもっている」と思い込まされている，と．この思考実験は突飛に聞こえるかもしれないが，何の矛盾も含まない．
2) 「私は心（魂）をもっていないかもしれない」と疑うことは論理的に整合していない．「自分は思考するものではない」という考えを抱く者は誰であれ，まさにそうすることによって，思考するものであることが保証される．それゆえ，思考するものの存在を疑うことは論理的に不整合（あるいは自己論駁的）である．
3) 身体の存在は整合的に疑えるのに，心の存在は整合的に疑えない．ゆえに，身体と心は異なるものにちがいない．

論点2で示した要の論証こそ，かの有名な「コギト・エルゴ・スム」すなわち「われ思う，ゆえに，われあり」と要約される論証である．これは熟考に値する魅力的な論証だが，紙幅の都合もあるから，立ち止まらずに二元論の欠点へと話を移すことにしよう．

　二元論が抱える難題の1つは，特定の心的出来事——身体運動を起こそうとする私たちの意志——が，どうして物体運動の原因になれるのか説明することだ．実際，プファルツのエリザベト，別名ボヘミア王女エリザベト（1618-1680）はデカルトにその説明を求めた．

　人間の心は，ただ思考する実体でありながら，どうして身体の精気を介して意図的な行為を生み出すように決定できるのでしょうか．そう申しますのも，運動を決定するのは，そこで動かされるものを押す量か，押す仕方か，あるいは，それを動かすものの表面の性質や形状のいずれかでしょう．1つめと2つめの条件を満たすには接触が必要ですし，3つめの条件を満たすには延長（空間的な広がり）が必要です．［しかし］あなたは，魂

（心）という概念から延長を完全に取り除いてしまわれましたし，接触することは非物質的なものと相容れないように思います．

（エリザベト王女からデカルトへの書簡，1643 年 5 月 6 日か 16 日）

ここでエリザベトは，デカルト自身の物理学理論を使って彼に反論している．もし「物体が動かされるのは，外部の何かがそれを押したときか，その外部の何かが適切な形状をしているときだけだ」とするなら，物体運動の原因となるものはその物体とどこかで接触しているか空間的な広がりをもっていなければならないが，デカルトは心に関してどちらも否定しているのだ．だとすれば，常識に反して心は身体を動かせないことになってしまう．

　デカルトはこれに応答して，「心は別ルートの影響によって物質的な身体を動かす」という仮説を立てる．その影響とは，根本的に〈霊的なものから物的なものへ〉向かう因果性である．この因果性は，心が空間的な広がりをもったり，接触によって物体を押したりすることなど要求しない．

　それでは改めて，根本的に〈霊的なものから物的なものへ〉向かう因果性というものが認められるかどうか検討していくことにしよう．デカルトの時代以来，純粋に物理的な因果性に関する認識は著しく進歩してきた．今や，さまざまな素粒子のあいだには 4 種類の根本的な相互作用が存在するということがわかっている．重力相互作用・電磁力相互作用・弱い相互作用・強い相互作用だ．基礎物理学の妥当かつ完全な理論はまだ提出されていないものの，物体同士の相互作用に関しては，心霊的な用語など使わず，数学の言語だけで記述するのがふさわしいように思える．たとえば，電子や陽子などの粒子間に見られるふるまいの中で，霊力だの念力だのテレパシーだのの存在を仮定したほうがうまく予測・説明できるようなふるまいなどなかろう．さらに，脳のはたらきに関する現在の知見を踏まえれば，「この素粒子の作用には，思考・選択・熟慮その他の心的活動をみずから行う粒子が関わっていそうだ」などと言うのは馬鹿げているように思える．控えめに言っても，個々の電子に何らかの根本的な精神性を帰属させるのは，根本的な経済学的性質やら地質学的性質やらを帰属させるのと同じくらいおかしな話だ．確かに哲学者たちはそういった可能性も模索してきた．たとえば，分子は原意識のようなものをもっており，それが適切に

寄り集まって脳のようになると完全な意識が現れる (Russell 1927), とか. しかし, 根本的に心的なものがどうやって電子と相互作用できるのか, まともに説明してくれる理論など存在しない. まあ, 完成度の点で既存の物理学理論の足下にも及ばないような代物でいいなら別だが. 現時点では, せいぜい「根本的に心的なものは根本的に物的なものと相互作用している可能性がある」と強調するだけの粗雑な理論モドキしかない. 実験結果を説明できた本物の理論などありはしない.

こうした二元論と唯物論の論争は, 以下のようにまとめることができる.

- 二元論者によれば, 〈心的なもの〉は存在するものを分類する際の1つの根本的なカテゴリーとして理解すべきである. デカルトのように古くさい二元論者は「魂ないし心は物体とは根本的に異なる種類の実体だ」と言う. このような主張は実体二元論と呼ばれる. 現代的な二元論者なら, 霊魂のような心的実体の話はせず, 「心的性質／心的状態／心的出来事は根本的に物的なものではない」と主張するかもしれない.
- 唯物論者によれば, 〈心的なもの〉は物体の活動として, 言い換えれば, 素粒子や場が(脳のように)適切に配列されたときだけ存在するようになるものとして理解すべきである. 心的なものに関する唯物論者の見解を要約すれば, 「心についての語りは, それが脳に関する事実を指している場合にかぎり, 事実に即している」となる. たとえば, 人はふつう「私は眠気を感じる」と言うのであって, 「私の脳は休眠状態に移行しつつある」などとは言わない. しかし, 唯物論者に言わせれば, 眠気とは脳(と脳を取り巻く物理的な環境)の状態以外の何ものでもないのだ.

さきほど, 二元論ではなく唯物論を支持する論証を1つ紹介した. 繰り返しておこう. 私たちはすでに, 物理的な相互作用に関する, 内容豊富かつ実験的に確証された諸理論を手にしている. こうした物理学理論と(二元論者の主張する)根本的に心的なものとをどうやって調和させればいいのか, もっともらしい説明はいまだに提出されていない.

続けて, 因果性の観点から二元論に反対する論証をもう1つ紹介しよう. そ

れは「随伴現象説の脅威」だ．随伴現象説の定義はあとで示すが，その前に少し下準備をしておきたい．この第2の論証は次のような前提から始まる．心的なものがもつある側面は，根本的なものとして解釈された場合，時間を通した物体の変化に関してまともな役割を何も果たしていないことになってしまう．その心的側面は，結果として生じることはあっても，原因にはなりえないのだ．この因果的な無力さは2つのことを示唆する．まず，そんな心的側面はどんな結果も説明できないため，この世界の統一的な説明から省いてしまえる．さらに，そんな心的側面については，その存在を信じるための確かな証拠が得られない．結論として，その種の根本的に心的なものを組み込んでいる二元論はすべて拒否すべきだ，ということになる．

　この論証が標的とする心的なものの側面は「現象性」と呼ばれる．**現象性**（現象的側面）とは，私たちが何かを経験する際の，自分自身の感じ方のことだ．いったい何のことだと思うかもしれない．幸い哲学者たちは「現象性とは何か」を伝えるのに役立つ例をいくつか考案してきた．たとえば，哲学者フランク・ジャクソン（Jackson 1986）は次のようなシナリオを提示した．神経科学者メアリーは，生まれてからずっと白黒の部屋に閉じ込められており，ほかの色を見たことがなかった．話の都合上，メアリーは実際に色を見れば何色か判断できるが，これまで無彩色の環境しか目にしていない，と考えよう．メアリーは視覚のプロセスについて猛勉強したおかげで，人間が色に反応する仕方や，色の処理に関して目や脳の各部分が果たす役割を知り尽くしている．彼女はありとあらゆる仮定にもとづく関係も知っている．たとえば，「しかじかな脳状態をもつ人間がしかじかな周波数の光を見せられ，「何色が見えたか」と尋ねられたならば，その人は「赤」と答えるはずだ」とか．哲学用語で言えば，メアリーは色の機能的側面を知り尽くしている．さて，このメアリーがついに白黒の部屋を出て，初めてさまざまな色を目にするとしよう．たとえば，メアリーは自分自身で赤いものを見る．このとき，彼女はその体験を通して，赤さについて何か新しいことを学んだはずだ．これでわかってもらえるといいんだが．この実体験によって初めて知られる何か，それが哲学者の言う「現象的な」ものだ．赤の現象的性質とは，赤の感じられ方である．言い換えれば，私たちが赤い対象を見るときに経験する感覚的な性質（クオリア）のことだ．

8　心的因果

　これでようやく随伴現象説を定義できる．**随伴現象説**は以下３つの主張から
なる学説である．(1)〈ある赤さの感覚を感じる〉といった現象的状態を含む，根
本的に心的な状態が存在しており，(2)現象的状態は根本的に物的な状態が原因
で生じるが，(3)現象的状態が何かの原因になることはない．随伴現象説は一種
の二元論であり，〈物的なものから心的なものへ〉向かう因果性は認めるが，逆
方向の因果性は認めない．随伴現象説によれば，霊的な領域に存在するのは瞬
間的な意識だけである．たとえば今，君が自分の視界から受け取っているその
感覚がそうだ．それらの現象的状態は時間の流れの中で次々に現れるが，互い
には何の影響も及ぼしていない．瞬間的な意識状態はあくまでしかるべき脳状
態が原因で生じる．しかし，脳が正常にはたらいている人はこうした瞬間的な
意識を次々に経験するため，「意識自体の流れが存在する」と誤解するわけだ．

　随伴現象説はデカルトの実体二元論と違って，感覚を経験する非物質的な魂
の存在など認めない．実体二元論よりも随伴現象説を支持する主な論証はシン
プルだ．随伴現象説なら，「霊的性質はどうやって物体に影響を及ぼせるのか，
もっともらしく説明せよ」という難題を解決する必要がない．というのも，随
伴現象説では心から脳に向かう因果性などそもそも存在しないとされているか
らだ．

　この「随伴現象説は実体二元論よりも優れている」とする論証が受け入れら
れたなら，唯物論者は最後の一手としてこう論じる．「もし随伴現象説が正し
いとしたら，私たちには随伴現象説を信じる理由がない」と．どういうことか
説明しよう．現象的状態が脳に何の影響も及ぼさないなら，私たちが自分の感
じているものについて証言しているとき，その証言を生み出したのはあくまで
脳であって，（随伴現象説が存在を主張する）現象的状態は何も関与していない
ことになる．〔たとえば「赤さが見える」という証言の原因は証言者のある脳状態
であり，〈赤さ〉という現象的状態ではない（現象的状態は原因になりえない）．だか
ら，この証言はその脳状態が生じたことの証拠にはなっても，当人の心に現象的状
態が生じたことの証拠にはならない．〕

　以上が二元論を否定する第２の論証だ．要約しよう．〈霊的なものから物的
なものへ〉向かう因果性というものはおよそ信じがたいため，二元論者はそん
な因果性など認めない随伴現象説を採用するようにいざなわれる．ところが，

165

随伴現象説を採用したらしたで，今度は霊的な領域についてどうやって証言したり反応したり証拠を挙げたりすることができるのか，さっぱりわからなくなる．それゆえ，随伴現象説もまた拒否せざるをえない，というわけだ．

8.2 還元的唯物論 vs. 非還元的唯物論

地球規模で見ると，現在でも唯物論的な世界観にはまるで人気がない．ほとんどの人は神（々）の存在や，涅槃・煉獄・天国などといった霊的な領域の存在を信じている．これに対し，心身問題を学んだ現代哲学者はたいてい唯物論を支持している．そのため，「より一般的な形而上学の体系に，心はどんな形で収まるのか」という問題に取り組む学術文献の大半は，「心的なものはすべて究極的には物的なものである」ということを当然視している．しかし，哲学者というものはいつも何かを論じていないと気がすまない連中なので，同じ唯物論者同士でもしばしば論争を起こしている．その主題は「正確に言って，物的なものとしての心は脳細胞の活動とどう関係しているのか」である．より具体的には，「心的活動は何らかの脳活動と同一なのか，それとも，「根本的な実在は物的なものの集まりにすぎない」という唯物論者の信条に反しない範囲で，心と脳は異なるものなのか」．

この論争の舞台では，主に2つの立場が対立している．一方に，**還元的唯物論**があり，「心的なものは物的なものにすぎない」と主張する．他方に，**非還元的唯物論**があり，こちらは中間的な立場をとる．すなわち，「心的なものは物的なものを超える何かを含んでいるが，物理法則に反するわけではないし，物理的な存在者や性質と異なるいかがわしいカテゴリーに属すわけでもない」と．私としては還元的唯物論と非還元的唯物論の違いをもっと明確に述べたいところなのだが……．残念ながら，論争の当事者たちが「還元的」という言葉をさまざまに異なる仕方で定義しているせいで，論争の中身がわかりにくいというのが実情だ．

還元的唯物論者がよく強調するのは，「根本的に言って，万物の変化は物理法則に従っており，心的なものが関わるときだけ特別な規則や例外が割り込んでくることなどない」という，形而上学的な主張である．生きているバクテリ

アのふるまいがバクテリア(とその環境)を構成する一群の粒子のふるまいにすぎないのと同様に，人の心的なふるまいも神経系(とその環境)を構成する一群の粒子のふるまいにすぎない．

　非還元的唯物論者がよく強調するのは，「物理学と心理学を結びつける内容豊富な推論を行うことは極めて難しい」という，認識論的な主張である．3つの論点がよく挙げられる．第1に，物理法則を知り，かつ，存在する素粒子のカタログを知ったとしても，そこから心理法則を導き出すことはできない．第2に，〈臆病さ〉や〈気安さ〉といった心的性質は，物理学の言語だけで定義することはできない．第3に，心理学は自律的な分野であり，心理法則は心を実現するミクロ物理的な詳細とは独立している．非還元主義者によれば，心的なものは人間の脳だけでなく，地球外生命体や，ことによると高度なコンピュータにおいても実現されうると考えたほうがもっともらしい．つまり，〈幸福を感じる〉とか〈代数学を理解している〉とかいった心的性質は，神経細胞をもたないものにも帰属できるということだ．そこで非還元主義者は次のように結論する．こうした心的性質は，〈神経細胞が特定のパターンで発火している〉といった神経学的な性質と同一ではありえない．哲学用語で言えば，心的なものはさまざまな物的状態によって**多重に実現されうる**(「多重実現可能性」と呼ばれる)．以上の推論から，非還元的物理主義者は「心的出来事はそれを物理的に実現している特定の状態と同一ではない」と結論する．

　心的なものに関する還元主義と非還元主義の論争を調停する1つの方法は，「還元」のとらえ方に違いがあると指摘することだ．「還元」を形而上学的な意味でとらえた場合，還元主義者の言う通り，心的なものの存在を受け入れるうえで基礎物理学の理論を補足したり変更したりする必要はなさそうだ．他方，「還元」を認識論的な意味でとらえた場合，非還元主義者の言う通り，物理学的な事実と心理学的な事実は多くの点でお互いを導出・説明・予測できない関係にある．

　しかし，こうして双方の顔を立ててこの論争を解消できたとしても，もとの課題は残されたままだ．そう，心と身体の関係についてベストな(少なくとも有望な)説明を与えるという課題である．そこで，議論をさらに掘り下げて，還元的唯物論の古典的な定式化にして非還元主義の引き立て役，「タイプ同一

説」について考察してみよう.

タイプ同一説は,「各タイプの心的状態はそれぞれ特定タイプの物的状態である」とする立場だ. こうした心理＝物理的な同一性の使い古された例に,「痛みはC繊維の発火である」という主張がある. はるか昔, 私がまだ幼かったころ, 小学校の教科書で「C繊維は痛みの信号を脳に伝達する神経組織である」と学んだものだ. 誰も「C繊維の発火がすなわち痛みを感じることだ」なんていう単純な話を本気で信じちゃいないが, 哲学者はあえて話を単純化して, 主観的には〈痛み〉として感じられる神経活動のことを「C繊維の発火」と呼んでいる. この例を使うと, タイプ同一説の支持者は, ある心的なタイプ——痛み——と, ある神経学的なタイプ——詳細はいずれ脳科学者が発見してくれるはず——という2つのタイプの現象が同一のものだと主張していることになる.

タイプ同一説を提唱する古典的な論文は, U・T・プレイスの「意識は脳のプロセスか？」(Place 1956)とハーバート・ファイグルの「「心的な」ものと「物的な」もの」(Feigl 1958)だ[†1]. 残念ながら, どちらの論文も, 心と脳の同一性を否定する議論への反論に注力していて, 心的タイプと物的タイプを同一視することの正当化にはあまり熱心でない. 非還元的唯物論は, こうしたタイプ同一説への潜在的な反対論だと言える. 非還元的唯物論者に言わせれば, すべての心的活動は何らかの物的プロセスによって実現されるが, だからといって心的活動はそれを実現している物的プロセスと同一ではない(ほかのタイプの物的プロセスによっても実現されうるから).

この章の目標は, これまでに学んださまざまな因果理論が心身問題にどうあてはまるのか検討することだった. そこで, 哲学者が定式化してきた定番の論証を3つ考察しよう.

8.2.1 誘眠力論証

モリエールの戯曲『病は気から』(Molière 1673)の中で,「なぜ人はアヘンを服用すると眠ってしまうのか」という質問に対し, ある医学生がこう答えている.「アヘンには意識を眠らせる誘眠力が備わっているからです[†2]」. この迷言は, 説明の失敗例として哲学者に何度も引用されてきた. 実際これでは「アヘンが人を眠らせる理由は, アヘンの中に眠りの原因となるものが含まれているから

です」と言うのと同じで，何の情報にもならない．こういうときにふつう求められている説明は，何らかの因果メカニズムの提示だ．つまり，関連する化学物質の特定(ただし「眠りの原因となるもの」と言うのはナシ)と，それらの化学物質が人間と相互作用して人を眠らせる仕組みの記述である．

　誘眠力論証は，非還元的物理主義ではなく還元的物理主義を支持する論証だ．論証の第1段階として，(非還元主義者も認めるように)唯物論が正しいなら，心的出来事は「因果的な効力」をもたない，と主張される．「本物の因果的な作用」はすべて物的なものによるのであって，心的なものは「因果的に無力」である，と．心的なものと物的なものの関係に関するこうした説明は，アヘンの中に眠りの原因となる化学物質が存在する仕方と似ている．アヘンの「誘眠力」についての語りは，単にその化学物質を指していると解釈すべきであり，それ以外の何かを指していると解釈すべきではないだろう．同様に，「心的なもの」を原因とするような語りは，単に物的なものを指していると解釈すべきである．

　第2段階として，誘眠力論証は次の結論を迫る．心的なものは因果的に無力なのだから，現実世界の構成要素リストから省いても問題ない，と．この推論に従うなら，心的な存在者やプロセスは根本的でないものとみなすべきだ．心的なものは，脳(とそれを取り巻く環境)内の物的なものを超えた別の何かではない．この結論はまさに還元的物理主義である．すなわち，現実世界には物的なものとは別の心的な存在者やプロセスなど含まれない，という主張だ．

8.2.2 「として」問題

　上記と関連して，心的性質の「因果的な効力」に関する問題がある．哲学業界では，「Xのある性質・役割Yに焦点をあてている」ということを明示したいとき，「YとしてのX」という表現が使われる．多くの場合，この「YとしてのX」は「YであるかぎりのX」と言い換えてよい．たとえば，開けたドアが勝手に閉まらないようにハムをストッパーにする場合，ハムのかたさと重さはドアが開いたままになる原因の役割を果たしているが，ハムの栄養素は因果的な役割を果たしていない．それゆえ，「食べ物としてのハムはドアが閉まるのを防いでいないが，かたくて重いものとしてのハムは効果的なドアストッ

パーの役割を果たしている」と言える.

　心的因果の「として」問題とは，心身問題を解決しようとするとき，その解決案が「心的な存在者は心的な存在者として因果性に関与している」と認めるものなのかどうかはっきりさせよ，という課題である．非還元的唯物論者は「すべての心的出来事は物理的に実現されている」ということに同意する．しかし，そうすると次の点がはっきりしない．いったい，心的出来事のまさに心的側面が因果的な役割を果たしているのか，それとも心的出来事の物的側面だけが因果性に関与しているのか.

　もし心身問題に対する非還元主義者の解決案が「心的因果には心的出来事の物的側面だけが関わる」という見解と結びついたものなら，非還元主義は「私たちの心的側面はまさに心的側面として原因になり，結果を生じさせられる（し，日常的にそうしている）」という主張を擁護できていない，と批判されよう.

8.2.3 因果的排除論証

　非還元的唯物論に反対する3つめの論証は，因果的排除論証だ．この論証の狙いは，（非還元的唯物論者が想定する）心的な存在者には「因果的な役割が何もない」と示すことによって，心的な存在者の無力さを立証することである．この論証の出発点は，「物的出来事については，心的なものなど持ち出さずとも，ほかの物的出来事を持ち出すだけで完全な因果的説明を与えられる」という命題だ．これを認めると，もし心的出来事も因果的な効力をもつとすれば，因果的な過剰決定が無数に存在していることになってしまう．つまり，多くの物的出来事が同時に2つの別個な原因——物的な原因と心的な原因——をもつことになってしまう．たとえば，人間の意図的行為はすべて脳状態と心的状態によって過剰決定されていることになる．こうした過剰決定が問題に思えるのは，因果的に余分なものがあまりにも多く自然の中に組み込まれていることになるからだ．物的因果が完全なせいで，心的なものは余分でない因果的な役割から排除されてしまう．このことは，そういう「余分な」心的性質を省いた，より質素な世界観を採用するきっかけと動機になる.

170

8.3 要　　約

ここで，非還元的唯物論への反論を振り返っておこう．そのあと，どうすれば非還元的唯物論者は反論を回避できるのか検討する．

非還元的唯物論を構成する原理は以下の３つに整理できる．

第１に，心理学の研究対象となる性質（心的性質）は，さまざまな物的性質によって多重に実現されるため，物的性質と同一ではない．第２に，それにもかかわらず，心的性質は物的性質に付随する．言い換えれば，物的性質の点で違いがないなら，心的性質の点でも違いはない[1]．第３に，心的性質はほかの性質の原因および結果になる[†3]．

前節の３つの論証は，要するに「非還元的唯物論の第１と第３の原理は両立しない」と主張している．心的性質を物的なものとは別の存在者とみなすかぎり，そうした「別の存在者」を原因とみなす根拠が薄弱になる，と．実際，３つの論証は一丸となって次のように力説している．もし「上部レベル」にある心理学的な性質が，心的なものを実現している基礎物理学的な性質のどれとも同一でないなら，そんな心理学的性質は現実世界の原因主体として存在しないに等しい，と．

もう１つ心に留めておいてほしいことがある．この論証の構造は，二元論に対する「随伴現象説の脅威」論証とそっくりだ．思い出してほしいのだが，後者の論証は２つの部分からなっていた．第１に，根本的に〈霊的なものから物的なものへ〉向かう因果性というものが疑わしいため，二元論者が想定する「心」は物的な結果の原因にはなりえないと結論する．第２に，もし二元論者の想定する「心」が物的な結果の原因になりえないなら，そんな「心」の存在を支持する証拠など何も手に入らないと指摘する．さて，非還元的唯物論者が提案する心的なものの理解に対し，還元的唯物論者もほぼ同じことを言っている．まず，心の物的側面を超える余分な存在者が何であろうと，それは因果性に関与しない．それゆえ，その余分な存在を支持する因果的な証拠など何も手

に入らない，と．

　非還元的唯物論に対する還元主義者の論証は，全部が全部，上のようにまとめられるわけじゃないが，還元主義者の全般的な考え方の骨子はつかめたはずだ．また「還元」はきわめて物議を醸しやすい概念であり，その争点を正確に把握すること自体が難しい．この点も覚えておいてほしい．

8.4　非還元的唯物論 vs. 還元的唯物論

　還元主義者の攻撃から非還元的唯物論を守るために，いくつかの論法が考案されている．

　1つめの選択肢は，「基礎物理学は自然の進展を包括的に説明できるわけではない」と主張することだ(O'Connor and Wong 2005)．この主張を支えるのは以下の仮説である．物質が組織されて脳になると，特別な規則が支配するようになる．そのため，神経活動に関わる電子やクォークは，通常の状態にある電子やクォークと因果的に同じものではない．専門用語で言えば，心的性質は「創発的」である．つまり，心的性質はあくまで通常の物質によって実現されるのだが，ひとたび心的性質を実現した物質は，もはや物理学が語る通常の仕方ではふるまわなくなる．（この選択肢に対するありふれた反論は，「創発の可能性はあるものの，それがもっともらしい仮説だと示すためには，心的性質を実現した物質には既存の物理学理論が通用しないということを立証する必要があり，そんなことはいまだかつて立証されていない」というものだ．また，「創発的」という言葉は「還元」と同じぐらい多義的であり，問題になるということにも注意しよう．）

　2つめの選択肢は，「因果性の観点からすると，心的な存在者はそれを実現する物的なもの(物的実現者)にほかならない」という命題を否定することだ(Wilson 2011)．そのためには以下のように論じればよい．心的状態がもつ因果的パワーは，対応する物的実現者の因果的パワーと同一ではない．なぜなら，物的実現者は心的活動よりも多くのことをなせるからだ．たとえば，買い物客の〈店を出たい〉という欲求は，その客の手足を動かすパワーならもっているが，カリウムに細胞膜を出入りさせるパワーなどもたない(無論，買い物客の脳は

172

8 心的因果

そのパワーをもっている）．ここで用いられている戦略は，心的な存在者や性質と物的な存在者や性質を，そのパワーによって序列化することだ．このパワーによる区別は確固としたものだから，「心的状態は特定の物的状態と同一ではない」という非還元主義者の主張を十分に裏づけてくれる．（還元主義者による最も説得力のある反論はこうだ．この選択肢は非還元主義を擁護するものとみなされているが，実際には還元主義とも両立する〔心的状態の因果的パワーが物的実現者の因果的パワーの一部にすぎないということなら，還元主義者も認められる〕．両立しないように見えるのは，おおかた強調点や用語法のせいだ．）

　３つめの選択肢は次のように論じることだ．誘眠力論証・「として」論証・因果的排除論証は，因果性に関するある態度決定，すなわち産出説の採用を前提しており，因果性を差異形成としてとらえればその態度決定を避けられる（Loewer 2002）．たとえば，もし因果性が単なる反事実的依存性にすぎないとすれば，心的な存在者や性質は，物的なものに還元されずとも，真正の因果的な差異（違い）をもたらす．買い物客の〈もっと安く買いたい〉という欲求が原因で，その客は店を出て行った．なぜそう言えるのか．それは「もし買い物客が〈もっと安く買いたい〉という欲求をもっていなかったならば，その客の脳は現実とは異なる状態にあり，買い物客の足を店の出口に向かわせる信号を送らなかっただろう」と言えるからである．（この選択肢に対するありふれた反論は，因果の差異形成説が一般に直面する諸問題を挙げることだ．）

　この３つめの戦略は，因果の介入主義の立場からも展開されている（Menzies 2008; Raatikainen 2010）．基本的な考え方はこうだ．私たちは，心理学的な変数間の関係を表す因果モデルも，物理学的な変数間の関係を表す因果モデルも構築できる．それができれば，心的因果と物的因果の平和的な共存が達成される．介入主義的には，「因果性の各事例には唯一の正しいモデルがある」と考える必要がないのだ．

　第１章で示唆しておいたが，因果の産出説と差異形成説を区別することはこんなふうに役立つ．すでに見たように，因果の反事実条件説をとれば，「心的なものは物的なものが原因で生じる」と認めながら「心的性質も因果的な役割をもつ」と言えるかもしれない．実際，もし君の心的状態が異なっていたら，君の物的状態も異なっていなければならず，その物的状態は未来の物的な結果

173

に違いをもたらすだろう．しかし，反事実条件説は因果の産出的な側面を組み込まないままでうまくいくのだろうか．それが無理だった場合，心的因果の問題は再び非還元的唯物論に重くのしかかるかもしれない．

8.5 要　約

　細かい話に気を取られて混乱しているといけないから，要点を振り返っておこう．「現実世界は，通常の根本的に物的なものとは別のものを含んでいる」と考える場合，心的因果が問題になる．つまり，「その追加物（心・魂・信念・意志など）は，現実世界の構成要素ないし一側面として確かに存在しており，しかも，物質的実体の因果的な変化にも問題なく寄与している」と言うための，説得力ある体系を構築しなければならなくなる．

　解決が難しいのは，「原理的に言って，物理学は観察可能な相互作用のすべてを経験的に妥当な仕方で説明できるのか」という科学的な問題だ．ある人は「物理学だけでは，路上生活者が気まぐれに歌い始めることなど予測できない」と思うかもしれない．しかし別の人は「「人間には魂が宿っており，その魂が脳内の原子を動かしている」などという仮説を支持するのは，人間の思い上がりにすぎない」と思うかもしれない．この問題は包括的な科学的証拠が手に入るまで解決困難だろう．

　「物理学だけで理想的な予測を達成できる」と仮定した場合，比較的解決しやすそうな問題が出てくる．それは，「心的なものと物的なものの関係を最もうまく説明するには，さまざまな概念をどのように整理すればよいのか」という哲学的問題だ．この問題に関する論争の大半は，次の点をめぐって争っている．理想的な物理学を前提したとき，いったいどんな条件が満たされれば，「心的なもの」は，物的なものの一側面を指す単なる別の名称ではなく，物的なものとは別の実在物とみなせるようになるのだろうか．

Ⓠ & Ⓐ ……(8)──あとがきにかえて

Q(8.1)　因果性について知っておくべきことは？

A(8.1) 復習はひとりでもできるだろうから，ここでは因果性研究の意義と展望について概括的な意見を述べておきたい．3種類の読者を想定して順に語っていくことにしよう．

第1に，哲学的な観点から——特に形而上学の観点から——因果性に興味をもっている人へ．「因果性および因果性と根本的な実在の関係について，どう考えるのがベストか」というテーマの研究には，大きな発展の余地がある．それはまさに私自身がこれまでの経歴をかけて挑戦してきたことだし，何十年も停滞することになっても，めげる理由にはならないね．

第2に，科学的な観点から因果性に興味をもっている人——生態学だろうが惑星科学だろうが，分野を問わず「何が何の原因か」を知りたいと思っている人へ．因果モデル構築のような一般的な方法と分野ごとの具体的な手法とが，君を導く適切なガイドになってくれるはずだ．ただ，もし君が科学系の職業につこうとしているなら，気をつけてほしいことがある．ほんとに多彩な落とし穴があちこちに仕掛けられていて，それに引っ掛かると因果推論が当てにならなくなってしまうんだ．たとえば，データを集めるのに費用がかさむ分野(医学とか)では，統計学的なツールが用いられる．しかし，このツールには，概念上，信用ならないところがあって，その道の第一人者ですらしばしば解釈を誤ってしまう．また，科学の組織的な構造のせいで偏見に陥ることもある．この問題は広く認識されているけれども，まだ十分に対処されていない．確かに，こうした欠点を全部考慮してもなお，現行の科学は，知的な厳密性と信頼性の点で，ほかのどんな組織(民間企業・政府・軍隊・宗教など)よりもはるかに優れている．それでも，科学にはまだ改善の余地があるんだ．たとえば，科学では「因果」という概念があきれるほどいい加減に使われている．もちろん，因果性の理解が明確でなくたって科学は相当よくやっているんだけど．君が未来の職場で尽力してくれれば，概念的な衛生環境を改善できるかもしれない．

第3に，道徳的・法的な観点から因果性に興味をもっている人へ．私の見立てでは，こちらはあまり楽観視できない状況だ．単称因果についての常識的な判断——直観的に明らかだと思える判断も含む——は，ひとまとめに集めたとき，互いに整合していないことがよくある．そのうえ，そうした判断

を厳密に整合させるための簡便な方法などないのではないか……と私は疑っている．具体例を使って私の懸念を説明したい．そこで，〈人にリスクを負わせること〉に対する私たちの態度について，手短に考察してみよう．

たいていの司法制度の法体系では，他者の被害を助長する明確な要因をつくったうえで，実際に他者が被害を受ける原因となった者には，刑罰が科される．たとえば，誰かが酔っ払って／法定視力以下で／映画を見ながら自動車を運転していて歩行者をはねた場合，私たちはふつう「ドライバーが原因で被害が生じたのだから，何らかの制裁を受けるべきだ」と判断する．では，刑罰を科す根拠は何か．言うべきことはたくさんあるが，もっともらしい原則の1つは「何らかの著しい利益が得られる可能性もなく，他者に過度な被害リスクを負わせることは不正である」というものだ．例のドライバーは自分が酔っ払っていることを自覚しながら，移動時間を短縮できるという自分自身の些末な利益とひきかえに，他者を害する確率を著しく高めている．

さらに掘り下げて考えてみよう．リスクはどのように測定されるべきなのか．私たちは，他者に負わせるリスクの絶対的な大きさだけでなく，相対的な大きさも気にかける．たとえば，ぎりぎり合法というラインまで飲酒して運転することは，飲酒しない場合と比べ，誰かを殺すリスクを平均して約7倍にするとしよう．それだけリスクの相対的な大きさが増すわけだ．たとえ，1km運転するあいだに他者を殺す確率は道徳上無視できるほど低いとしても，つまりリスクの絶対的な大きさが微小だとしても，そういった余分なリスクを他者に負わせることはふつう不道徳だと判断される．それゆえ，この判断はリスクの相対的な大きさにもとづいている．

しかし，この道徳判断が正しいとすると，次のシナリオに関する常識的な道徳判断が不可解なものとなる．こう想定しよう．私は1km先のレストランではなく，7km先のレストランで食事をすることにした．そっちの料理のほうがおいしいからだ．結果として私は，おいしい料理を食べるという些末な利益とひきかえに，遠方のレストランまで運転することで他者に7倍のリスクを負わせたことになる．しかも，1km飲酒運転するのと同レベルの絶対的なリスクを他者に負わせたわけだ．ところが，この2番目のシナリオについてアンケートをとってみると，ほとんどの人は私が遠出を選んだこと

176

に不道徳なところなど何もないと判断する.

　そこでこう自問してほしい.「2つのケースで私たちの道徳判断が著しく異なるのはなぜか」と. 酔ったドライバーは非難されるのに, 必要以上に遠出したドライバーは, ガソリン代が足りるかぎりどれだけ他者にリスクを負わせても許される. それはどうしてなのか.

　私は2つのケースに対する人々の態度の違いを正当化するつもりはない. まともな理由があるとは思えないから. しかし, 次の点は指摘しておきたい. 交通事故が起こったあと, 捜査当局にしてみれば, くだらない理由で運転していたドライバーを特定するより, 飲酒運転していたドライバーを特定するほうがふつうはずっと簡単だ. そりゃ, 他者に負わせる余剰リスクを上回るほど各ドライバーの運転理由がちゃんとしたものだったかどうか, いちいちチェックするなんて捜査当局はまっぴらごめんだろう.

　以上の議論を因果性にあてはめてみよう. 私たちは「酔っていたことが事故の主な原因だった」と判断することはよくあるが,「よりよいレストランでの食事を望んだことが事故の主な原因だった」と判断することはまずない. このことからわかるように, 私たちの因果判断は〈他者に負わせるリスクのことをもっと合理的に考えたいなら気にかけるべきこと〉とかみあっていない. つまり, リスクとしては飲酒も遠出も同等なのに, 因果判断は同等に扱っていない. 加えて, 私たちは自分の道徳判断を支えている因果性について道徳的に中立な判断を下していない, ということもわかる. それどころか, 〈許せないこと〉や〈なすべきこと〉に関する私たちの信念は,「(無数の寄与原因のうち)どの原因を特に強調するべきか」という私たちの判断を左右している. 最後に, 実践的な問題も「何が何の原因か」という私たちの判断を左右している. 理想を言えば, 上で論じた余剰リスクの2つの原因には同じ判断を下すべきだ. 一方では過剰なアルコール摂取が原因で被害が生じており, 他方では不要な長旅が原因で被害が生じており, どちらも他者が被害を受ける確率を同程度に高めていたのだから. とはいえ, 現実問題として, 通常の自動車関連リスクの7倍を他者に負わせることに対して一律の規則を適用することなど不可能だから, 裁定が難しい原因は無視されてしまう. たとえ, その原因が飲酒運転よりも著しく大きな客観的リスクを負わせているとして

も.

　もし興味があるなら，因果判断に関する心理学の文献を調べてみれば，ここで述べたことの証拠が見つかるはずだ．そろそろ私の言いたいことをまとめておこう．単称因果に関する私たちの判断は，時に相反する経験則の寄せ集めである．だから，「c が e の原因であるのは……の場合にほかならない」という形式の，包括的かつ妥当かつ簡便な規則が見つかるとはとうてい思えない．少なくとも，「既存の理論に対する既存の反例を 2 つ 3 つ解決することができれば，前途洋々だ」なんて楽観視するのはやめたほうがいい．

原　　注

第1章

†1　Sellers(1962)第1段落から引用.

†2　Hall(2004)が導入した言葉だ.

†3　サイやオリックスなどの動物が「ユニコーン」と呼ばれることもあった. それら
の動物は今でも存在する. しかし私が思い描いているのは, 1本のまっすぐな長い
角をもち, より優美で馬に似たユニコーンだ. ユニコーンの歴史を調べてみるとい
い. 面白いよ.

†4　おそらくだが, あえて「潜在因果」という表現を用いるのは, 次のような見解を
明示するためだろう.「タイプ因果」について語ることは, より正確に言えば,「現
実世界で一般的に成り立つ因果性にもとづいて成立する, 可能性としての因果関
係」について語ることである. たとえば, 現実世界の有蹄動物一般がぬかるみと相
互作用する仕方(有蹄動物がぬかるみを歩くとそれが原因でぬかるみに蹄跡が生じ
る, という一般因果)を踏まえれば, ユニコーンは(有蹄動物という本性により)蹄
跡の原因になる潜在性を秘めていると言える.

†5　たとえばヒュー・メラーは,「「喫煙が原因でガンになる」とは…「一般に, 喫煙
者たちの喫煙が原因で喫煙者たちはガンになっている」ということにほかならな
い」と主張している(Mellor 1995: 7). もう1つの例はルイスによるものだ.「たとえ
ば,「Cタイプの出来事が原因でEタイプの出来事が生じる」という形式の文は,
以下のどれかを意味しうる.(a)Cに属するあるcが原因で, Eに属するあるeが
生じる〔＝CとEの少なくとも1つの実例ペアは因果関係にある〕.(b)Eに属する
どのeも, Cに属するいずれかのcが原因で生じる〔＝Eのどの実例もCの実例が
原因で生じるが, Eの実例の原因にならないCの実例が存在してもよい〕.(c)C
に属するどのcも, Eに属するいずれかのeが生じる原因である〔＝Cのどの実例
もEの実例の原因だが, Cの実例を原因としないEの実例が存在してもよい〕」
(Lewis 1973a: 558).

†6　ロックいわく,「大地と下等な生物は万人の共有物だが, 各人は自分自身の人格
(person)に対して所有権をもっている. すなわち, 人格については, 当人以外の
誰もそれを所有する権利をもたない. 彼の身体の労働と手の働きは正当に彼のもの
だと言える. したがって, 自然が与え, 放置していた状態から彼が何を取り去ろう
とも, 彼はその取り去ったものに自分の労働を混ぜ合わせた, すなわち, 自分自身
のものをつけ加えたのであり, そうすることによって自分の所有物にするのだ. 彼

179

は自然が用意した共有状態からそれを取り去ったのだから，この労働によってそれ
につけ加えられたものが，ほかの人々の共有権を排除するのである．というのも，
その労働は間違いなく労働者の所有物だから，それが一度つけ加えられたものにつ
いては，彼以外の誰も権利をもちえないからである．少なくとも，共有物がほかの
人々にも十分に，相当程度，残されている場合には」(Locke 1690: 5章27節).

第2章

†1　ここにはわざと説得力のない論証を混ぜている．どこに問題があるか考えてみよ
　　う．

第3章

†1　Dowe(2009)も参照せよ．

†2　以下を参照せよ．Salmon (1984: 196-202); Dowe (2000: sec. II. 6); Williamson (2005:
　　sec. 7. 3, 2009: 201).

†3　それ以前の議論については，Railton(1978)を参照せよ．

第4章

†1　前に「狭く解釈された出来事」と「広く解釈された出来事」を区別したが〔pp.
　　28-29〕，その区別は「極めてもろい出来事」と「もろくない出来事」の区別とおお
　　むね同じだ．

†2　Slote(1978: 26, footnote 33).

†3　関連する反事実的な世界のいくつかでは e が生じる，と結論する際，私はいくつ
　　かの隠れた前提を踏まえている．練習のため，それらの前提を明らかにしてみよう．
　　実際，反事実条件説の支持者はそれらの前提を疑問視することができる．

†4　特に Hitchcock(1996)を参照せよ．

第6章

†1　コルモゴロフの公理(Kolmogorov axioms)と呼ばれる．

†2　加えて，サイコロ投げによる現実の出目パターンは，統計学的な基準からして
　　「確率的独立性」を示している．つまり，統計上，各回の出目は互いの生起確率に
　　違いをもたらしていない．簡単に言えば，あるサイコロ投げの結果にもとづいてほ
　　かのサイコロ投げの結果を「出やすい／出にくい」と予測することはできない，と
　　いうことだ．

†3　Reichenbach(1935). また，Glymour and Eberhardt(2012)も参照せよ．

†4　Hitchcock(2012)参照．

原　　注

第7章

†1　ほかにも，Halpern and Pearl (2001, 2005)，Hall (2007)，Halpern (2008)，Hitch-cock (2009a)，Halpern and Hitchcock (2010) を参照せよ．

第8章

†1　以下も参照せよ．Carnap (1932: 127); Reichenbach (1938); Schlick (1935).

†2　原文："Quia est in eo / Virtus dormitiva, / Cujus est natura / Sensus assoupire."

†3　これは List and Menzies (2008: 1) からわずかに改変して引用したものだ．

訳　注

第 1 章

〔1〕　映画『スター・ウォーズ　エピソード 4／新たなる希望』の登場人物オビ＝ワン・ケノービのセリフ．もとの文脈での「それ」は「フォース（force）」を指すが，引用中では「因果性」を指している．

〔2〕　存在する（と言われる）ものは，「個別者」と「普遍者」という 2 つのカテゴリーに分類できる．個別者には，ハチ公やニュートンなど，特定の時間と場所に位置する個々のものが含まれる．普遍者には，種（犬，人間）・性質（茶色，従順）・関係（似ている，離れている）など，複数の個別者に共有されうる（したがって，さまざまな時間と場所で反復されうる）ものが含まれる．そのうえで，「例化（instantiation）」とは，個別者が普遍者の実例になっているとき，両者のあいだに成り立つ関係である．たとえば，〈ハチ公〉という個体は〈犬〉という種の実例である．このとき，「ハチ公は犬を例化する」とか「犬はハチ公によって例化される」とか言う．

〔3〕　陰謀者がカエサルを刃物で刺し，すぐにカエサルが死んだとしよう．まず，この全体が〈カエサルが暗殺された〉という出来事だ．また，常識的に言って原因と結果は別の出来事である．そのため，〈カエサルが死んだこと〉の原因としてそれを含む〈カエサルが暗殺されたこと〉を挙げるのはおかしい．そこは〈陰謀者がカエサルを刃物で刺したこと〉を挙げるべきだ．しかし，日常言語では前者にもさほど違和感を覚えない．〈暗殺された〉と言えば，本当の原因である〈陰謀者が刃物で刺したこと〉に類する出来事が起こったという情報が伝わるからだ．とはいえ，本当の原因を探すためには，やはり結果とは別の――結果を含意しない――出来事を探す必要がある．また，定義的な結びつきを因果的な結びつきと混同していると，前者の性質を後者の性質だと誤解する恐れがあり，因果性の分析が歪められてしまう．

〔4〕　刃物で刺されたことがカエサルの死の 1 つの原因だったとして，〈刃物で刺されたこと〉のどういう特徴が死につながったのか調査したいこともあるだろう．そこで，〈動脈を傷つけられたこと〉を挙げるのは適切だろうが，〈カエサルの死の 1 つの原因だったこと〉を挙げるのは的外れである．たとえ後者が定義的にカエサルの死を確実にするとしてもだ．

〔5〕　「因果的責任（causal responsibility）」とは，因果性の観点から帰属される責任であり，つまりは「（結果に対する）原因としての身分・役割」である．それゆえ，「X は Y に（対して）因果的責任を負う」は単に「X は Y の原因である」と言い換えてよい．因果的責任は，法や道徳の観点から帰属される「法的責任」「道徳的責

182

任」などと対比される．法的・道徳的責任は，ある結果を起こした張本人（原因）に帰属されるという意味で因果的責任をベースにしているが，特に，張本人の性格・動機から行為を経て結果に至る過程の中に，法的・道徳的な是認／否認の対象となるものが含まれている場合に帰属される．

　日本語の「責任」にはもともと法的・道徳的な意味合いが強いため，「責任」という言葉を純粋に因果的な文脈で使用することには違和感がある．しかし，英語のresponsibility はかなり中立的に使用可能であり，日本語で言えば「～のせい」という言葉に近い．たとえば，「トムのせいで山火事が起こった」とも「雷のせいで山火事が起こった」とも言える．トムも雷も山火事という結果を引き起こした原因だからだ（それゆえ，因果的責任を帰属できる）．しかし，前者は「山火事が起こったのはトムの責任だ」と言い換えられるが，後者を「山火事が起こったのは雷の責任だ」と言うのは変だろう．人間は法的・道徳的な責任主体になれるが，雷はなれないからである．（参考：日本語参考文献11，13）

第2章

〔1〕　ある時点の世界の状態を x，その1時間後の世界の状態を y とすると，この種の法則は x と y のあいだに $y=f(x)$ という関数関係を成り立たせる（f が具体的にどんな対応規則かは法則の中身次第だ）．したがって，$x=C$ なら $y=f(C)$ となる．

〔2〕　本書の「不確実性（chanciness）」「不確実な（chancy）」は，「各結果は確率によって重みづけられるだけで，実際にどの結果が生じるかは非決定で偶然含みな状況」を意味する．特に「根本的な不確実性」と言う場合，人の認識上の問題ではなく実在の構造の問題であり，その確率は単なる「観察された統計的頻度」（第6章）ではなく，実在する基本法則によって定められたものだ．このような確率は特に「チャンス（chance）」と呼ばれる（Q ＆ A（6.2））．ただし，単に数値が重要な文脈では chance も「確率」と訳した．なお，意志決定理論では「不確実性」は uncertainty の定訳であり，「各結果の確率が未知な状況」という専門的な意味をもつが，本書の「不確実性」にそのような意味はないので注意されたい．

〔3〕　因果的「活力」の原語は oomph（ウムフ）．力を入れるときに口から漏れる音を表す擬声語であり，転じて「活力・精力」など力に関連する意味をもつ．

〔4〕　引用の際，『人間本性論』はT と略し，巻．部．節．段落番号で参照箇所を示す．同様に，『人間知性研究』はEHU と略し，章．段落番号で参照箇所を示す．

〔5〕　近世哲学に特有の「観念（idea）」という言葉は，私たちの心に現れるすべてのものを指す．視覚像・音・味・快苦・意志・欲求・感情・想像・記憶・信念・知識など，単純なものから複雑なものまで，すべてが「観念」の一語で表現される．ただしヒュームはこの用語法を若干改訂し，これらを「知覚（perception）」と言い換

え，そのうち感覚や感情などの強烈な知覚を「印象(impression)」と呼び，それが記憶や想像として再現・再構成された淡い知覚を「観念」と呼んだ．「観念の関係」とは，心中で再現・再構成された思考の素材を考察・比較して見いだされる関係であり，たとえば「三角形は3辺をもつ」「2は1よりも大きい」がそれである．他方，「事実」とは，いわば印象の配列(普通の言葉遣いなら「現実世界のあり方」)であり，事実に関する命題はその配列に合致して初めて真となる．たとえば，「この道の先は崖だ」が真なのは，その道を歩いて行ったら実際に崖の印象が感覚される場合であって，思考と観念だけで真偽が決着するわけではない．

〔6〕 「少数の単純な心理的原理」とは，似たもの，時空間的に近くにあるもの，原因と結果の関係にあるものを自然に結びつける心のはたらきであり，「観念連合原理」と呼ばれる．たとえば，知人のことを考えたときに，その人と顔の似た有名人を連想するとか，その人の住んでいる家を連想するとか，その人の子供を連想するとかいったことだ．もちろん，ヒューム最大の関心事は原因と結果の関係である．なお，以上は特に意識しないとそのように連想しやすいという話であり，想像力を意図的に駆使すれば全然関係のないものでも結びつけられる．

〔7〕 生物の進化は，変異と選択の繰り返しによる，微細な変化の膨大な蓄積から生じる．しかもこの変化の1つ1つが，無数の可能性の中からランダムに，あるいは些末で多様な要因によって決まる．ここで，太古の昔，ある生物種が広範な(生態学的には5つに分類できる)地域で生息していたとしよう．これらの異なる環境で，その生物種の別個の個体に同じ変異が生じ，その変異が同じように選択され，それが問題のカメに至るまで何度も繰り返される……そのようなことは，上記の偶発的な進化メカニズムを踏まえれば，まさに途方もない偶然の一致であり，確率上ほとんどありえない．このような仮説に比べれば，1つの変異体から始まる長い進化の過程を経て，そのカメが新たな種として1つの集団を形成したのちに，比較的短期間で5つの地域に分散した，と考える方がはるかに現実的な仮説だということになる．(参考：木村資生『生物進化を考える』，岩波書店，1988年；リチャード・ドーキンス『盲目の時計職人——自然淘汰は偶然か？』，日高敏隆(監修)，中嶋康裕・遠藤彰・遠藤知二・疋田努(訳)，早川書房，2004年)

〔8〕 グレッグ・イーガン『順列都市』，山岸真(訳)，早川書房，1999年，全2冊．

第3章

〔1〕 鎖の比喩は，原因や結果となる各出来事を鎖の各輪にたとえ，ある原因(輪)がある結果(次の輪)につながり，その結果が原因となってさらに別の結果(その次の輪)につながり……という因果性のあり方を示している(それゆえ，因果の連続を「因果連鎖」と呼ぶ)．しかしこれだと，原因と結果をなす各出来事が「1つ1つの

輪として明確に独立している」というイメージを抱かせるが，実際の因果性はそんなものばかりではない．たとえば，「タバコを消し忘れたことが原因で家が全焼した」という場合，厳密に言えば，タバコの消し忘れによってカーテンなどに火がつき，その火が少しずつ広がっていって家全体が燃えたのだ．この火の広がりは，切れ目のない漸進的なプロセスである．このような因果の切れ目なき漸進性を表現するには，「鎖」よりも「ロープ」の比喩の方が適しているというわけだ．

〔2〕　日常的に「A が原因で B が生じる」とか「A が B の原因である」とか言う場合，A や B には出来事・対象・状態・性質などさまざまなカテゴリーのものが入る．たとえば，「〈タバコの消し忘れ〉が原因で〈家が全焼した〉」というように．しかし，このような語り方では，伝達される運動量やエネルギーをもつ主体が何なのか不明瞭である．そういった物理量をもつ主体は，〈タバコ〉や〈家〉といった物理的な対象だろう．それゆえ，因果性を物理量の伝達としてとらえるためには，日常的な「原因」と「結果」に対応する物理的対象（A 対象と B 対象）が特定できなければならない（Fair 1979: 233-234）．

〔3〕　「ゲリマンダー（gerrymander）」はもともと選挙用語で，選挙区の恣意的な区割りを意味する．これを転用したのが「時間的ゲリマンダー」で，時間を恣意的に区切ることで分割・結合されたものを指す．

〔4〕　本段落は原著者と訳者の相談にもとづき底本から改訂されている．

〔5〕　メカニズムが因果的規則性の「隠れた」構造なら，(3)日常的な因果判断のたびに観察・特定されている必要はないし，底をついた（説明し尽くされた）レベルの因果性にはそもそも関わらない．また，(2)メカニズムが発見されたとしても，それはもとの因果的規則性の詳細にすぎず，因果的規則性を産出する別の何かではない．したがって，(1)因果的規則性とは別にメカニズム自体の形而上学的な身分を問う必要もない．

第 4 章

〔1〕　アインシュタインが量子力学を批判する文脈で「不気味（spooky）」と評した，量子間の遠隔作用「量子もつれ」のことを指している．これは，ある量子を測定した影響が，空間的に離れた別の量子に及んでしまうという現象であり，この現象の存在自体は実験的に証明されている．（参考：古澤明『量子もつれとは何か──「不確定性原理」と複数の量子を扱う量子力学』，講談社，2011 年：70-74）

〔2〕　極端な例だが，「〈マッチをすると火がつく〉というシナリオでは，火がつく原因はマッチをすることであり，かつ，〈喫煙者が肺ガンになる〉というシナリオでは，肺ガンになる原因は喫煙であり，かつ……」というふうに，各シナリオにしかあてはまらない規則をつなげただけの理論ではいけないということ．これだと，既知の

シナリオでは常識的な因果判断を再現できても，因果性の一般的な本性は何もわからず，新たなシナリオに応用することもできない．

〔3〕　論理に直接支配されるのは言語的な命題であって出来事そのものではない．反事実的依存性が論理に左右されるのは，それがあくまで命題間の関係だからだ．この意味で出来事と命題の区別は重要である．もっとも，ルイスは出来事と命題の対応関係を利用して，命題間の反事実的依存性から出来事間の因果的依存性ひいては因果性を導き出すため，間接的に後者も論理に左右されることになる．なお，本段落は原著者によって底本から改訂されている．

〔4〕　反事実条件文の真偽を判断する際には，反事実的な条件で置き換えられる現実の出来事より過去の出来事は現実通りだったとしたうえで，想定される未来の帰結がもっともらしいかどうかを考察しなければならない．「脱水症状を起こさなかったとしたら，毒水を飲んでいたはずだから」と過去にさかのぼってシナリオを変えてはいけない．

〔5〕　本段落は原著者と訳者の相談にもとづき底本から改訂されている．

〔6〕　結果が過度にもろいと，現実に生じた出来事（結果）と微粒子レベルで寸分違わぬ出来事しか「同じ」結果とみなされない．すると，その結果に極めて些末な影響をもたらした出来事も原因になってしまう．なぜなら，その出来事がなければ，些末な影響もなくなるため，もともとの結果と「同じ」結果は生じなかったことになるからだ（反事実的依存性が成立）．逆に，結果が過度にもろくないと，現実に生じた出来事（結果）とまるで異なるように思える出来事でも「同じ」結果とみなされてしまう．すると，その結果に極めて甚大な影響をもたらした出来事も原因とはみなされなくなる．なぜなら，その出来事がなくても，どれほど大きな変更が生じようと，「同じ」結果が生じたことになるからだ（反事実的依存性が不成立）．

〔7〕　まず，「B が A に因果的に依存する」なら「A は B の原因である」．加えて，「C が B に因果的に依存する」なら「B は C の原因である」し，さらに，C から B，B から A への因果的依存の連鎖が成り立っているので「A は C の原因である」．かくして，「A が B の原因であり，かつ，B が C の原因であるなら，A は C の原因である」という因果の推移性が成り立つ．注意点として，因果的依存性にはいつも推移性が成り立つわけではない．つまり，C から B，B から A への因果的依存の連鎖が成り立つからといって，「C は A に因果的に依存する」とはかぎらない．実際，先のシナリオで「暗殺者が水筒に穴を開けなかったならば，旅行者は脱水症状を起こさなかっただろう」も「旅行者が脱水症状を起こさなかったならば，旅行者は死ななかっただろう」も共に真だ（それゆえ因果的依存の連鎖は成り立つ）が，「暗殺者が水筒に穴を開けなかったならば，旅行者は死ななかっただろう」は偽であり，両者の間に因果的依存性は成り立たなかった．それでも，両者は因果的依存

訳　注

の連鎖でつながれているから「因果関係にある」と判断できる，というのがルイス
の理論のポイントだ．だから，因果的依存性と因果性は明確に区別する必要がある．
〔8〕　この応答のカギは，〈c が原因で e が生じた（＝c は e に因果的責任を負ってい
る）〉という因果性と，「e が生じたのは c が生じたからだ」という因果的説明を区
別することだ．ビービーによると，すべての因果的説明が（c のところで）原因に言
及するわけではない．一例として「ケネディが死んだのは，誰かがケネディを撃っ
たからだ」という説明が挙げられる（Beebee 2004: 302）．「誰かがケネディを撃っ
た」ことは特定の出来事ではなく，それゆえ原因の役割は果たせない．しかし，ケ
ネディの死に至る因果的な歴史について何かしら情報を与えていることは確かだか
ら，その意味で上の説明は「因果的」説明だと言える．この議論を応用すると，不
作為は「それが生じていれば結果も違っていた」という情報を与えるものとして因
果的説明の一部にはなりうる（後者の c の役割は果たせる）が，そもそも存在しない
のだから原因にはなれない（前者の c の役割は果たせない）．しかし，私たちは日常
的に両者を混同してしまい，不作為を「原因」とみなしてしまう，というわけだ．
　　これに対し，マクグラスは次のような例を挙げて反論する（McGrath 2005: 131）．
バリーはアリスが育てている植物に水やりをすると約束したが，水やりをせず，植
物は死んでしまう．バリーが水やりをしていたら植物は死ななかったのだから，バ
リーの不作為は植物の死を因果的に説明する．しかし，まったく同様に，無関係な
第三者のカルロスが水やりをしていても植物は死ななかっただろう．それゆえ，カ
ルロスの不作為も植物の死を因果的に説明してしまう．そのため上の応答では，ど
ちらの不作為も「原因ではないが，因果的説明の一部になるから，誤って「原因」
と呼ばれる」となる．だが，私たちはバリーの不作為を植物の死の「原因」（因果的
責任を負う）と言うことはあれど，カルロスの不作為を「原因」と言うことはない．
この区別がどこから来るのかという点について，上の応答では何も答えられない．
〔9〕　以上 3 段落は原著者によって底本から改訂されている．なお，もう 1 つの反事
実条件文「もし c が生じていたならば，e は生じただろう」が自動的に真になる理
由も，可能世界を使って示せる．c が生じる可能世界のうち，現実世界と最も似て
いる可能世界は，現実世界ただ 1 つである．現実以上に現実に似ている世界などあ
りはしないのだから．そして，その現実世界（＝c が生じ，かつ，現実世界に最も
似ているすべての可能世界）では実際に e が生じる．こうして，現実に c と e が生
じているかぎり上の反事実条件文は必ず真になる．他方，本文中で議論されている
「もし c が生じていなかったならば，e は生じなかっただろう」が問題になるのは，
現実世界以外で現実に最も似ている可能世界のあり方が問われるからだ．しかも基
本法則に根本的な不確実性が組み込まれている場合，そのような可能世界のいくつ
かでは e が生じないが，そのほかでは生じることになりかねない．

187

〔10〕 ルイスの理論では，反事実的依存性（ひいては因果性）の有無は，もっぱら「も
し c が生じなかったならば，e は生じなかっただろう」という反事実条件文の真偽
によって判断される．しかし，これだと「もしその炎にカリウム塩が投げ込まれな
かったならば，そこに紫色の炎は存在しなかっただろう」も「もしそこに紫色の炎
が存在しなかったならば，エルヴィスは火傷しなかっただろう」も共に真なので，
因果の推移性が成り立ち，〈その炎にカリウム塩が投げ込まれたこと〉は〈エルヴィ
スが火傷したこと〉の原因だったことになってしまう．

　因果の対比性に訴えてこの結論を防ぐためには，出発点の反事実条件文に対比を
組み込む必要がある．たとえば，「もし c ではなく c^* が生じていたならば，e では
なく e^* が生じていただろう」と．すると，(i)「もしその炎にカリウム塩が投げ込
まれなかったならば，そこに紫色ではなく黄色の炎が存在していただろう」は真だ
が，(ii)「もしそこに紫色ではなく黄色の炎が存在していたならば，エルヴィスは
火傷しなかっただろう」は偽である．また，(iii)「もしそこに炎が存在したのでは
なく存在しなかったならば，エルヴィスは火傷しなかっただろう」は真だが，(iv)
「もしその炎にカリウム塩が投げ込まれなかったならば，そこに炎が存在したので
はなく存在しなかっただろう」は偽である．(i)と(iii)は共に真だが，媒介する出
来事が一致していない．媒介する出来事が一致しているのは，(i)と(ii)，(iv)と
(iii)だが，どちらも一方が偽なので，因果の推移性は成り立たない．

　このように，因果の対比性を反事実条件説に組み込むためには，理論の大きな改
訂を要求され，その改訂理論が別の問題を招かないかどうか検討する必要が出てく
る．(参考：Menzies, P. (2017). "Counterfactual Theories of Causation," *The Stan-
ford Encyclopedia of Philosophy* (Winter 2017 Edition), Edward N. Zalta (ed.),
https://plato.stanford.edu/archives/win2017/entries/causation-counterfactual/)

第5章

〔1〕 c_1, c_2, … は，それぞれ c に別の出来事を追加した前件の集合を表している．
たとえば，c_1 は c と f からなり，c_2 は c と g と h からなる（f, g, h は出来事）とい
った具合だ．そのため，c 単独と比べて「より大きな前件の共起」と言われている．

〔2〕 ニュートンの運動方程式など，多くの物理法則は時間的に対称である．そのよ
うな法則がある時点の状態 x とその1秒後の状態 y を結びつけているとき，「x が y
を決定する」とも「y が x を決定する」とも言える．しかし，因果性についての常
識的な語りでは，「(時間的に先行する)x が原因で(後続する)y が生じる」とは言っ
ても，「y が原因で x が生じる」とは言わない．それゆえ，物理学的な決定関係だ
けでは因果性の向きを説明することができない．(参考：松浦壮『時間とはなんだ
ろう——最新物理学で探る「時」の正体』，講談社，2017年)

訳　注

〔3〕　時間も「矢」のように未来へ向かってのみ進むと思われているが，それがどういうことなのか，なぜそうなっているのか，ということも哲学的・科学的な難問である．また，因果と時間について，因果性の向きと時間の向きには関係があるのかないのか，関係がある場合，どちらがより根本的なのか，といったことも争点になっている．そのため，安易に因果性の向きが根本的だと言うと，厄介な時間論の問題にも首をつっこむことになる．

〔4〕　確かなのは，量子のふるまい方については確率含みの予測しかできないということだ．しかし，なぜそうなっているのかという点については解釈が分かれており，「世界自体が根本的な不確実性を備えているからだ」とも「世界自体は決定論的に進行しているが，観測者には不確実にしか測定できないからだ」とも言える．量子力学の標準的理解である「コペンハーゲン解釈」はこの点を不問にしており，どちらともとれる．また，「隠れた変数理論」や「多世界解釈」は後者をとる．（参考：和田純夫『量子力学が語る世界像——重なり合う複数の過去と未来』，講談社，1994 年；松原隆彦『宇宙に外側はあるか』，光文社，2012 年）

第 6 章

〔1〕　確率は，命題間の論理的関係，出来事の生起頻度，傾向性，信念の度合い等々，さまざまに解釈されてきた（参考：日本語参考文献 10）．

〔2〕　同じようにマッチをすれば，たいてい同じようにマッチに火がつく．しかし，同じようにサイコロを投げたとしても，出目はバラバラになる．なぜそうなるかというと，サイコロ投げは非常に複雑で繊細な力学的プロセスを経るため，初期条件（サイコロの投げ方など）がほんの少し違うだけで，その結果が予測不可能なほど大きく変わってしまうからだ．こうした現象を物理学では「カオス」と呼ぶ．カオス現象を正確に予測・制御するためには，初期条件を無限の精度で測定・制御する必要があり，現実には不可能である．まして，体感的な「同じように」程度ではお話にならず，毎回ランダムな仕方で投げているに等しい．

〔3〕　同じサイコロを 2 回連続で投げる場合を考えよう．無論，1 回目と 2 回目の出目は相互に独立であり，影響していない．しかし，1 回目の出目のもとでの 2 回目の出目の確率は，0 でない値をとる．たとえば，1 回目に 3 が出て 2 回目に 4 が出る確率を理論上の数値で計算すると，P（2 回目に 4 | 1 回目に 3）＝ P（2 回目に 4 & 1 回目に 3）/P（1 回目に 3）＝（1/6×1/6）/1/6 ＝ 1/6 となる．

〔4〕　P$(E \mid C)$＞P(E)⇔P$(E \mid C)$＞P$(E \mid \sim C)$であることは，たとえば以下のように証明できる（「⇔」は同値記号とする）．先に 2 点確認しておく．(i)C は生じるか生じないかのどちらかだから，C と$\sim C$ は排反であり，しかも可能性全体を網羅する．つまり，P$(C \text{ or } \sim C)$＝P(C)＋P$(\sim C)$＝1（確率の公理 2 と 3 参照）．(ii)条件つき確

189

率の定義 $P(E \mid C) = P(E \& C)/P(C)$ は $P(E \& C) = P(E \mid C)P(C)$ に変形できる.

　では $P(E \mid C) > P(E \mid \sim C)$ を同値変形していく. まず, $P(E \mid \sim C)$ を条件つき確率の定義によって置き換える. $P(E \mid C) > P(E \mid \sim C) \Leftrightarrow P(E \mid C) > P(E \& \sim C)/P(\sim C) \Leftrightarrow P(E \mid C)P(\sim C) > P(E \& \sim C)$. (i) より, $P(\sim C) = 1 - P(C)$ なので, $P(E \mid C)(1 - P(C)) > P(E \& \sim C) \Leftrightarrow P(E \mid C) - P(E \mid C)P(C) > P(E \& \sim C) \Leftrightarrow P(E \mid C) > P(C)P(E \mid C) + P(E \& \sim C)$. (ii) より, $P(E \mid C) > P(E \& C) + P(E \& \sim C)$. C と $\sim C$ は互いに排反だから, それぞれに E が伴っても変わらず排反である. そこで $P(E \& C) + P(E \& \sim C)$ に公理3を適用すると, $P(E \mid C) > P((E \& C)\,\mathrm{or}\,(E \& \sim C))$. $(E \& C)\,\mathrm{or}\,(E \& \sim C)$ は「どちらにせよ E は生じるが, C は生じるかまたは生じない」という意味なので, $E \& (C\,\mathrm{or}\,\sim C)$ に等しい. よって, $P(E \mid C) > P(E \& (C\,\mathrm{or}\,\sim C))$. (ii) より, $P(E \mid C) > P(E \mid C\,\mathrm{or}\,\sim C)P(C\,\mathrm{or}\,\sim C)$. (i) より, $P(C\,\mathrm{or}\,\sim C) = 1$ であり, また「$C\,\mathrm{or}\,\sim C$ のもとでの E の確率」は「可能性全体の中での E の確率」すなわち $P(E)$ に等しい. ゆえに, $P(E \mid C) > P(E)$ となり, これは冒頭の左の式そのものである.

〔5〕　同値変形は以下の通り. $P(E_1 \mid E_2 \& C) = P(E_1 \mid C) \Leftrightarrow P(E_1 \& E_2 \& C)/P(E_2 \& C) = P(E_1 \mid C) \Leftrightarrow P(E_1 \& E_2 \& C) = P(E_1 \mid C)P(E_2 \& C) \Leftrightarrow P(E_1 \& E_2 \mid C)P(C) = P(E_1 \mid C)P(E_2 \& C) \Leftrightarrow P(E_1 \& E_2 \mid C) = P(E_1 \mid C)P(E_2 \& C)/P(C) \Leftrightarrow P(E_1 \& E_2 \mid C) = P(E_1 \mid C)P(E_2 \mid C)$.

〔6〕　本段落と次段落冒頭は原著者と訳者の相談にもとづき底本から改訂されている.

第8章

〔1〕　言い換えれば, 物的性質が完全に同じなら, 同じ心的性質をもっていなければならない (= 心的性質に何か違いがあるなら, 物的性質にも違いがある) ということ. 神経系を含めた身体状態が何一つ変わらないのに, 唐突に痛みを感じ始めるというのは変だろう. 心的性質の変化は必ず物的性質の変化に裏打ちされている, というわけだ. この心的性質の物的性質への付随性 (supervenience) と, 8.2で説明された「物的性質が違っても, 同じ心的性質をもちうる」という心的性質の物的性質による多重実現可能性は, 論理的に両立することに注意しよう. たとえば, ある心的性質 M は異なる物的性質 P, Q によって多重に実現されるが, P は M だけを実現し, 異なる心的性質 N を実現することはない, ということに矛盾はない.

参考文献

Arntzenius, F. (1990). "Physics and Common Causes," *Synthese* 82, 77-96.

Arntzenius, F. (2010). "Reichenbach's Common Cause Principle," in E. N. Zalta (ed.), *The Stanford Encyclopedia of Philosophy* (Fall 2010 Edition), https://plato.stanford.edu/archives/fall2010/entries/physics-Rpcc.

Aronson, J. (1971). "On the Grammar of 'Cause'," *Synthese* 22, 414-430.

Beebee, H. (2004). "Causing and Nothingness," in J. Collins, N. Hall, and L. A. Paul (eds.), *Causation and Counterfactuals*. Cambridge: MIT Press.

Beebee, H. (2006). *Hume on Causation*. New York: Routledge.

Beebee, H., Hitchcock, C., and Menzies, P., eds. (2009). *The Oxford Handbook of Causation*. Oxford: Oxford University Press.

Bickel, P. J., Hammel, E. A., and O'Connell, J. W. (1975). "Sex Bias in Graduate Admissions: Data from Berkeley," *Science* 187 (4175), 398-404.

Carnap, R. (1932). "Psychologie in Physikalischer Sprache," *Erkenntnis* 3, 107-142. Translated in A. J. Ayer (ed.), *Logical Positivism*. Glencoe, IL: Free Press, 1959.

Cartwright, N. (1979). "Causal Laws and Effective Strategies," *Noûs* 13, 419-437. Reprinted in N. Cartwright, *How the Laws of Physics Lie*. Oxford: Clarendon Press, 1983.

Craver, C. (2005). "Beyond Reduction: Mechanisms and Multifield Integration and the Unity of Neuroscience," *Studies in History and Philosophy of Science Part C: Studies in History and Philosophy of Biological and Biomedical Sciences* 36 (2), 373-395.

Craver, C. (2007). *Explaining the Brain*. New York: Oxford University Press.

Davidson, D. (1967). "Causal Relations," *Journal of Philosophy* 64, 691-703. 〔「因果関係」，『行為と出来事』，服部裕幸・柴田正良 (訳)，勁草書房，1990 年所収〕

Dowe, P. (2000). *Physical Causation*. Cambridge: Cambridge University Press.

Dowe, P. (2009). "Causal Process Theories," in H. Beebee, C. Hitchcock, and P. Menzies (eds.), *The Oxford Handbook of Causation*. Oxford: Oxford University Press.

Dummett, M. (1964). "Bringing about the Past," *Philosophical Review* 73 (3), 338-59. 〔「過去を変える」，『真理という謎』，藤田晋吾 (訳)，勁草書房，1986 年所収〕

Edgington, D. (1995). "On Conditionals," *Mind* 104 (414), 235-329.

Eells, E. (1991). *Probabilistic Causality*. Cambridge: Cambridge University Press.

Fair, D. (1979). "Causation and the Flow of Energy," *Erkenntnis* 14, 219-250.

Feigl, H. (1958). "The 'Mental' and the 'Physical'," in H. Feigl, M. Scriven, and G. Maxwell (eds.), *Concepts, Theories and the Mind-Body Problem*. Minneapolis: University of Minneapolis Press.

Garrett, D. (2009). "Hume," in H. Beebee, C. Hitchcock, and P. Menzies (eds.), *The Oxford Handbook of Causation*. Oxford: Oxford University Press.

Glennan, S. (1996). "Mechanisms and the Nature of Causation," *Erkenntnis* 44 (1), 49-71.

Glennan, S. (2009). "Mechanisms," in H. Beebee, C. Hitchcock, and P. Menzies (eds.), *The Oxford Handbook of Causation*. Oxford: Oxford University Press.

Glymour, C. and Eberhardt, F. (2012). "Hans Reichenbach," in E. N. Zalta (ed.), *The Stanford Encyclopedia of Philosophy* (Winter 2012 Edition), http://plato.stanford.edu/archives/win2012/entries/reichenbach.

Good, I. J. (1961). "A Causal Calculus I," *British Journal for the Philosophy of Science* 11, 305-318.

Good, I. J. (1962). "A Causal Calculus II," *British Journal for the Philosophy of Science* 12, 43-51.

Goodman, N. (1947). "The Problem of Counterfactual Conditionals," *Journal of Philosophy* 44, 113-128.〔「反事実的条件法の問題」,『事実・虚構・予言』, 雨宮民雄 (訳), 勁草書房, 1987 年〕

Hall, N. (2000). "Causation and the Price of Transitivity," *Journal of Philosophy* 97, 198-222.

Hall, N. (2004). "Two Concepts of Causation," in J. Collins, N. Hall, and L. A. Paul (eds.), *Causation and Counterfactuals*. Cambridge: MIT Press.

Hall, N. (2007). "Structural Equations and Causation," *Philosophical Studies* 132, 109-136.

Halpern, J. Y. (2008). "Defaults and Normality in Causal Structures," http://arxiv.org/abs/0806.2140.〔誤植が多いため Halpern, J. Y. (2016). *Actual Causality*. Cambridge: MIT Press の 2, 3 章を参照せよ〕

Halpern, J. Y. and Hitchcock, C. (2010). "Actual Causation and the Art of Modeling," in R. Dechter, H. Geffner, and J. Y. Halpern (eds.), *Heuristics, Probability and Causality: A Tribute to Judea Pearl*. London: College Publications.

Halpern, J. Y. and Pearl, J. (2001). "Causes and Explanations: A Structural-Model Approach – Part I: Causes," in *Proceedings of the Seventeenth Conference on Uncertainty in Artificial Intelligence (UAI 2001)*. San Francisco, CA: Morgan Kaufmann, 194-202.

Halpern, J. Y. and Pearl, J. (2005). "Causes and Explanations: A Structural-Model Approach – Part II: Explanations," *British Journal for Philosophy of Science* 56(4), 843-887.

Hesslow, G. (1981). "Causality and Determinism," *Philosophy of Science* 48, 591-605.

Hitchcock, C. (1995). "Salmon on Explanatory Relevance," *Philosophy of Science* 62, 304-320.

Hitchcock, C. (1996). "The Role of Contrast in Causal and Explanatory Claims," *Synthese* 107 (3), 395-419.

Hitchcock, C. (2009a). "Structural Equations and Causation: Six Counterexamples," *Philosophical Studies* 144, 391-401.

Hitchcock, C. (2009b). "Causal Modelling," in H. Beebee, C. Hitchcock, and P. Menzies (eds.), *The Oxford Handbook of Causation*. Oxford: Oxford University Press.

Hitchcock, C. (2012). "Probabilistic Causation," in E. N. Zalta (ed.), *The Stanford Encyclopedia of Philosophy* (Winter 2012 Edition), http://plato.stanford.edu/archives/win2012/entries/causation-probabilistic.

Hume, D. (1739). *A Treatise of Human Nature*. London.〔『人間本性論〈第 1 巻　知性について〉』, 木曽好能 (訳), 法政大学出版局, 1995 年;『人間本性論〈第 2 巻　情念について〉』, 石川徹・中釜浩一・伊勢俊彦 (訳), 法政大学出版局, 2011 年;『人間本性論〈第 3 巻　道徳について〉』, 伊勢俊彦・石川徹・中釜浩一 (訳), 法政大学出版局, 2012 年;『人性論』, 大槻春彦 (訳), 岩波文庫, 1948-1952 年, 全 4 冊〕

Hume, D. (1748). *An Enquiry Concerning Human Understanding*. London.〔『人間知性研究』, 斎藤繁雄・一ノ瀬正樹 (訳), 法政大学出版局, 2004 年;『人間知性研究』, 神野慧一郎・中才敏郎 (訳), 京都大学学術出版会, 2018 年〕

Jackson, F. (1986). "What Mary Didn't Know," *Journal of Philosophy* 83(5), 291-295.

James, W. (1897). "The Dilemma of Determinism," in W. James, *The Will to Believe and Other Essays in Popular Philosophy*. Cambridge: John Wilson and Son.〔「決定論のディレンマ」,『W・ジェイムズ著作集 (2)　信ずる意志』, 福鎌達夫 (訳), 日本教文社, 1961 年所収〕

Kistler, M. (1999). *Causalité et Lois de la Nature*. Paris: Vrin. Translated as *Causality and Laws of Nature*. New York: Routledge, 2006.

Kutach, D. (2013). *Causation and Its Basis in Fundamental Physics*. New York: Oxford University Press.

Kvart, I. (1986). *A Theory of Counterfactuals*. Indianapolis: Hackett.

Laplace, P. (1820). *Essai Philosophique sur les Probabilités*, in P. Laplace, *Théorie Analytique des Probabilités*. Paris: V. Courcier. Translated in F. W. Truscott and F. L. Emory (trans.), *A Philosophical Essay on Probabilities*. New York: Dover, 1951.〔『確率の哲学的試論』，内井惣七（訳），岩波文庫，1997 年〕

Lewis, D. (1973a). "Causation," *Journal of Philosophy* 70, 556-67.

Lewis, D. (1973b). *Counterfactuals*. Oxford: Blackwell.〔『反事実的条件法』，吉満昭宏（訳），勁草書房，2007 年〕

Lewis, D. (1986). *Philosophical Papers*, Vol. 2. Oxford: Oxford University Press.

List, C. and Menzies, P. (2008). "Non-Reductive Physicalism and the Limits of the Exclusion Principle," http://philsci-archive.pitt.edu/id/eprint/4322.

Locke, J. (1690). *Second Treatise of Government*. London.〔『完訳　統治二論』，加藤節（訳），岩波文庫，2010 年；『統治論』，宮川透（訳），中央公論新社，2007 年〕

Loewer, B. (2002). "Comments on Jaegwon Kim's *Mind in a Physical World*," *Philosophy and Phenomenological Research* 65(3), 655-662.

Mach, E. (1883). *Die Mechanik in ihrer Entwickelung*. Leipzig: F. A. Brockhaus. Translated in T. J. McCormack (trans.) *The Science of Mechanics: A Critical and Historical Account of its Development*. La Salle, IL: Open Court, 1943.〔『マッハ力学史──古典力学の発展と批判』，岩野秀明（訳），ちくま学芸文庫，2006 年，全 2 冊〕

Machamer, P., Darden, L., and Craver, C. (2000). "Thinking about Mechanisms," *Philosophy of Science* 67(1), 1-25.

Mackie, J. L. (1973). *The Cement of the Universe*. Oxford: Oxford University Press.

Maslen, C. (2004). "Causes, Contrasts, and the Nontransitivity of Causation," in J. Collins, N. Hall, and L. A. Paul (eds.), *Causation and Counterfactuals*. Cambridge: MIT Press.

McGrath, S. (2005). "Causation by Omission: A Dilemma," *Philosophical Studies* 123, 125-149.

McLaughlin, J. A. (1925). "Proximate Cause," *Harvard Law Review* 39(2), 149-199.

Mellor, H. (1995). *The Facts of Causation*. New York: Routledge.

Menzies, P. (2008). "The Exclusion Problem, the Determination Relation, and Contrastive Causation," in J. Hohwy and J. Kallestrup (eds.), *Being Reduced: New Essays on Reduction, Explanation and Causation*. Oxford: Oxford University Press.

Menzies, P. and Price, H. (1993). "Causation as a Secondary Quality," *British Journal for the Philosophy of Science* 44, 187-203.

Mill, J. S. (1930〔1843〕). *A System of Logic: Ratiocinative and Inductive*. London: Longmans, Green.

Molière (Jean-Baptiste Poquelin) (1673). *Le Malade Imaginaire*.〔『病は気から』，鈴木力衛（訳），岩波文庫，1970 年〕

Ney, A. (2009). "Physical Causation and Difference-Making," *British Journal for the Philosophy of Science* 60(4), 737-764.

Norton, J. (2008). "The Dome: An Unexpectedly Simple Failure of Determinism," *Philosophy of Science* 75, 786-798.

O'Connor, T. and Wong, H. Y. (2005). "The Metaphysics of Emergence," *Noûs* 39(4), 658-678.

Paul, L. A. (2009). "Counterfactual Theories," in H. Beebee, C. Hitchcock, and P. Menzies (eds.), *The Oxford Handbook of Causation*. Oxford: Oxford University Press.

Pearl, J. (2000). *Causality: Models, Reasoning, and Inference*. Cambridge: Cambridge University Press.〔『統計的因果推論——モデル・推論・推測』, 黒木学(訳), 共立出版, 2009 年〕

Place, U. T. (1956). "Is Consciousness a Brain Process?" *British Journal of Psychology* 47(1), 44-50.

Price, H. (2017). "Causation, Intervention, and Agency: Woodward on Menzies and Price," in H. Beebee, C. Hitchcock, and H. Price (eds.), *Making a Difference*. Oxford: Oxford University Press.

Psillos, S. (2009). "Regularity Theories," in H. Beebee, C. Hitchcock, and P. Menzies (eds.), *The Oxford Handbook of Causation*. Oxford: Oxford University Press.

Raatikainen, P. (2010). "Causation, Exclusion, and the Special Sciences," *Erkenntnis* 73, 349-363.

Railton, P. (1978). "A Deductive-Nomological Model of Probabilistic Explanation," *Philosophy of Science* 45, 206-226.

Reichenbach, H. (1935). *Wahrscheinlichkeitslehre: Eine Untersuchung über die Logischen und Mathematischen Grundlagen der Wahrscheinlichkeitsrechnung*. Leiden: Sijthoff. Revised as E. H. Hutten and H. Reichenbach (trans.), *The Theory of Probability: An Inquiry into the Logical and Mathematical Foundations of the Calculus of Probability*. Berkeley: University of California Press, 1949.

Reichenbach, H. (1938). *Experience and Prediction*. Chicago: University of Chicago Press.

Reichenbach, H. (1956). *The Direction of Time*. Berkeley: University of California Press.

Russell, B. (1913). "On the Notion of Cause," *Proceedings of the Aristotelian Society* 13, 1-26.

Russell, B. (1927). *The Analysis of Matter*. London: Routledge.

Salmon, W. (1984). *Scientific Explanation and the Causal Structure of the World*. Princeton: Princeton University Press.

Salmon, W. (1993). "Causality: Production and Propagation," in E. Sosa and M. Tooley (eds.), *Causation*. Oxford: Oxford University Press.

Salmon, W. (1997). "Causality and Explanation: A Reply to Two Critiques," *Philosophy of Science* 64, 461-477.

Schaffer, J. (2000). "Overlappings: Probability-Raising without Causation," *Australasian Journal of Philosophy* 78, 40-46.

Schlick, M. (1935). "De la Relation des Notions Psychologiques et des Notions Physiques," *Revue de Synthèse* 10, 5-26. Translated in H. Feigl and W. Sellars (eds.) *Readings in Philosophical Analysis*. New York: Appleton-Century Crofts, 1949.

Sellars, W. (1962). "Philosophy and the Scientific Image of Man," in R. Colodny (ed.), *Frontiers of Science and Philosophy*. Pittsburgh: University of Pittsburgh Press. Reprinted in W. Sellars, *Science, Perception and Reality*. London: Routledge & Kegan Paul, 1963.〔「哲学と科学的人間像」, 『経験論と心の哲学』, 神野慧一郎・土屋純一・中才敏郎(訳), 勁草書房, 2006 年所収〕

Shepherd, M. (1824). *An Essay upon the Relation of Cause and Effect*. London: Hookman.

Simpson, E. (1951). "The Interpretation of Interaction in Contingency Tables," *Journal of the Royal Statistical Society, Ser. B* 13(2), 238-241.

Slote, M. (1978). "Time in Counterfactuals," *Philosophical Review* 87, 3-27.

Sober, E. (2001). "Venetian Sea Levels, British Bread Prices, and the Principle of the Common Cause," *British Journal for the Philosophy of Science* 52(2), 311-346.

Spirtes, P., Glymour, C., and Scheines, R. (2000). *Causation, Prediction, and Search*. Cambridge: MIT Press.

Strevens, M. (2007). "Mackie Remixed," in J. Keim Campbell, M. O'Rourke, and H. S. Silverstein (eds.), *Causation and Explanation*. Cambridge: MIT Press.

Suppes, P. (1970). *A Probabilistic Theory of Causality*. Amsterdam: North-Holland.

Venn, J. (1866). *The Logic of Chance*. London: Macmillan.

Williamson, J. (2005). *Bayesian Nets and Causality*. Oxford: Oxford University Press.

Williamson, J. (2009). "Probabilistic Theories," in H. Beebee, C. Hitchcock, and P. Menzies (eds.), *The Oxford Handbook of Causation*. Oxford: Oxford University Press.

Wilson, J. (2011). "Non-Reductive Realization and the Powers-Based Subset Strategy," *Monist* 94(1), 121-154.

Woodward, J. (2003). *Making Things Happen: A Theory of Causal Explanation*. Oxford: Oxford University Press.

Woodward, J. (2009). "Agency and Interventionist Theories," in H. Beebee, C. Hitchcock, and P. Menzies (eds.), *The Oxford Handbook of Causation*. Oxford: Oxford University Press.

Woodward, J. (2012). "Causation and Manipulability", in E. N. Zalta (ed.), *The Stanford Encyclopedia of Philosophy* (Winter 2012 Edition), http://plato.stanford.edu/archives/win2012/entries/causation-mani.

von Wright, G. E. (1971a). "On the Logic and Epistemology of the Causal Relation," in P. Suppes, L. Henkin, G. C. Moisil, and A. Joja (eds.), *Logic, Methodology, and Philosophy of Science IV*. Amsterdam: North-Holland.

von Wright, G. H. (1971b). *Explanation and Understanding*. Ithaca, NY: Cornell University Press.〔『説明と理解』, 丸山高司・木岡伸夫(訳), 産業図書, 1984 年〕

von Wright, G. H. (1974). *Causality and Determinism*. New York: Columbia University Press.

日本語参考文献

1) スティーヴン・マンフォード，ラニ・リル・アンユム『哲学がわかる　因果性』，塩野直之・谷川卓(訳)，岩波書店，2017 年

　　哲学的な因果論の簡潔かつ平易な入門書．それでいて網羅的であり，「多元主義」「原初主義」「傾向性主義」は本書でも明示的には扱われていない立場なのでぜひ参考にしてほしい．

2) 中才敏郎『ヒュームの人と思想──宗教と哲学の間で』，知泉書院，2016 年

　　第 2 章で紹介されたデイヴィド・ヒュームの哲学に興味をもった方には，まずこちらをお勧めしたい．ヒュームの生涯と因果論・宗教論について簡潔かつ平易な概説と論考が提示されている．

3) 萬屋博喜『ヒューム　因果と自然』，勁草書房，2018 年

　　専門的な研究書のため上級者向けだが，ヒューム因果論の現代的な解釈状況について知りたい方にはこちらをお勧めしたい．特に，広範なサーベイと議論の明晰化，古典と現代の接続に優れている．

4) スティーヴン・マンフォード『哲学がわかる　形而上学』，秋葉剛史・北村直彰(訳)，岩波書店，2017 年

5) 鈴木生郎・秋葉剛史・谷川卓・倉田剛『ワードマップ　現代形而上学──分析哲学が問う，人・因果・存在の謎』，新曜社，2014 年

　　形而上学は初学者にとって興味・理解の両面で最もとっつきにくい哲学分野だろう．上記 2 冊は簡潔かつ平易に形而上学を一望できる格好の入門書である．また，いずれも因果性に 1 章を割いている．

6) 倉田剛『現代存在論講義 I──ファンダメンタルズ』，新曜社，2017 年

　　形而上学の主要なテーマである存在論について，対話形式で軽快に概説している．特に，理論選択における存在論的倹約と説明力の緊張関係や，個物と普遍の関係に関する議論は本書と直結する．

7) 戸田山和久『科学哲学の冒険──サイエンスの目的と方法をさぐる』，日本放送出版協会，2005 年

　　科学哲学の優れた入門書であり，対話形式で平易に議論が展開される．本書では科学的なトピックが数多く登場するため，法則・理論・説明といった基礎概念の整理としてもぜひ参考にしてほしい．

8) 須藤靖・伊勢田哲治『科学を語るとはどういうことか──科学者，哲学者にモノ申す』，河出書房新社，2013 年

　　哲学者と科学者が因果性をめぐって対談しており，両者の観点・力点の違いが浮

き彫りになっている．第3章で扱った因果プロセス説にも触れられている．また，読み物として単純に面白い．

9) 野上志学「デイヴィッド・ルイス入門」，『フィルカル ―― 分析哲学と文化をつなぐ』，Vol. 2，No. 2，2017年～Vol. 4，No. 1，2019年（全4回）

　　第4章で扱った因果の反事実条件説で有名なルイス哲学の解説論文．具体例や図が豊富で読みやすい．特に第2回は「反事実条件文」，第3回は「因果」がテーマなのでぜひ参考にしてほしい．

10) ダレル・P. ロウボトム『現代哲学のキーコンセプト　確率』，佐竹佑介（訳），岩波書店，2019年

　　第6章の確率上昇説は確率によって因果性を定義するが，確率そのものをどう理解するかがすでに難問である．この本は確率の標準的な解釈とその批判を平易に展開しており，大いに参考になる．

11) 一ノ瀬正樹『原因と結果の迷宮』，勁草書房，2001年

　　哲学的因果論の本格的な研究書．本書で扱われた多くの立場がより深く吟味されている．特に，本書では説明・確保すべき前提とされた「因果の非対称性」に疑義を唱えている点が注目に値する．

12) 一ノ瀬正樹『確率と曖昧性の哲学』，岩波書店，2011年

　　決定論的な世界観・人間観に抗し，非決定論的な側面（不確実性）の潜在と遍在を論じ尽くしている．特に，因果の確率理解を扱った2章と，生命現象に潜む偶然性を暴く3章が本書と深く関連する．

13) 一ノ瀬正樹『英米哲学入門 ―― 「である」と「べき」の交差する世界』，ちくま新書，2018年

　　哲学一般の平易な入門書だが，因果性が1つのテーマであり，因果をめぐる必然性（決定性）と偶然性（不確実性）・確率の議論は本書と関連し，また因果判断を支える規範意識への注目も興味深い．

14) Judea Pearl, Madelyn Glymour, Nicholas P. Jewell『入門 統計的因果推論』，落海浩（訳），朝倉書店，2019年

　　第7章の因果モデル構築に関する入門書．ごく基本的なところから説明が始まり，具体例も豊富で，しかもコンパクトに書かれているので，この分野に興味のある初学者の方にはとくにお勧めしたい。

15) デカルト『方法序説』，谷川多佳子（訳），岩波文庫，1997年

　　第8章の心的因果で取り上げられた心身二元論の古典．デカルトの学問的な遍歴と独自の方法論が開陳されており，心の独立存在を謳った「われ思う，ゆえに，われあり」という言葉の出典である．

16) 金杉武司『心の哲学入門』，勁草書房，2007年

心の哲学に関する非常に平易な入門書. 哲学的な議論方法を確認したうえで話が進められており, また, Q & A 形式で要点の確認が行われているため, 初学者でもとっつきやすいだろう.

17) 信原幸弘(編)『ワードマップ　心の哲学——新時代の心の科学をめぐる哲学の問い』, 新曜社, 2017 年

心の哲学に関する非常に網羅的な概説書. 心の理解をめぐるさまざまな哲学的立場が整理して紹介されており, 現代的な心の哲学を一望するのに役に立つ.

18) 市川伸一『考えることの科学——推論の認知心理学への招待』, 中公新書, 1997 年

19) 蘭千寿・外山みどり(編)『帰属過程の心理学』, ナカニシヤ出版, 1991 年

最後に触れられたように因果性は心理学の対象でもある. 前者では因果推論を含むさまざまな推論・思考を左右する人間心理が簡潔に整理・解説されている. 後者では因果推論の心理についてより詳しく論じられている.

20) 久米郁男『原因を推論する——政治分析方法論のすゝめ』, 有斐閣, 2013 年

社会的・政治的な題材を中心に据えつつ, 因果推論の方法を理論的かつ実践的に論じている. 原因の先行性をはじめ, 本書と関連する話題もたくさん出てくるので, ぜひ参考にしてほしい.

21) 松王政浩『科学哲学からのメッセージ——因果・実在・価値をめぐる科学との接点』, 森北出版, 2020 年

哲学的因果論をはじめとする, (ともすれば自己完結しがちな)哲学内部の議論を科学の営みと接続し, 相互的なフィードバックの足場を築こうとする意欲的な著作. 本書の内容と重なる部分も多いため, 再整理・補完としても参考にされたい.

22) 清水雄也・小林佑太「特集シリーズ 2　科学的説明論の現在」, 『フィルカル——分析哲学と文化をつなぐ』, Vol. 6, No. 1, 2021 年

科学的説明論(科学的な説明とは何か, どのようなものであるべきか)の観点から, 現代有力な因果理論(可操性説・メカニズム説・カイロス説)が紹介・整理されている. とくに, 科学的説明と因果性の関係について関心のある方は参考にされたい.

解　説

因果関係は存在するのか
●
一ノ瀬正樹

問題の原点

「原因」という概念を私たちが持ち出すのは，どういうときだろうか．ことがスムーズに運んでいるとき，たとえば，通勤時に駅に向かって慣れ親しんだ道をいつものように歩いているとき，私たちは「原因」という概念を使用しない．使用する必要もないし，使用できるということを思いつきさえしない．けれども，歩いている途中，何かつまづいて，転倒しそうになった．「あれっ」と思う．石でもあったのか，靴紐がほどけていて引っかかったのか．原因は何だ，ということになる．このような例をもちだしたのも，私自身が，原因概念，そして因果関係について，これまで主題的に研究してきた過程で基本的な問題設定の仕方として思い描いていたのが，原因概念が現れるこのような原風景だったからである．すなわち，原因概念は，何か円滑に進んでいる過程からの逸脱が起こって，「どうして？」という問いが発せられる場面において姿を現してくるのである．

　このような次第で現れる因果関係は，ほとんどあらゆる場面，あらゆる学問領域に関わる．上で述べた日常的な行動の場面はありふれた例だが，車や飛行機などの交通手段の構造，天候の変化，分子原子の動き，経済の動向，自然災害の被害，刑事事件の裁判，心理的メカニズムの研究などなど，因果性が主役級で登場する場面は枚挙にいとまがない．こうした因果関係は，すでに発生した事象の理解に使用されるだけでなく，これから発生するであろう事象の予測や予防にも本質的な役割を果たす．だとすれば，因果関係とは何か，と問うことは学問，そして私たちの実践や社会活動にとって，きわめて普遍的で核心的な問いであることは疑う余地もない．逆に言えば，因果性に対する問いを避けるならば，学問的誠実さを疑われてしまうであろう[*1]．実際，因果関係の理解なしでは，私たちはこの世界に生存することさえできない．自分の体を空中に

199

投げ出すことは落下の原因となる，という理解なしで，一体どうやってこの世界を生き延びるというのか．因果性，それは学問においても生活においても，まさしく特級的に根幹的な主題なのである．

　さて，上で指摘した，因果関係を顕現させる逸脱だが，それは，転倒しそうになるといったネガティブなことだけではない．たとえば，テニスで，いつもはうまくいかないバックハンドボレーが成功し，「あれっ，どうしてだ」と問うときのように，プラスの価値をもつ逸脱も含まれている．では，そのような問いが発生しておらず，ことがスムーズに進行しているときには，原因概念はどうなっているのだろうか．たぶん，この点こそが，因果概念をどう理解するかの分水嶺であろう．あらかじめ私の立場を言ってしまえば，そのように，問いが発生していない場面では，因果関係はない，のである．瞑想に浸り，自意識でさえ不明瞭になるとき，世界はある通りであり，問いはない．原因概念は完璧に欠如している*2．

　しかし，こうした立場は私自身の立場であり，問いとは独立に，因果関係は成立している，とする考え方もある．原因結果の関係性は，たとえば，私たちのあずかり知らない遠い天体の中でも，物理化学的な現象の次元で紛れもなく客観的に成立している．たしかに，そのようにも思える．このあたりを大まかな色分けとして手がかりにしていくことが，哲学の因果論に向きあうさしあたりの羅針盤となるだろう．本解説では，私自身の観点から，本書に向かうに当っての背景となる事情を補足として記述しつつ，本書の特徴に触れていきたい．

ヒュームとカント

　振り返れば，因果性の問題はほとんどつねに哲学的主題の中核を占めてきたと言ってよいだろう．ギリシア哲学の時代から 21 世紀の今日に至るまで，哲学のどのような潮流においても，因果性の問題は哲学者たちの気がかりの的であった．因果性という問題の普遍性を考えれば，哲学がそれを主題的に論じてきたことはまことに正当である．そうした哲学の議論の推移には，大きく見て，2 つの軸があったように思う．1 つは，因果関係は私たちの存在するこの現実世界の外側においてだけ適切に機能する概念であり，とりわけ神概念とのからみで有意味となるとする<u>形而上学的流れ</u>であり，もう 1 つは，そうした形而上

解説　因果関係は存在するのか

学的目線を意識に入れつつも，私たちが現実の現象間に因果概念を適用しているという事実を救い出そうとする認識論的流れ，である．

　実際，哲学の歴史において，ソクラテス・プラトンの時代前後からの「アルケー」(根源，支配者)や「アイティア」(原因，責任)にまつわる議論，アリストテレスの四原因論，そして中世哲学の泰斗トマス・アクィナスが明示化した「神の存在の宇宙論的証明」(森羅万象には原因があるのだから，宇宙の原因としての神が存在する)など，因果概念は議論の本丸にあった．その余韻は近代にも流れ込み，デカルト派，とりわけマルブランシュが「機会原因論」を提唱し(森羅万象の原因は神であり，現実の現象はそれを顕現させる「機会」にすぎず，原因性は現象内にはない)，中世神学での原因概念の流れを一部継承しつつ，原因概念の非経験的性質，すなわち形而上学的流れに対応する側面に近代の文脈から視線を注いだ*3．原因結果というと，たとえば，マッチをすると火がつく，のような現象間の関係のことがどうしても想起されがちなのだが，神概念と連関して現れる形而上学的流れに位置するこうした因果概念こそが，実は，哲学の中での因果論の強固な背景をなしていること，これを押さえなければならない．

　しかし，こうした文脈の進行の中に，衝撃的な議論が割って入って来る．デイヴィッド・ヒュームの因果論である．ヒューム因果論は，正確にどういうことを述べていたのかを理解するのは大変困難なのだが，大きな着想としてはシンプルである．私たちが世界から受け取る情報は個別個別独立のもので，そこに相互の結びつきを見取ることはできない，けれども，Aタイプの出来事とBタイプの出来事が繰り返し恒常的に連接して現れると，私たちは両者を結びつける習慣をもってしまい，どちらかのタイプの出来事を知覚すると，他方のタイプの出来事を連想せざるをえない強制感を覚える，これが因果関係の実相であり，そうした強制感こそが因果的必然性の正体である．これが，「因果の規則性説」と呼ばれる，ヒューム因果論の骨子である．

　こうした議論の根底には，私たちが理解していると思っている原因結果の関係は，突き詰めて考えると，それ自体として知覚できるようなものではない，という把握がある．マッチをすると火がつく，という場合ですら，どこに火がつく原因となるような，力のようなものが現れているのか，その力そのものを

201

知覚することはできず，厳密には突き止められない．マッチをすった，火がついた，という2つの事象は知覚できても，マッチをすった「ので」火がついた，という「ので」はどこにも見当たらないというのである．言い方を換えれば，因果関係というのは，マッチをすったとか，火がついたとか，といった事象が存在しているのと同じ意味で，存在しているとはいえない，という理解である．世界の中にそれとして知覚できる事象ではない，という見方である．一見奇妙に思われるかもしれないが，マッチをすったという事象を原因とするのとまったく同じ資格で，マッチをすろうとした私の「意図」を原因としてもまずい点は何もないことを考えると，マッチをすった，火がついた，の間にだけ特権的な何かがあるとする，一見直観に適うような見方が揺らぐことは理解されるだろう．そのことは，2つの事象の間に何か固有な結びつきは存在しない，ということを暗示する．

　ここには，古来続いてきた，因果概念に関する形而上学的流れの伝統が密かに息づいている．ヒュームの，「ので」という因果性は見当たらないとする議論では，原因結果の関係は現実世界のなかには存在せず，存在するとしても，神がからむような，現実世界の外部にしか妥当しない，という伝統的な因果概念の着想が，多少変容した形ではあれ，確認できる[*4]．しかし同時に，ヒュームの議論には，私たちが日常的に因果関係を語り，それによって世界を理解しているという事実をなんとか説明しようという動機も確認できる．たとえそれを「習慣」というメンタルなものに回収しようとしているのだとしても，私たちの因果概念の日常的使用に基礎を与えようとしているのである．ここに，世界の現象に対して因果概念を適用する，というもう1つの私たちの思考実践に関する，哲学の側からの自覚的な主題化が見取られる．先に述べた，認識論的流れが，ヒュームにおいて真に主題化してきたのである．

　けれども，こうしたヒューム的因果理解は，とどのつまり，世界の現象間の関係性を私たちの「心理的な癖」に還元してしまうという，途方もない世界観を促してしまう．ニュートン力学に展開されているような，自然現象の法則性が，私たちの心の癖にすぎないのだろうか．そのように裁定してしまうことは，ニュートン力学の圧倒的な実績にそぐわないのではないか．ヒュームやカントより後の時代の話だが，ハーシェルが発見した天王星の運動にはニュートン力

学では説明できない不規則性が見取られていて，それをニュートン力学的に説明するには，天王星の外側にもう１つの惑星がなければならないと考えられていた．そして，後日（1846年），ガレとダレストによって海王星が発見されたのである．これは，ニュートン力学の驚くべき能力・功績として語り継がれている．

　しかし，ヒュームに従えば，これも私たちの心の癖にすぎない，とされるのだろうか．こうした類いの大きな疑問を感じた代表が，あのイマヌエル・カントである．カントは，それゆえ，科学的な法則性（カントはその核心を因果性に見取っていた）の，心理的な癖ではない，客観的妥当性を証すべく，いわゆる「コペルニクス的転回」という，超越論的哲学を構想したわけである．すなわち，因果性は，世界そのものの素材（質料と呼ばれる）に内在するのではなく，私たちの心（主観）が世界そのものの素材に投げかけ当てはめることによって現れてくるもので，それなしには認識がそれとして成立しない，と考えた．その意味で，因果性は，経験などを超越した形で「ア・プリオリ」に現象間に成立しているのであり，その限り，因果性を軸とした法則性は，原理的に普遍的に妥当する，というのである．

　こうしたカントの因果論は，ヒュームと鋭く対立しているようにも見えるが，実は，世界の側には因果関係は存在していない，と理解する点で，ヒュームが密かに受け継いだ，因果性についての形而上学的流れを受け継いでいる．その点で，ヒュームとカントは同じ傾向性を共有している．では，認識論的流れに対してはどうか．ここは，評価が分かれるところであろう．いずれにせよ，ヒュームとカント，この２人の哲学者の間に見いだせる，因果関係をめぐる論点の対立は，遠く現代の因果論の背景を提供していると言ってよい．

四つの区分

　本書『因果性』は，基本的に，21世紀の現代分析哲学の視点から因果性の問題を通覧しようという書物である．歴史的・伝統的な経緯についての説明はほとんど省かれているので，前節までで私が多少の補いをした次第である．私の見るところ，本書の叙述は，著者クタッチが物理学の哲学の専門家であることを反映して，全体的には，上で述べた認識論的流れに視点を置いて，因果関

係の問題を概観するという体裁を採っており，しかも，因果性についての哲学のありように まことに誠実に，なんらかの結論めいたものを提示することを自覚的に避けている．一部の読者は，楽観視を戒める本書結末の言葉に戸惑うかもしれない．しかし，これが哲学なのである．哲学とは，ソクラテス以来，分からないということを真に理解する営みなのだから．読者は，因果性にまつわる議論の混迷さの度合いを，ぜひ本書を通じて体感していただいて，みずから考えを深めていってほしい．

　本書の議論の枠組みは，序論で簡潔に描かれている．それは，次の4つの区分によって組み立てられる(p. 2).

- 単称因果と一般因果
- 線形因果と非線形因果
- 産出的因果と差異形成的因果
- 影響ベース因果と類型ベース因果

　第1の「単称因果と一般因果」の区別とは，単一の事象に関する因果関係，たとえば，私が2秒前に打ったバックハンドショットが左サイドダウンザラインのウィナーの原因である，といった因果関係が単称因果で，法則的な因果，たとえば，野球の硬球が時速20キロ以上でガラス窓にぶつかることがガラス窓が割れることの原因となる，といった因果関係が一般因果である．今日，因果関係理解にもとづく刑事責任を論じる場面をモデル的場面として，単称因果についての議論が花盛りであり，そうした文脈では単称因果は「現実因果」(actual causation)と呼ばれることが通例となっている．

　また，第2の「線形因果と非線形因果」の区別とは，原因と結果が量的に線形的比例関係にあるような因果，たとえば，クタッチの例では，バネばかりの重りの質量がはかりの目盛りが下がる幅の原因となる，といった因果関係が線形因果であり，なんらかの閾値を超えると結果が顕在化するような因果，たとえば，50 kgまでしか支えられないはかりに1 kgの重り70個を一挙に吊したことがはかりが壊れたことの原因である，といった因果関係が非線形因果である．非線形因果の場合，1個1個のおもりが結果に果たす役割は比例的ではない(pp. 9-10).

　第3の「産出的因果と差異形成的因果」の区別とは，実際に活動したことが

原因となってある帰結が生じた，たとえば，実際に漁をしたことが魚の捕獲の原因となった，という因果関係が産出的因果で，漁をするための船を貸したことが魚の捕獲の原因となった，という因果関係が差異形成的因果である（pp. 12-13）．これはおそらく，クタッチの本書ではあまり主題化されなかった，責任帰属の際の因果関係に深く関わる区別であろう．1995年の地下鉄サリン事件では，実行犯と間接正犯の両者が罰せられた．実行犯は被害の産出的原因をもたらした者である一方，間接正犯は事件を指令した，事件被害の差異形成的因果をもたらした者であろう．

　第4の「影響ベース因果と類型ベース因果」の区別とは，影響・行為者性・操作・介入などの要素が入った因果，たとえば，レバーを引くと電車が発車する，といった因果関係が影響ベース因果で，時間空間上の類型・パターンの間の因果，たとえば，今日に至るまでの気候上の推移の積み重ねが今日の気候変動の原因である，といった因果関係が類型ベース因果である．これは，本書の中ではほとんど唯一，私が先に述べた「形而上学的流れ」と「認識論的流れ」という区別にもう一歩，という区別立てではないかと感じる．影響ベース因果はむろん認識論的流れに属するのだが，類型ベース因果は，もう一歩進めると，世界の現象の外に原因性を帰する，という視点が発生しそうな因果関係なのではないかと思えるからである．宇宙全体の類型間の因果，それは神意とか摂理とか，そうしたものと紙一重に私には思われるのである．

　クタッチは，いわば哲学的因果論のお作法として，まずはヒュームの因果論を検討するところから議論に入るが，ヒューム因果論解釈という文脈で，いま述べた4つの区分とは別の，3つの区別も導入している（pp. 34-36）．「投影主義」，「因果還元主義」，「因果実在論」の3つである．投影主義とは，私たちが自身の心の中で感じている強制感を，客観世界にあたかも属するように投影して，因果関係の理解が成立している，とする考え方で，カント的構成主義と同じではないが，それを連想させるような見方である．因果還元主義とは，因果性とは，因果的な力とか因果的法則とか，そうした因果性そのものに当たる何かにもとづくのではなく，現象の経験的規則性など，因果性そのものとは別の何かに還元できる，とする考え方である．これは，投影主義と両立する見方であろう．また，因果実在論とは，因果関係は世界の実在の側に客観的に存在す

る，とする見方で，これをヒューム因果論に帰するのはテキスト上は変化球的
だが，かつて「ニュー・ヒューム論争」という名称のもと，話題になったこと
のあるヒューム因果論解釈ではある．私自身は，ヒューム因果論の基本的着想
は，因果実在論の真逆で，因果関係は実在の世界には存在しない，というもの
だと理解しており，そしてそれは伝統的な形而上学的流れを継承する捉え方で
あると解釈している．

　いずれにせよ，先に示した4つの区別を基礎にして，とりわけクタッチの述
べ方では，第3の「産出的因果と差異形成的因果」の区別と第4の「影響ベー
ス因果と類型ベース因果」の区別とが交差するところに，因果関係に関する論
争の基準線を見いだし整理を施していく，というのが本書の基本的構成である．

産出と反事実的条件分析

　なかでも，本書で根本的な整理基軸となるのは，産出的因果と差異形成的因
果の区別である．産出的因果の一例，あるいはその端緒として検討されるのは，
因果プロセス説と因果メカニズム説である．どちらも，因果実在論的な立場で，
世界の中に因果性が客観的に内在していて，それは科学によって発見や確証が
されるという，ある意味では直観に適った因果関係のイメージに根差している．
因果プロセス説は，因果性はエネルギーの伝達を含む(pp. 48-49)という考え方
に淵源し，ウェスレイ・サモンやフィル・ダウが提起した因果論であり，因果
プロセスを「保存量の交換を伴う，複数の世界線の交わり」(p. 51)として規定
する．こうした因果プロセス説は，因果関係を客観的なものとして捉えたい文
脈では，一定の説得力がある．けれども，たとえば，彼の言葉が私を傷つけた，
というような，現象の全体的プロセスではなく，特定の事象に焦点が当てられ
た上で言い立てられる因果関係に対しては，対処能力を著しく欠く．また，因
果実在論である限り，不在や不作為を原因とする「不在因果」の問題には完璧
に無力である．

　「不在因果」とは，育児放棄が子どもの死の原因であった，といった因果関
係理解のことで，因果関係理解として決して珍しい事例ではない．結婚式に招
待した親友が連絡もなく当日欠席したら重大な波紋が生じるだろう．誰かがい
なかったり，何もしなかったりすることは，しばしば因果的影響を及ぼすので

解説　因果関係は存在するのか

ある[*5].

　因果メカニズム説は，プロセス説とは異なり，世界の全体的プロセスではなく，「諸部分同士の相互作用」(p. 60)に焦点を当てて，そこでの規則的な変化の産出という形で因果関係を捉える立場である．ただ，この因果メカニズム説に対しては，そもそもこれは何を説明したことになるのか，因果概念に対してどのような分析をしたことになるのか，という根本的な疑問がしばしば提起される．このことの根底には，「メカニズム」という概念の不明確さがある．結局，因果性というものを言い換えただけであって，何かの分析という営みになっていないのではないか，という疑問である．また，この因果メカニズム説も，因果実在論的である限り，因果プロセス同様に，「不在因果」には無力である．いずれにせよ私個人は，因果実在論には否定的である．それは，哲学的因果論の形而上学的流れの伝統に反するし，ヒュームやカントの洞察にも反している．

　これに対して，差異形成的因果の代表的立場として検討されているのは，哲学的因果論の世界で，古典的なヒューム因果論に並んで，突出した影響力を持ち続けている「反事実的条件分析」である．その端緒はデイヴィド・ルイスの因果性についての議論である．基本的な発想はシンプルで，c や e を個別の出来事を表すとして，$O(c)$ を「c が起こった」という命題とするとき，「もし $O(c)$ が真だったならば $O(e)$ は真だっただろう，かつ，もし $O(c)$ が偽だったならば $O(e)$ も偽だっただろう」が成り立つとき，c は e の原因である，と考えるのである(p. 75)．この場合，さらに，こうした両方の反事実的条件文が成り立つことを「命題 $O(e)$ は命題 $O(c)$ に反事実的に依存する」と規定すると，c から e に至る因果的依存関係の連鎖が生じるとき「c は e の1つの原因であり，c と e のあいだには因果性が成り立つ」と言い，そうでない場合「c は e の原因ではない」と言う，とされる(p. 75 参照)．

　この議論を検証するのにクラッチが言及しているマクローリンの例は，ある砂漠の旅行者が，2人の暗殺者に狙われていて，1人の暗殺者は旅行者の水筒に毒を入れ，もう1人の暗殺者はその水筒に小さな穴を開けたとすると，旅の途上で水が漏れてなくなり，旅行者は脱水で死んでしまう，というものである．この場合，旅行者の死の原因は水筒に穴が開けられていたことであって，水筒に毒が盛られていたことではない(p. 74)．しかし，反事実的条件分析を使うと，

水筒に穴が開けられていなかったならば死ななかっただろうも，水筒に毒を盛られていなかったならば死ななかっただろうも，どちらも成立しないように一見思われる．しかし，暗殺者の行為と旅行者の死の間にいくつかの介在する出来事を挟んで考えると，事態は違って見えてくる．たとえば，「水筒の中に毒が入っている」という出来事である．これはたしかに「毒を盛ったこと」に因果的に依存している．「毒を盛られなかったならば，その水は無毒だっただろう」と言えるからである．けれども，「旅行者が死んだこと」は「水筒に毒が入っていること」に因果的に依存しているとは言えない．なぜなら，「水筒に毒が入っている」とされた時点 t_1 で「もし水筒に毒が入っていなかったならば，旅行者は死ななかっただろう」とは言えないからである．というのも，もしその時点で水筒に毒が入っていなかったとしても，そのあと水筒の水が漏れたことによって旅行者は死んでしまうと考えられるからである．ということは，ルイスの反事実的条件分析では，「毒が盛られたこと」は旅行者の死の原因ではない，という常識的判断に合致する結論が導けるわけである．

　また，今度は時点 t_1 より後の時点 t_2 の出来事を考える．たとえば，水筒が空になった後で生じる「旅行者が脱水症状を起こす」という出来事である．この出来事は，反事実的条件分析により「水筒に穴が開けられた」出来事に因果的に依存することが分かる．また，「旅行者が脱水症状を起こさなかったならば，旅行者は死ななかっただろう」も言えるので，旅行者の死は「旅行者が脱水症状を起こす」という出来事に因果的に依存する．かくして，「毒が盛られた」出来事は「旅行者の死」の原因ではなく，「水筒に穴が開けられたこと」が「旅行者の死」の原因の１つである，という分析結果が得られ，反事実的条件分析は私たちの常識的な因果的理解をすくい取っていることになる．こうした分析は，出来事をノードとするダイアグラム，「ニューロン・ダイアグラム」と呼ばれる図によって明示される (pp. 76-78)．それ以外に出来事の「もろさ」に注目する対処法もあるが，それは本文を参照してほしい (pp. 79-80)．いずれにせよ，こうした１つの原因が機能するはずの道筋に先立って，別の原因が実際に機能してしまうような事例を「先取り」(preemption) と呼び，しばしば因果の反事実的条件分析の成否を占う試金石として提起されるのである．

　さて，こうした反事実的条件分析は，先に言及した因果実在論の立場からの

208

解説　因果関係は存在するのか

産出的原因説に対して，「不在因果」に対応できることになるなど，多くの利点をもつ．けれども，当然ながら完璧ではない．先の「旅行者の死」のようなケースでも，条件を変えると反事実的条件分析では対処しがたい「先取り」因果の事例も想定しうる(pp. 88-91)．さらに根本的な問題点は，それぞれの反事実的条件文の真偽を確定する基準が不明確である，という点である．クタッチは，この反事実的条件分析の真理判断基準について「単なる思いつき以上の根拠があるのだろうか」(p. 85)と，辛辣な言い方さえしている．さらにクタッチは，因果の反事実的条件分析は「反事実条件文の真理値にもとづいて定量化しており，その真理値は真か偽かの2値だとされている．そのせいで，こうした反事実条件説では差異形成の程度を表現することが難しい」(p. 87)と，反事実的条件分析の問題点を指摘している．ただ，この点については，ルイスの活躍していた時代からすでに，非決定論的因果に反事実的条件分析を適用する試みがラマチャンドランによって行われていたし(Ramachandran 2004)，今日では，シュルツによる反事実的条件文を確率込みで解釈する試みや(Schulz 2017)，ライトゲブらにより反事実的条件分析に対する確率的意味論の研究が展開されており(https://www.academia.edu/5766161/A_Probabilistic_Semantics_for_Counterfactuals)，クタッチの述べ方をそのまま受け取ることには，やや慎重さが要求されるだろう．

確率上昇と介入

　さて，クタッチは，反事実的条件分析に続き，差異形成的因果のもう1つの有力な考え方として，一定の哲学者が強力に支持し続けるところの「確率的因果」の考え方を取り上げる．この考え方は，着想としてはたいへんにシンプルで，これまでの哲学者の因果論は往々にして原因と結果のあいだに「必然性」が成立している，成立しているべきである，と暗に前提してきたが，私たちの実際上の因果関係理解は必ずしもそうではなく，ある出来事が発生すると別の出来事が必ず発生するわけではないけれども発生しやすくなる，といった関係性として理解しているはずだ，と捉えるのである．すなわち，C, E が出来事を表すとして，条件つき確率を使って，

「C が E の確率を上昇させる」とは，P$(E \mid C)$＞P(E)，または，P$(E \mid C)$ ＞P$(E \mid \sim C)$ が成り立つことにほかならない．そして，「C が原因で E が 生じる」とは「C が E の確率を上昇させる」ことにほかならない (p. 119)．

と表現される考え方である．こうした確率込みの因果関係理解はまったく珍し いものではない．健康面での因果関係はほとんどこれである．たとえば，飲酒 はがん死の原因になる，という言い方を私たちは一般的に受け入れているだろ う．けれども，あまりに当然だが，これはあくまで確率的な主張であって，飲 酒をすることで，しない場合よりがん罹患率がなにがしか高まるということで あって，飲酒をすると必ずがん死するということではない，というように私た ちは理解している．実際，飲酒をしてもがん死しない人などごまんといる．つ まり，ここで注意すべきは，高まり具合がたとえわずかでも，さしあたり，高 める要素となったものが原因候補に浮上するという点なのである．また，ク タッチが言うには，こうした確率的因果，すなわち因果の確率上昇説は，類型 ベース因果の理論であって，影響ベースではないし，産出的因果でもない．

　この確率上昇説は統計的データにもとづいて，因果関係を実証的に示すこと ができる点で，利点をもつ．けれども，条件つき確率は，条件づける項と条件 づけられる項とを逆転しても有意味に構成できるので，確率上昇説では原因結 果の非対称性が示しがたいという点，共通原因が隠れた疑似相関を因果関係と して誤認しやすい点，シンプソンのパラドックスをどう処理するかという点， など問題点が多数指摘されている．さらには，確率を低下させるけれども原因 と見なされる事例，確率を上昇させるけれども原因と見なされない事例など， 反例もいくつか提起されていて，普遍性を謳うには正直ほど遠い[6]．

　クタッチは，確率上昇説の延長線上にある，因果性についての実証的アプロー チとして，今日隆盛をきわめているといってよい「影響ベース因果」の議論 にも視線を向ける．介入説である．これは，因果関係とは，結局は，誰か行為 者が p を引き起こすことができれば q を引き起こせるだろう，という操作の場 面に意味の源泉をもつ関係性である，とするフォン・ウリクトの操作主義に端 を発する考え方である．これは，もともと私が言及した認識論的流れが，「私 たちが現実の現象間に因果概念を適用しているという事実」に視線を注ぐ論脈

である限り，まさしく認識論的流れの正道を行く考え方であろう．けれども，行為者性とまったく関わらない因果関係，たとえば，何万光年も離れた天体間の因果関係，などにはどう考えても適用しがたい．かくして，操作主義のスピリットを受け継ぎつつも，そうした欠点を免れた考え方として「介入主義」が提唱されてきた．それはすなわち，因果関係とは，因果的なシステムを外部から操作することによって，つまり現行の科学実践を介して，そうした科学実践の間に成り立つ多様な結びつきを描き出すことで解明あるいは提示される，という見方のことである．操作や介入を強調する点で，単にデータを観察することにもとづく「因果の確率上昇説と一線を画している」とされる(p. 146)．こうした介入説は徹底して非形而上学的立場で，因果性とは何なのか，といった問いをいわばスキップして，私たちが現実に因果関係として理解している関係性を精確かつ実証的に描き出すことだけを目指す考え方である．ある意味で，ヒューム因果論の現在の究極的展開であると言えるかもしれない．

　こうした介入主義の考え方は，確率上昇説と同様に統計的手法と親和性があり，「因果モデル」を媒介して表現される．本書では，有向グラフによって構成される因果モデルが，介入主義の核心的展開として挙げられている(pp. 147-151)．おそらく，これ以外に，本書では触れられていないが，特定の要因間の因果関係を確認するために，今日有効な方法として多方面で利用されている「ランダム化比較試験」(RCT)もまた，介入主義のカテゴリーに入る因果関係理解の1つだろう．ランダム化比較試験とは，たとえば，電気代上昇と節電とのあいだに因果関係があるかどうかを調べるため，他の条件をランダムに均質化して，電気代を上昇させる介入グループと，何もしない比較グループとに分けて，データを取る，というやり方である(伊藤2017，第2章参照)．

　けれども，こうした因果関係理解は，哲学者が主題化したいと考えているような問いに対しては，あまり立ち入って検討しようとはしない，という弱みがある．クタッチが指摘しているように，たとえば，因果性が未来に向かう非対称性を有しているのはなぜか，といった根源的な問いに対しては無力である(p. 158)．ただ，認識論的流れを突き詰めていくと，おのずと発現してくるような理論であるとは言える．

心的因果，そして責任帰属

どうだろうか，因果関係とは何か，という問いの混迷の度合いが伝わっただろうか．哲学者たちの多くは伝統的に，因果関係は客観的現象としては存在しない，と捉えてきた．因果関係とは現象の側にあるのではなく，現象の外側から，究極的には神だけが発揮できる関係性であると，あるいは，やや譲歩するならば，私たちが現象に投げかける関係性であると，そう捉えてきた．けれども，同時に，日常的な世界理解あるいは言葉遣いの次元では，私たちは現象の内部に因果関係を帰属させ，そうして安全に生活しているという事実も決して見落とされてはならない．この両ベクトルの微妙な揺れ動きが，哲学での因果論を構成するモメントであると言ってよいだろう．

クタッチは，さまざまな因果論を検証する最後の例題として，心身問題あるいは心的因果の問題を取り上げる．心的因果とは，要するに，心と身体の間の因果関係のことで，伝統的に心身問題と呼ばれてきた問題圏に位置する．すべての現象は物理的現象に還元できるとする唯物論と，物理的現象だけでなく，それとは異なる心的現象も存在する，とする二元論との伝統的対比のもと，心的なものがなんらかの原因になりうるか，という問いをめぐる「心の哲学」と呼ばれる領域の論争が詳細に検討されている．こうした心的因果への応用問題を読みながら，本書の議論を評価するのは，もちろん読者に委ねられている．

私自身は，ギリシア語の「原因」を意味する「アイティア」が同時に「責任」を意味するという言語的事実に重きを置いて因果関係の問題をずっと捉えてきた．これはなにも古代ギリシア語に特有な用法ではない．日本語の「何々のせい」という言葉もまったく同様である．「彼のせいで俺たちのチームは負けた」と言うとき「せい」は責任を帰属しているが，「大雪のせいで交通渋滞している」というときには「せい」は原因を意味している．つまり，私たちの因果的理解の事実という点では，原因概念は責任概念とつかず離れずの連動をしているのである．だとすれば，責任概念への目線を因果論へも自覚的に浸透させなければならない．

本書でも，最後の最後の部分で「道徳的・法的な観点から因果性に興味をもっている人」(p. 175)へのケアが施されている．そこでは，人にリスクを負わせる，という事象をめぐって，短いながらも非常に深い洞察が展開されている．

解説　因果関係は存在するのか

けれども，結論は結局出せない，というのが結論だ．私は，しかし，ここで
「べき」として表現される規範性の視点から事態を整理できるのではないかと
考えている．もちろん，責任概念とは事実に根差すものではなく「べき」に関
する規範性の世界に属する概念だ，という基本理解が背景にあるわけである．
つまり私は，因果性とは，世界の現象にまつわる「である」としての事実とい
うよりもむしろ，「べき」としての規範性に一層浸された関係性なのではない
かと捉えているのである．むろん，事実としての側面がゼロになるというわけ
ではない．ただ，規範性に傾斜した形にすることによって初めて，因果性の真
相が暴かれるのではないか，と推定しているのである．そして，規範性は，現
象そのものに内在するのではなく，現象の外側から宛てがわれるものだと理解
されるならば，規範性重視の立場は伝統的な形而上学的流れにも親和していく
だろう．加えて言えば，西洋哲学の伝統では，規範の根源をなす根本的道徳法
則としての自然法は神によって指令される命法であった．ならばこそ，規範性
に注視することは，神が世界の原因である，というまことに由緒正しい，古い
ながらも根源的な因果性概念に回帰する道しるべなのかもしれない．まことに，
因果はめぐる，のである．

*1　私が学生時代，「因果性」と「志向性」という対比がしばしば話題になった．ある
　事象を解明するのに，それに先立つ源泉に言及して解明しようとする「因果性」と，
　それが目指す目的を名指して解明しようとする「志向性」，といったコントラストで
　ある．たとえば，「手を挙げる」という動作は，脳からの神経パルスの動きによって
　因果的に説明できるが，「タクシーを止めるために」という目的に言及して志向的に
　も説明できる，といったようにである．これがゆえに，「志向性」概念を重視する研
　究者の方々は，「因果性」をメカニズムと同一視する傾向があったように思う．けれ
　ども，目的に言及する場合でも，そうした目的を実現したいという欲求が原因として
　機能していると理解すれば，途端に因果的説明へと還元される．こうした意味で，ま
　ことに因果性は普遍的かつ遍在的なのである．（ただし，原因を指定するという思考
　の「志向性」を問題にすれば，因果性を志向性に還元するという逆の道筋も可能であ
　ることも注意はしておきたい．）
*2　私は，自著『英米哲学入門』で，このように，逸脱事象に対する問いを媒介して
　はじめて原因概念が機能するという因果関係理解を「因果の逸脱基底的・疑問依存的

理論」(the deviation-based, question-dependent theory of causation)と呼んで論じた．その考え方は，よりシンプルに，「因果的であることとは問われることである」(to be causal is to be questioned)とするスローガン，私が「クアエリ原理」と呼んだスローガン，に集約される(「クアエリ」とは「問われること」を意味するラテン語である)．ぜひ参照いただきたい．

*3 実は，アイルランドの哲学者ジョージ・バークリの因果論も機会原因論に酷似している．ただ，バークリは，神だけでなく，人間の精神にも原因性を帰属している．バークリの因果論は，哲学史の中で埋もれているが，注意を向けるに値するユニークなものである．拙論「バークリ」参照．

*4 とはいえ，ヒュームが，世界を創造した原因は神である，といった意味での原因概念使用を認めていたとは言いがたい点，注意してほしい．ヒュームは，『自然宗教に関する対話』の中で，自然の中に認められる秩序や目的適合性には意図があるに違いなく，その意図は神を原因とすると考えざるをえないので，神は存在する，という，いわゆる「デザイン論証」を詳細かつ批判的に検討している．

*5 不在ということは，究極的には「無」ということになろう．かつてデイヴィッド・ルイスは，「真空」に人を投げ込んだなら，圧力ゼロなので，身体が膨張し血が吹き出て破裂する，という例を挙げて，「不在因」の究極の形を例示していた．たしかに，「真空」には何もなく，「無」であり，そしてそうした「無」が身体に影響を及ぼすわけである．Lewis 2004 参照．

*6 シンプソンのパラドックスも含めて，確率的因果の問題点については，拙著『確率と曖昧性の哲学』，『英米哲学入門』をぜひ参照されたい．

参考文献

一ノ瀬正樹 2007.「バークリ」，『哲学の歴史　6』(松永澄夫編，中央公論新社)所収，pp. 171-208.

─── 2011.『確率と曖昧性の哲学』，岩波書店

─── 2018.『英米哲学入門──「である」と「べき」の交差する世界』，ちくま新書

伊藤公一朗　2017.『データ分析の力　因果関係に迫る思考法』，光文社新書

Lewis, D. 2004. 'Void and Object'. In *Causation and Counterfactuals*, eds. J. Collins, N. Hall, and L. A. Paul, The MIT Press. pp. 277-290.

Ramachandran, M. 2004. 'A Counterfactual Analysis of Indeterministic Causation'. In *Causation and Counterfactuals*, eds. J. Collins, N. Hall, and L. A. Paul, The MIT Press. pp. 387-402.

Schulz, M. 2017. *Counterfactuals and Probability*. Oxford University Press.

訳者あとがき

本書は Douglas Kutach (2014), *Causation*, Polity Press の全訳である．原著者のクタッチ氏は，哲学博士号の取得後，因果論の専門書を出版し大学講師を務めたが，現在は科学研究員という経歴の持ち主であり，因果性の分析に欠かせない哲学と科学の架橋を地で行く人物と言える．因果性のほか，タイムトラベルや時間の矢に関する論文なども発表しており，世界の根本的な構造に対する強い関心がうかがわれる．

本書の特色としては，まず日本語で読める数少ない哲学的因果論の概説書であること，それでいて情報量が豊富で，主な学説の紹介・分類・批判が申し分なくなされていること，また各章に Q & A や練習問題が付されるなど教育的配慮も行き届いていること，こういった点が挙げられる．それと，時折クタッチ博士流のジョークが飛び出すなど，比較的くだけた筆致であることもつけ加えておこう (冒頭の「偉大な哲学者」が誰のことか思いつかず，不勉強を嘆いたのも今ではいい思い出だ)．

本書の概要と位置づけは解説を読んでいただくとして，ここで本書の読み方について一言述べておきたい．本書にはかなり発展的な内容も含まれており，また練習問題は難問ぞろいだ．そのため，哲学的な議論に慣れているというのでもなければ，一読目は各学説の骨子をつかむことに専念し (その際，解説が大きな助けとなるだろう)，難所は軽く流すことをお勧めする．そうして全貌をつかんだうえで再読し，改めて難所に，今度は粘り強く挑戦していただければ幸いである．教員や友人など，ほかの人に相談してみるのもいい．ただでさえ，私たち人類には交流が不足しているんだから．

訳出の方針として，とくに平易で自然な日本語にすること，議論の流れを円滑で明瞭にすることを心がけた．そのために必要とあれば，かなり大胆な意訳も行った．また，原著がもともと教科書的な性格の本であり，基本情報を丁寧に伝えようとしていることに鑑み，翻訳上もいくつか工夫を施している．まず，「専門用語と日常用語の対応関係」や「既出の内容との関連性」を明示してお

きたい場合，やや煩瑣ながら表現を置き換えて（　）で付記した．また，本文を読み進めるうえで助けとなるような具体例や手短な解説，注意点，参照ページなどを〔　〕で補っている．さらに，その他の補足のうち，初学者向けの情報や専門用語の解説などで長くなるものは別注としてまとめた．

　幸い，訳者はクタッチ博士とメールで交流する機会を得たため，不明点や疑問点については（やや図々しいほど）ご本人に問い合わせることができた．「世界観が一変した」という楽しい話ではなく，面倒な質問の数々であったにもかかわらず，とても誠実かつ丁寧に回答していただき，一部修正の労までとってくださった．おかげで，本書は実質的に原著の改訂版とも言えるものになり，完成度はさらに高まったことと思う（そうでなければ訳者の責任である）．クタッチ博士には心より感謝申し上げる．

　ほかにも多くの方々のお世話になった．まず，武蔵野大学の一ノ瀬正樹教授には，訳者としてご推薦いただき，お忙しいなか翻訳検討・解説の労をとっていただいた．また，「現代哲学のキーコンセプト」シリーズの訳者仲間である，鴻浩介氏，高崎将平氏，佐竹佑介氏，野上志学氏にも，翻訳検討会で有益なアドバイスをいただいた．とくに野上氏は，第4章で扱われるデイヴィド・ルイスの解説論文を書かれていることもあり，専門的な内容に関わる相談に応じていただいた．それから，当時大学生だった慶應義塾大学院生の高萩智也氏には，全体に目を通していただき，詳細なコメントをいただいた．本シリーズは教科書としての使用も想定しているため，学生視点でのチェックは大きな助けとなった．また，サンテクノカレッジの杉田勝実氏，理化学研究所の堀之内貴明氏には，数学・自然科学系の記述に関する相談に快く応じていただき，貴重なアドバイスをいただいた．最後に，岩波書店の押田連氏には，全体的な方針についてご相談させていただいたうえ，折に触れて翻訳・体裁をチェックしていただいた．クタッチ博士と連絡が取れたのも氏のおかげである．以上，みなさまに心より御礼申し上げる．

索　引

→は「この項目を／も見よ」の意

ア 行

INUS 条件（INUS condition）　104, 107-108
因果（causal; causation; causality）　→因果的,
　因果理論
　——グラフ　→グラフ
　——性の向き（direction of causation）
　　106-107, 188-189
　——の非対称性　→非対称性
　——プロセス　→プロセス
　——法則　→法則
　——メカニズム（causal mechanism）
　　60-66, 68, 71-72, 81-82, 169, 185
　——モデル（causal model）　146-151,
　　153, 156-158, 173
　　——構築　→因果理論
　　拡張——（extended causal model）
　　　156
　　単称——（model of singular causation）
　　　154
　——律（causal law）　50-51
　——連鎖（causal chain）　5, 47, 52, 121,
　　184
　——ロープ（causal rope）　47, 52, 185
　一般——（general causation）　3-4, 7-9,
　　60, 66, 108, 125, 135, 152, 156-157
　影響ベース——（influence-based causation）
　　→因果理論：影響ベース説
　共同——（joint causation）　9
　経路固有——（path-specific causation）
　　153
　現実——（actual causation）　8, 53
　差異形成的——（difference-making causa-
　　tion）　→因果理論：差異形成説
　産出的——（productive causation）　→因果
　　理論：産出説
　心的——（mental causation）　159-160,
　　170, 173-174
　線形——（linear causation）　10, 13-14
　潜在——（potential causation）　8, 179
　対称な——性（symmetric causation）

　　120, 136
　タイプ——（type causation）　7-9, 179
　単称——（singular causation）　3-4, 7-9,
　　53, 66, 107, 126-128, 135, 153-157, 175,
　　178
　重複——（overlapping causation）　91,
　　127
　トークン——（token causation）　7-9, 53
　内属的——（immanent causation）　50, 52
　非線形——（non-linear causation）　10,
　　12-15
　非対称な——性（asymmetric causation）
　　119-120, 136　→非対称性
　不作為による——（causation by omission）
　　56, 82-83, 92, 187
　余剰——（redundant causation）　88-89,
　　91, 93
　類型ベース——（pattern-based causation）
　　→因果理論：類型ベース説
因果的（causal）　→因果, 因果理論
　——依存性（causal dependence）　75-80,
　　87-90, 186-187
　——活力（causal oomph）　25, 31-43, 47-
　　48, 55, 60, 81, 118, 183
　——関連性（causal relevance）　151
　——規則性（causal regularity）　8, 61,
　　66, 68, 94, 104, 113, 156, 185
　——責任（causal responsibility）　9, 12,
　　15, 83, 89, 108, 182-183, 187
　——説明（causal explanation）　65, 83-
　　84, 157, 170, 187
　——相互作用（causal interaction）　51-
　　53, 61-62
　——排除論証（causal exclusion argument）
　　170, 173
因果理論
　——の課題　11, 27, 73-74
　INUS 説（INUS theory of causation）　104
　　→INUS 条件
　因果還元主義（causal reductionism）　35-
　　36

因果実在論(causal realism)　36

因果プロセス説(causal process theory)　48-50, 53-57, 61, 63

因果メカニズム説(mechanistic theory of causation)　48, 60, 63-66

因果モデル構築(論)(causal modeling approach)　139, 146, 152, 156-158, 175

影響ベース説(influence-based conception of causation)　17-19, 48, 118, 139, 153

介入主義(interventionist theory of causation)　139, 146, 151-153, 156, 158, 173

確率上昇説(probability-raising theory of causation)　19, 58, 114, 118-119, 122-123, 133, 137, 142, 152

　シンプルな――(simplistic probability-raising theory of causation)　119

　単称因果の――(probability-raising theory of singular causation)　126

規則性説(regularity theory of causation)　19, 25-30, 103, 110

決定性説(determination theory of causation)　19, 48, 100, 105, 111-112, 137

行為者性説(agency theory of causation)　142-144

差異形成説(difference-making conception of causation)　15, 19, 56, 73, 93, 112, 153, 157, 173

産出説(productive conception of causation)　15, 19, 48, 105, 112, 137, 157, 173

操作主義(manipulationist theory of causation)　139-140, 156, 158

伝達説(transference theory)　48-50, 53

投影主義(projectivism)　34-35

反事実条件説(counterfactual theory of causation)　19, 73-75, 80, 87-88, 112, 125, 153, 157, 173-174, 188

平等主義(egalitarian conception of causation)　5-6, 9-12, 55

保存量説(conserved quantity theory of causation)　50-53, 56-57

　最もシンプルな――(simplest theory of causation)　84

類型ベース説(pattern-based conception of causation)　17-19, 48, 118, 139

エリザベト，プファルツ(Elisabeth of the Palatinate)　161-162

オッカムの剃刀(Ockham's razor)　36, 40

カ　行

懐疑主義(skepticism)　30-31, 34, 81

外生変数(exogenous variable)　147-149, 152

介入(intervention)　150, 152, 157

確率(probability)　115-117, 128-129, 132-133, 136-137

　――関係(probabilistic relation)　53, 113, 117-118, 120-121, 123-126

　――上昇(probability-raising)　118-119, 151

　――的独立性(probabilistic independence)　121, 130-131, 150, 180

　――を低下させる原因　→原因

　行為者――(agent probability)　142

　条件つき――(conditional probability)　118, 123, 189-190

過剰決定(overdetermination; 多重決定)　11, 89, 92, 126, 170

カートライト，ナンシー(Cartwright, Nancy)　114, 118, 123, 145

可能世界(possible world)　22-23, 37, 87-88, 156, 187

還元(reduction)　22, 49, 64-65, 118, 123, 125, 158, 166-167, 172

　――的定義　4

　因果――主義　→因果理論

　(非)――主義／的物理主義／的唯物論　→唯物論

間接効果(indirect effect)　148

観念(idea)　31-32, 183-184

　――の関係(relation of ideas)　30-31, 184

擬似相関(spurious correlation)　120

奇跡的な符合の仮定(conspiratorial posit; conspiracy theory; 陰謀論的仮定)　37-38, 41

共通原因(原理)　→原因

寄与効果(contributing effect)　153

近接性(contiguity)　26, 35-36, 43

グッドマン，ネルソン(Goodman, Nelson)　73, 110-111

グラフ／因果グラフ(graph; causal graph)　147-150, 153

　非巡回――(acyclic graph)　149

有向——（directed graph） 147-148

グレナン，スチュアート（Glennan, Stuart） 60, 63-65, 69

経験主義（empiricism） 30-31, 34, 81

形而上学（metaphysics） 21, 25, 94, 125, 143, 146, 166-167, 175, 185

経路（path; route; 道） 148-150, 153, 155-156

決定関係（determination relation） 97

決定性（determination） 97-100, 105-112, 125, 137

決定論（determinism） 98

——的法則 →法則

原因／因（cause）

　一般原因（general cause） 4, 8

　遠因（distal cause） 4-5

　確率を低下させる原因（probability-lowering cause） 53, 58, 126, 151, 153

　可能化因（enabling cause） 5

　起動因（activating cause） 5

　共通原因（common cause） 29, 121, 123, 125, 128-129, 131, 133-135

　共通原因原理（principle of the common cause） 120, 128-129, 132-135

　寄与原因（contributing cause） 153-154, 177

　近因（proximal cause） 4

　原因の非対称性 →非対称性

　前景因（foreground cause） 4

　総合原因（total cause） 153

　単称原因（singular cause） 3-4, 6, 48, 60

　背景因（background cause） 4-5

　平等主義的な意味の原因（egalitarian cause） →因果理論：平等主義

現象性／現象的（phenomenality/phenomenal） 164-165

原子論（atomism） 22, 37

行為者確率 →確率

効果的な戦略（effective strategy） 144-145

構造方程式（structural equation） 146-150, 153-157

サ 行

差異形成／違いをもたらす（difference-making） 12-15, 18-19, 55-57, 72-73, 82, 108, 112, 153, 157, 173

——の程度（degree of difference-making） 87

　確率的な——（probabilistic difference-making） 114, 125, 152

先取り（preemption） 88-91, 127

サモン，ウェスレイ（Salmon, Wesley） 49-51, 61, 63-64

産出（production） 12-15, 18-19, 47-48, 60, 82, 101-102, 105, 112, 153, 157

ジェイムズ，ウィリアム（James, William） 98

シェパード，メアリ（Shepherd, Mary） 43-45

時間の矢／向き（arrow/direction of time） 17, 107, 134-136, 189

事実（matters of fact） 30-31, 184

事象（event） 116 →出来事タイプ

自然種（natural） 66-67

実在（reality） 21, 183

　根本的な——（fundamental reality） 22, 25-26, 40, 48, 66, 81, 97, 105, 159, 175

条件つき確率 →確率

シロス，スタシス（Psillos, Stathis） 26, 43

人工種（artificial） 66-67

心身問題（mind-body problem） 159, 166, 168, 170

心的（mental） →霊的

　——因果 →因果

　——実体（mental substance） 163

　——状態（state） 42, 163, 168, 170, 172-173

　——性質（mental property/quality） 163, 167, 169-173, 190

　——出来事（event） 161, 163, 167, 169-170

　——でないもの（non-mental） 159-160

　——なもの（mental; mentality） 159-160, 163-164, 166

シンプソンのパラドクス（Simpson's paradox） 123-124

推移性（transitivity） 47, 80, 90, 105, 186, 188

随伴現象説（epiphenomenalism） 164-166, 171

スクリーン・オフ（screening off） 121-123, 130-131

総合効果（total effect）　153-154
創発（emergence）　172
底をつく（bottoming out）　63-64, 185
ソーバー，エリオット（Sober, Elliott）　132-133
存在論的倹約（ontological parsimony）　36-37, 40

タ 行

対比的（contrastive）　90, 128, 188
タイプ同一説（type identity theory）　167-168
ダウ，フィル（Dowe, Phil）　49-53, 58
多重実現可能性（multiple realizability）　167, 171, 190
違いをもたらす　→差異形成
知的な木（intelligent tree）　17, 48, 139
チャンス（chance）　136-137, 183　→不確実（性）
直接効果（direct effect）　148, 154
デカルト，ルネ（Descartes, René）　160-163, 165
出来事（event）
　──タイプ（type event）　3, 28-29, 116, 129, 132, 135-136　→事象
　──トークン（token event）　129, 132
　──のもろさ（fragility of an event）　79-80, 89, 93, 180, 186　→広く／狭く解釈された──
　一般の──（general event）　3, 135
　単称の──（singular event）　2-3, 8, 38, 126, 129, 132-133, 135
　広く／狭く解釈された──（broadly/narrowly individuated event）　28-29, 53, 128, 180　→──のもろさ
哲学の課題　2
道徳（的）（moral）　175-177, 182-183
「として」問題／論証（qua problem/argument）　169-170, 173

ナ 行

内生変数（endogenous variable）　147-150, 152
二元論（dualism）　160-161, 163-165, 171
ニューロン・ダイアグラム（neuron diagram）　78

ノートンのドーム（Norton's dome）　98-99

ハ 行

パール，ジューディア（Pearl, Judea）　146, 152, 154-155
ハルパーン，J. Y.（Halpern, J. Y.）　154-156
反事実条件文（counterfactual conditional）　73-78, 80-83, 85-88, 90, 110-112, 186-188
反事実的依存性（counterfactual dependence）　64, 75-76, 80-81, 86, 109-112, 153, 156, 173, 186, 188
引き起こす（bring about）　47, 105, 142, 144
非巡回グラフ　→グラフ
非対称性（asymmetry）
　因果／原因の──（causal asymmetry; asymmetry of causation/cause）　16-17, 27, 47, 53, 119, 136, 141　→因果：対称な，非対称な
　連言的分岐の──（fork asymmetry）　135-136　→連言的分岐
必然的結合（necessary connection）　32-35, 38, 100
ヒッチコック，クリス（Hitchcock, Chris）　132-133
ビービー，ヘレン（Beebee, Helen）　43, 92, 187
ヒューム，デイヴィド（Hume, David）　24, 30-36, 43, 100, 109-110, 135, 183-184
ヒューム主義（Humeanism）　24-25, 41-43, 64, 81
　反──（non-Humeanism）　24, 40-41
平等主義　→因果理論
フェア，デイヴィド（Fair, David）　48-50, 57
フォン・ウリクト，ゲオルク・ヘンリク（von Wright, Georg Henrik）　140-141
不確実（性）（chancy/chanciness）　23-24, 28, 98, 106-109, 113-114, 117, 137, 183, 187, 189　→チャンス
不作為　→因果：不作為による
物質的（material）　39, 41, 48, 159, 162, 174　→物的
　非──（immaterial）　162, 165
物的／物理的（physical）　→物質的
　──因果／な因果性／な相互作用（physical causation/interaction）　162-163, 170,

220

索　引

173
──実現者(physical realizer)　172-173
──状態(physical state)　167-168, 173
──性質(physical property/quality)
23, 57, 166, 171, 190
──接触(physical contact)　48
──出来事(physical event)　170
──なもの(physical; physicality)　22-
23, 72, 160, 162-163, 166
物理主義(physicalism)　22-23, 159, 167,
169
還元的／非還元的──(reductive/non-
reductive physicalism)　→唯物論
プライス，ヒュー(Price, Huw)　142-144
プロセス(process)　51-52
因果──(causal process)　50-52, 61-64
擬似──(pseudo-process)　50-52
非因果──(non-causal process)　→擬似
──
分岐法(forking account)　85-86, 88
法則(law)
因果──(causal law)　16, 59-60, 94-95,
140, 145
基本──(fundamental law; 根本的な法則)
23-24, 40-42, 55, 94, 114, 135, 183, 187
経験的──(empirical law)　141
決定論的──(deterministic law)　23-
24, 97-99, 106, 111, 135
根本的に不確実な──(fundamentally
chancy law)　23, 86-88, 98, 137
自然(の)──(law of nature)　24, 38-39,
41, 55, 85-86, 97, 99, 141
物理(学の)──(law of physics; physical
law)　38, 41, 59, 63-64, 98, 145, 166-
167, 188
連合──(law of association)　145
ポール，L. A.(Paul, L. A.)　92

マ 行

マクグラス，サラ(McGrath, Sarah)　83,

187
マッキー，J. L.(Mackie J. L.)　104
マッハ，エルンスト(Mach, Ernst)　26
未来に影響を及ぼす(affect the future)
16, 81
未来を変える(change the future)　81
ミル，ジョン・スチュアート(Mill, John
Stuart)　100-104, 107, 109-110, 112, 141
メンジーズ，ピーター(Menzies, Peter)
142-144
モーゲンベッサーのコイン(Morgenbesser's
coin)　86

ヤ 行

唯物論(materialism)　22, 159-160, 163,
165-166, 169
還元的／非還元的──(reductive/non-
reductive materialism)　166-173
有向グラフ　→グラフ
誘眠力論証(dormativity argument)　168-
169, 173
予測可能性(predictability)　99

ラ 行

ライヘンバッハ，ハンス(Reichenbach, Hans)
114, 118, 120, 122-123, 128-136
ラプラス，ピエール＝シモン(Laplace, Pierre-
Simon)　99
リスク(risk)　176-177
ルイス，デイヴィド(Lewis, David)　73-
78, 80, 82, 87, 112, 179, 186-188
霊的(なもの)(spiritual; spirituality)　160,
162, 165-166, 171　→心的
レベル(level)　29, 61-65, 72, 171, 185
根本(的な)──(fundamental level)　63-
64
連言的分岐(conjunctive fork)　133-136
→非対称性
連合主義(associationism)　31-32
ロック，ジョン(Locke, John)　13, 179

221

ダグラス・クタッチ Douglas Kutach

1979 年生．ラトガース大学（ニューブランズウィック校）
PhD．ブラウン大学助教，西インド諸島大学講師を経て，
現在 CUBRC 科学研究員．形而上学，科学哲学，哲学的
方法論．*Causation and Its Basis in Fundamental Physics*（OUP 2013）他.

相松慎也

1983 年生．東京大学大学院人文社会系研究科助教．駒
澤大学・山梨学院大学非常勤講師．哲学.

一ノ瀬正樹

1957 年生．東京大学大学院人文社会系研究科教授を経
て，現在，東京大学名誉教授，オックスフォード大学名
誉フェロウ，武蔵野大学教授．哲学.

現代哲学のキーコンセプト
因 果 性　　　　　　　　　　　　　　ダグラス・クタッチ

	2019 年 12 月 17 日　第 1 刷発行
	2023 年 7 月 5 日　第 4 刷発行
訳　者	相松慎也
発行者	坂本政謙
発行所	株式会社 岩波書店
	〒101-8002 東京都千代田区一ツ橋 2-5-5
	電話案内 03-5210-4000
	https://www.iwanami.co.jp/
印刷・三陽社　カバー・半七印刷　製本・松岳社

ISBN 978-4-00-061380-4　　Printed in Japan

入門から　もう一歩進んで考える

現代哲学のキーコンセプト
Key Concepts in Philosophy
解説　一ノ瀬正樹

A5判　並製

- 英国ポリティ(Polity)社から刊行中のシリーズから精選
- 手ごろな分量で，現代哲学の中心的な概念について解説
- 概念の基本的な意味や使い方・論争点等を示す教科書

『確率』
ダレル・P. ロウボトム (香港嶺南大学教授)／佐竹佑介訳 …………　222頁　定価 2640円

『非合理性』
リサ・ボルトロッティ (バーミンガム大学教授)／鴻　浩介訳 ……　214頁　定価 2640円

『自由意志』
ジョセフ・K. キャンベル (ワシントン州立大学教授)／高崎将平訳…　182頁　定価 2200円

『真理』
チェイス・レン (アラバマ大学准教授)／野上志学訳 ………………　246頁　定価 2750円

『因果性』
ダグラス・クタッチ (西インド諸島大学講師)／相松慎也訳 ………　230頁　定価 2750円

所属は執筆時

────岩波書店刊────

定価は消費税 10% 込です

2023 年 7 月現在